꼭 알아야 할 이슬람 금융

브라이언 케텔 지음
김두윤 · 김민경 옮김

도서출판 해남

꼭 알아야 할 **이슬람 금융**

초판1쇄 인쇄 2014년 1월 29일
초판1쇄 발행 2014년 2월 6일

지은이 브라이언 케텔
옮긴이 김두윤 · 김민경
발행인 노현철
발행처 도서출판 해남

출판등록 1995. 5. 10 제 1-1885호
주소 서울특별시 서대문구 충정로 38-12 우리타워 6F
전화 739-4822 **팩스** 720-4823
이메일 haenamin30@naver.com
홈페이지 www.hpub.co.kr

ISBN 978-89-6238-068-2 03320

독자의 이해를 돕고자 필요한 경우 원문을 다소 의역하였습니다. 또한 본서의 영문 표기는 영국 영어 철자법을 따랐습니다. 본서의 통계는 원서에 수록된 통계를 따랐으며, 최근일을 반영한 통계자료는 www.thebanker.com에서 확인하실 수 있습니다.

저자 서문

2008년 글로벌 금융위기 이후 국제 금융시장의 혼란과 불안이 지속됨에 따라 기존 영미 중심의 일반 금융 시스템에 대한 대안으로서 '이슬람 금융'에 대한 관심이 커지고 있다. 특히 최근 글로벌 금융위기 속에서 오히려 급속한 성장을 보이고 있는 이슬람 금융에 대하여 그 개념에서부터 운영 방식까지 다양한 궁금증이 유발되고 있다. 이 책은 이슬람 금융의 핵심 내용을 담아 독자들이 이슬람 금융을 이해하는 데 도움을 주기 위해 쓰여졌다.

이슬람(Islam)은 인간과 신의 관계뿐만 아니라, 신념, 정의, 공평성, 공정성, 도덕성 등 모든 이슬람 삶의 방식을 아우르는 것이다. 이러한 믿음들은 샤리아(Sharia'a)라고 불리는 이슬람 원칙과 기준에 의해 지배되며 또한 이슬람 금융의 근간이 되기도 한다.

30여 년 전 이슬람 금융이 도입된 이래 이슬람 금융기관은 전 세계적으로 상당한 규모로 성장하였고 업무 범위도 확장하여 왔다. 일부 국가에서는 이슬람 금융기관이 제공하는 이슬람 금융 서비스가 상당한 비중을 차지하고 있다. 예를 들어, 이란의 은행업은 이슬람 원칙(Islamic principles)에 기초하여 운영되고 있다. 비록 이슬람 은행이 현재 중동이나 동남아 지역에 집중되어 있지만 유럽과 미국의 틈새 시장에서도 활발히 활동하고 있으며, 이슬람 은행들의 자산 및 운용자산을 합하면 미화 8,000억 달러(약 850조 원) 이상에 달하고 있다. 글로벌 경영 컨설팅 회사인 맥킨지의 연구 결과("세계 이슬람 은행의 경쟁력 보고서 2007-2008: 1조 달러 기회의 포착")에 따르면, 이슬람 은행들의 자산(운용자산 포함)이 2010년까지 1조 달러에 이를 것으로 예상하였고, 이는 다른 국가들의 평균적인 은행업 성장에 비해 보다 빠르게 성장하고 있음을 시사한다.

이슬람 금융은 최근 매년 15%의 성장세를 보이며 괄목할 만한 확장기에 접어들고 있다. 샤리아 기준에 부합하는 금융상품에 대한 중동 및 다른 무슬림 국가 금융담당자들의 폭발적 수요뿐만 아니라 전 세계 (일반) 투자자들의 지속적인 수요 증가가 이슬람 금융의 급속한 성장을 견인하였고, 이에 따라 이슬람 금융의 확장이 글로벌 현상으로 자리매김하게 하였다. 최근에는 지리적 확장에서 나아가, 소매 금융에서 보험, 자본시장 투자까지 다양한 금융 업무로 영역을 넓혀가면서 이슬람 금융은 급속도로 확산되고 있다. 그 중에서도 특히 신용(credit)을 유동화시키는 이슬람 채권인 수쿡(Sukuk)의 빠른 성장은 주목할 만하다. 최근에는 다소 주춤하지만, 2001년부터 2007년까지 이슬람 채권의 발행은 급증하고 있었다.

이슬람 금융이란 무엇인가?

샤리아(Sharia's)를 준수하는 은행들은 이자의 지급과 수취를 금지하는 이슬람 종교의 교리에 부합하는 금융 서비스와 상품을 제공하고 있다. 실무적으로, 이슬람 은행은 대출을 통한 이자 수취 대신에 이익-손실 공유제(profit-and-loss sharing: PLS)나 제품 및 서비스의 구입과 판매, 서비스 제공을 통한 수수료 수취를 수익 기반으로 한다. 이러한 업무 원칙들은 샤리아를 준수하는 계약 기준에 기초하고 있다. 이익-손실 공유제는 실제 거래가 발생하기 이전에 금융자산의 투자 수익률이 사전에 알려지거나 정해지지 않게 되고, 제품 및 서비스의 매매 거래에서는 영업이윤이 리보(LIBOR, 국제 기준금리로서 런던 은행 간 거래 금리)와 같은 국제 금융시장에서 정해지는 기준금리를 기준으로 정해진다.

이슬람 은행들은 또한 예금 수익률을 다르게 결정한다. 서구식 일반 상업은행의 예금금리는 사전에 정해지거나 기준금리에 연동되는 방식으로 예금계약이 성립되며, 은행의 대출 성과에 직접적으로 영향을 받지 않는다. 그러나 이슬람 은행의 예금 수익률은 해당 은행들의 투자 결정에 따른 성과에 직접적으로 연동되어 있다. 예를 들어, 은행이 이익을 내면 예금자들이 혜택을 받고, 은행이 잘못된 투자로 손실을 입으면 예금자들은 예금의 일부나 전부를 찾을 수 없게 된다. 이와 같이 이슬람 은행과 예금자는 사전에 금리를 결정하지 않으며, 대신 당사자 간에 이익과 손실을 어떻게 배분할지만 결정할 뿐이다.

이슬람 금융 모델이 서구식 일반 금융 모델과 다르다는 것이 이슬람 금융은 리스크에 노출되지 않는다는 것을 의미하지는 않는다. 관련 연구 문헌들은 이슬람 은행이 금융 시스템에 노출된 리스크가 서구 일반 은행들과 관련된 리스크와 여러 면에서 다르다고 말한다. 이슬람 은행들에게만 적용되는 리스크는 이슬람 계약의 특성과 이슬람 금융의 법 체계, 지배 구조, 그리고 유동성 구조 전반에서 비롯된다.

샤리아를 준수해야 하는 이슬람 은행들은 일반 은행들에 비해 파생상품이나 스왑같이 리스크를 헤징하는 금융상품들을 덜 사용한다. 또한 대부분의 이슬람 은행들은 은행 간 거래, 단기 금융상품시장(money markets), 정부채권시장이 덜 발달되거나 존재하지 않는 지역, 중앙은행의 최종대부자 기능에 대한 접근이 제한되거나 그러한 제도가 운영되지 않는 곳에서 영업을 해왔다. 그러나 이슬람 단기 금융상품과 중앙은행의 최종대부자 제도가 발전하면서 일반 금융과의 차이점이 많이 줄어들게 되었으며, 특히 최근에는 대부분의 국가가 금융위기와 같은 예외적 상황에서 은행들에게 유동성을 공급하는 암묵적 약속으로 이러한 차이점이 더욱 줄어들게 되었다.

어떤 면에서 보면 이슬람 은행들이 일반 은행들에 비해 덜 위험해야 한다. 예를 들어, 이슬람 은행들은 이익-손실 공유제를 통하여 현금흐름이 줄어드는 경제 상황과 같은 자산 측면의 부정적인 충격을 예금자에게 전가시킬 수 있다. 예금 측면에서의 리스크 공유는 은행의 자본금에 더하여 은행을 보호해 주는 또 하나의 보호막을 제공한다고 볼 수 있다. 또한 예금자들에게 안정적이고 경쟁력 있는 수익률을 제공할 필요성, 주주들의 태만 및 부주의에 대한 책임 문제와 유동성 접근의 어려움들은 이슬람 은행이 보다 보수적으로 운영되도록 압력을 가하고 있다. 게다가 예금자와 같은 투자자들은 리스크를 은행들과 공유하고, 일반적으로 예금보험제도가 존재하지 않으므로 은행 경영진에 대한 감시를 강화할 유인이 보다 크다. 끝으로, 이슬람 은행들은 중앙은행에 지급준비금 계정을 갖고 있는 일반 은행들이나 이와 유사한 계정을 가지고 있는 다른 은행들보다도 더 높은 비율의 자산을 내부에 유보하고 있다. 따라서 설령 이슬람 투자가 일반 투자보다도 더 위험하다고 하더라도, 금융 안정성 측면에서는 이러한 고위험이 은행들이 보유하고 있는 보다 큰 완충장치에 의해 얼마만큼 상쇄되느냐의 문제가 된다.

이슬람 소매금융

샤리아를 준수하는 소매금융 상품을 개발하는 것은 상당히 복잡할 수 있으나 동시에 다양한 기회를 제공할 수 있다. 따라서 특정 금융상품 개발에 착수하기 전에 해당 상품의 목표 고객을 확실하게 정의하고, 그들이 필요로 하는 것과 우선순위를 명확히 이해하는 것이 중요하다. 금융상품에 만능 제품(one size fits all)이 없는 것처럼 이슬람 금융도 브랜드뿐만 아니라 각기 다른 상품과 서비스를 요구하는 다양한 계층의 소비자 수요를 고려해야 한다.

금융상품 측면에서 이슬람 금융 소비자들 간에 차별을 이루는 핵심 요소는 샤리아 적격성 정도에 대한 해석의 차이이다. 금융 소비자들은 보다 전통적이고 보수적인 고객들과, 이슬람 교리에 상대적으로 높은 수준으로 부합할 것을 요구하는 고객들로 구분할 수 있다. 어떤 고객들은 샤리아에 가장 부합하는 금융상품에 높은 수수료를 부담할 의향이 있는 반면 다른 고객들은 샤리아 원칙을 일부 준수하면서 높은 수익을 주는 금융상품에 더 큰 매력을 느낄 수 있다. 이처럼 샤리아를 준수하는 금융상품의 개발에 앞서 목표 고객의 세분화가 필수적이고 그에 따른 비용과 수익도 함께 고려되어야 한다.

금융 서비스에 대한 욕구를 파악하는 것도 고객 세분화 과정에서 필요한 부분이며, 고객의 나이, 교육, 생활 방식, 은행과의 거래관계 등과 같은 특성이 이를 결정한다. 이러한 차이점들이 샤리아 적격 금융상품들을 제공하는 은행들 간에 차별화를 유도할 것이다.

브랜드 인지 또한 고객 세분화를 위한 중요 요소이다. 어느 고객들은 이슬람 국가에서 오랜 역사를 갖고 있는 저명한 은행들과만 거래를 하는 반면 다른 고객들은 필요한 금융상품과 서비스를 제공하는 유럽 은행들과 거래를 하려 할 것이다.

다른 금융상품 개발과 마찬가지로 샤리아 적격 금융상품을 판매하기 전에 시장을 구성하는 고객의 세분화를 이해하고, 해당 상품, 서비스 및 브랜드 기준을 명확히 정의하며, 경제적 · 기술적 · 규제적 실행 가능성이 평가되어야 한다.

이슬람 금융의 성장

영국은 유럽에서 이슬람 은행업 활동의 장려를 선도하고 있으며, 그동안 소매금융 중심에서 최근 투자 은행업에 관심을 두기 시작하였다.

영국의 은행 감독기구인 금융감독청(Financial Services Authority: FSA)은

'IBB'(Islamic Bank of Britain)를 이슬람 소매금융은행으로 유일하게 인가하였다. 비록 다른 잠재적 투자자들도 소매금융 부문에 투자를 주시하고 있지만, 소매금융은행의 수익성 담보에 필수적인 다수의 고객 확보가 아직 충분하지 않다고 판단하여 소매금융시장 진출을 망설이고 있다.

IBB를 포함한 이슬람 소매금융은행들에게 가장 큰 도전은 다른 일반 소매금융은행들이 제공하는 금융상품들과 경쟁할 수 있는 이슬람 금융상품을 개발하는 것이다. 경쟁력 있는 금융상품의 개발은 이슬람 은행을 차별화시켜 시장에 새롭게 진입하는 이슬람 은행에게 새로운 기회를 제공하고 일반 은행들에 비하여 경쟁력을 더해준다.

최근 영국의 금융감독청(FSA)은 '유럽 이슬람 투자은행'(European Islamic Investment Bank)과 '게이트하우스 은행'(Gatehouse Bank)과 같은 새로운 이슬람 투자은행을 인가해 주었다. 영국에는 유럽의 기관투자자들을 대상으로 중동에 위치한 기관들의 자금을 유치하고자 하는 5개의 이슬람 투자은행들이 영업하고 있다. 영국의 이슬람 투자은행 부문은 새로운 금융기관들의 진입 가능성으로 활성화되고 있다.

이슬람 금융은 비록 중동 지역에 집중되어 있으나 8,000억 달러 이상의 자산이 이슬람 은행들에 의해 운영되고 있다고 추정된다.

유럽에서는 이슬람 금융상품에 대한 수요가 크지만 리스크 회피와 보수적인 자세 등 여러 가지 이유로 이러한 수요가 충족되지 않았다.

이슬람과 비이슬람 국가를 통틀어 상당수의 무슬림 투자자와 대출 수요자들이 있으며, 이는 일반 은행들의 잠재적 수익을 개발하려는 관심을 유발하기에 충분하다. 무슬림 인구가 700만 명이 넘는 미국에서 이슬람 금융이 확장되고 있다는 사실은 이러한 주장을 뒷받침하고 있다.

유럽 금융기관들에게 주어진 도전은 이슬람 금융 원칙에 부합하고 이슬람 고객들의 니즈(needs)를 충족할 수 있는 금융상품과 서비스를 개발할 수 있는 역량과 금융업 지식을 활용하는 것이다.

유럽에는 영국에 거주하는 180만 명을 포함한 1,500만 명의 무슬림이 거주하고 있고, 터키에는 7,200만 명의 무슬림이 살고 있다. 영국의 무슬림 가구 수는 36만 개에 이른다.

다음의 표는 중앙 유럽뿐만 아니라 터키와 같은 기타 유럽 국가들의 무슬림 인구 규모를 보여준다.

〈표 1〉 유럽의 국가별 무슬림 인구 규모

(단위: 백만 명, %)

국가	인구	무슬림 인구	비중
프랑스	61.00	6.10	10.00
영국	60.00	1.80	3.00
독일	83.60	3.25	3.89
이탈리아	56.00	1.39	2.50
스페인	42.10	0.60	1.43
벨기에	10.70	0.39	3.65
스웨덴	9.30	0.31	3.33
오스트리아	8.50	0.22	2.60
덴마크	5.60	0.19	3.40
사이프러스	0.95	0.24	25.26
터키	72.10	72.00	99.89
스위스	7.80	0.25	3.20

출처: OECD World Fact Book(2005년).

이슬람 금융의 미래와 도전 과제

넓은 의미에서 이슬람 금융은 근본적으로 다른 기반에서 발전한 서구식 일반 금융의 부분집합으로 운영된다는 한계에 직면하고 있다. 이슬람 금융기관들이 시장경쟁력을 위하여 서구식 금융상품 모델을 따라야 하는 한계가 있으나, 이러한 한계가 이슬람 금융이 맞서서 밀어내야 할 경계선이 되기도 한다. 세계적으로 유명한 금융기관들이 몰락하는 최근의 현실 속에서 이슬람 금융기관들은 고유의 공정한 자금 조달과 리스크 공유라는 강점을 부각시킬 수 있어야 한다. 이는 이슬람 금융기관들이 세계 금융 시스템의 발전에 영향을 주어야 한다는 것을 의미한다.

유럽에서는 영국이 이슬람 금융을 포괄하는 법률을 마련하는 데 주도적인 역할을 하고 있다. 예를 들어, 영국은 이슬람 원칙에 따른 재산권의 취득을 어렵게 만들어 왔던 이중부과세(double stamp duties) 제도를 폐지하였다. 영국은 이슬람 금융상품의 개발을 돕기 위해 관련 법률들을 검토 중에 있으며, 이는 다른 유럽 은행들의 이슬람 금융시장에 대한 관심을 불러일으키고 있다.

로이드 TSB는 2005년에 기존 소매금융 고객을 대상으로 샤리아에 부합하는 은행상품을 제공하는 서비스를 개시하였는데, 이 금융상품들은 단순히 기존 금융상품을 재판매(white labeling)하는 것에 불과하였고, 영국에서 제공되는 기존의 소매금융에 비해 경쟁력이 있다고 할 수 없었다. 그러나 이는 유럽 은행 최초의 이슬람 금융 활동이었고, 다른 은행들에게 이슬람 금융시장에 대한 재평가와 시장의 잠재성을 살펴보게 하는 계기가 되었다.

유럽의 이슬람 금융시장을 이해하기 위해서는 일반 금융에 이슬람 금융의 개념을 포함해야 한다. 이슬람 원칙에 부합하는 것이 도입 초기에 가장 큰 어려움이 될 수 있겠지만 잠재적 수익성과 고객 기반의 증가로 인하여 그 동안 유럽 은행들이 보여주었던 성과들을 능가하게 될 것이다.

한편, 이슬람 금융 서비스에 대한 수요가 지속적으로 빠르게 증가하고 있다는 것은 이슬람 은행들에게 확실히 좋은 소식임과 동시에 다양한 도전 과제를 던져준다. 이슬람 은행들은 복잡한 대형 프로젝트 사업에 참여하기 위하여 신용위험 관리 능력을 향상시키는 데 노력할 필요가 있다.

또한 최근 이슬람 금융의 급속한 성장 속에서 유사한 사업 모델과 금융상품을 보유하는 이슬람 은행들이 너무 많이 양산되었다는 문제점도 있다.

나라별로 회계 기준이 다양하다는 것과 더불어 현재의 금융계약들이 이질적이고 복잡하므로 단순한 형태로 금융계약 기준을 발전시켜 나갈 필요도 있다. 아울러 정보통신 시스템의 개발은 샤리아 학자들의 활동을 지속적으로 모니터링할 수 있도록 도와주며, 이는 금융거래가 샤리아를 준수하지 않아 무효가 될 가능성을 낮추어 주기도 한다.

이슬람 은행의 유동성 위기 관리는 또 다른 중요한 도전 과제이다. 이는 이슬람 단기 금융상품 거래의 제한과 취약한 유동성 공급 체계에서 비롯되었다. 현재 샤리아에 부합하는 만기 1주일 미만의 단기 이슬람 금융상품은 존재하지 않으며, 이슬람 환매조건부 시장(repo markets)도 아직 발전하지 않은 상황이다. 무라바하(Murabaha) 거래(할부금융)에 기반한 보다 긴 만기 구조를 가진 이슬람 단기 금융상품시장은 때때로 신용도가 낮은 믿을 수 없는 중개업자들로 인해 어려움을 겪고 있다. 이슬람 은행은 또한 중앙은행에 초단기(overnight) 예치를 하는 경우에도 이자를 받을 수 없어 일반 은행들에 비하여 경쟁적 열위에 처해 있다. 이와 같은 유동성 문제와 실행 가능한 대안의 부재로 이슬람 은행이 어려움에 처해 있으며, 심각한 경우 이슬람 은행의 유동성 위기마저 유발될 수 있다.

이슬람 금융의 발전을 위한 노력과 기회

리스크 관리자들과 감독당국들은 앞서 나열한 도전 과제들을 해결하고자 노력하고 있다. 이슬람 단기 금융시장의 어려움을 극복하기 위하여 많은 투자은행들은 샤리아를 준수하는 새로운 복합 금융상품을 개발하고 있다. 이러한 노력들이 이슬람 금융에서 샤리아에 부합하는 상품들의 저변을 확대할 수 있을지, 이슬람 단기 금융상품시장의 발전을 위한 충분한 수요를 창출할 수 있을지 여부는 당분간 지켜보아야 한다.

이슬람 금융의 급속한 발전은 앞으로도 지속될 것으로 예상된다. 바레인, 아랍에미리트(UAE), 말레이시아와 같은 국가에서는 금융기관들이 샤리아에 부합하는 금융상품과 구조화된 금융상품의 개발을 부지런히 준비해 왔다. 런던, 뉴욕, 싱가포르와 같은 국제 금융의 중심지에서는 이슬람 금융이 일반 금융 시스템에 부합하여 발전할 수 있도록 법률적 기반을 마련하는 데 상당한 진전을 보이고 있다. 다수의 대형 서구 은행들은 이슬람 창구를 통하여 샤리아에 부합하는 금융상품의 개발과 같은 다양한 금융 혁신을 선도하고 있고, 그 동안 미약하였던 유동성 공급 체계 등 장애물들을 제거하고자 노력해 왔다. 특히, 중동 지역으로부터 막대한 영업이익의 기회를 노리고 있는 많은 서구 일반 은행들이 다양한 이슬람 금융상품들을 제공할 것으로 기대된다.

중동 및 아시아 지역의 새로운 많은 이슬람 은행들은 금융상품 혁신으로 보다 수준 높은 고객들에게 차별화된 다양한 금융상품을 제공하게 되었다. 일부 은행들은 다른 국가로 영업을 넓혀 활발하게 활동 중이며 가까운 장래에도 이러한 추세는 합병 등을 통해 지속될 것으로 예상된다.

금융규제 측면에서는 말레이시아에 기반을 두고 국제 기준을 제정하고 있는 이슬람 금융 서비스 위원회(Islamic Financial Services Board: IFSB)가 표준화된 규제 체계 속에서 이슬람 금융 서비스업의 건전성과 안정성을 제고하고자 노력하고 있다. 이슬람 금융 서비스 위원회는 국제적으로 인정된 건전성 기준을 채택함으로써 일반 금융 시스템과 이슬람 금융이 순조롭게 통합되도록 노력하고 있다. 예를 들어, 바젤 II와 유사한 이슬람 금융 서비스 위원회의 기준을 채택하여, 이슬람 금융의 특성들을 고려함과 동시에 이슬람 금융과 일반 금융 간에 공평한 경쟁이 이루어질 수 있는 환경을 제공하였다.

역자 서문

2008년 9월, 미국의 초대형 금융기관인 리먼 브라더스의 파산 신청과 AIG에 대한 구제금융 지원으로 미국발 글로벌 금융위기는 본격적으로 시작되었다. 금융에서 발원된 위기는 신용 경색을 유발하여 실물경제의 침체로 확대되었고, G20 등의 글로벌 금융 규제 체계 강화 노력에도 불구하고, 미 국채의 신용등급 강등과 유럽의 재정위기 확산 등 금융위기는 더욱 심화되는 양상을 보여주었다. 한편, 글로벌 금융위기가 확대되는 동안에도 이슬람 금융은 오히려 견고한 성장세를 지속하였고, 이에 따라 글로벌 금융전문가들은 이슬람 금융의 성장 배경에 관심을 기울이게 되었다. 우리나라 정부도 이슬람 금융의 성장과 잠재적인 역할에 주목하여 2009년 9월에 이슬람 채권인 수쿡(Sukuk)의 지원 방안을 마련하는 등 국내외 금융시장은 이슬람 금융의 발전에 대한 관심과 더불어 이슬람 금융의 유치를 위한 노력을 계속하게 되었다.

이슬람 금융이 글로벌 금융위기 속에서 상대적으로 안정적인 성장을 시현할 수 있었던 이유는 서구식 일반 금융과는 다른 이슬람 금융의 독특한 특성에서 찾아볼 수 있다.[1] 일반적으로 금융은 화폐의 시간 가치(time value of money)를 기반으로 거래가 발생하며, 금융기관은 채무의 상환 가능성(creditworthiness)에 초점을 두고 담보 설정 등을 통해 대출 채권을 보전하고 관리하는 상대적으로 수동적인 금융거래를 한다. 그러나 이러한 일반 금융제도의 특성은 자금중개자로서의 금융 기능과 실물경제

1) 더뱅커誌 조사에 따르면, 2013년 말 기준 이슬람 금융기관의 샤리아 부합 자산 규모는 미화 1조 2,670억 달러로 전년 대비 8.67% 증가하였다.

간에 괴리를 유발할 수 있으며, 무엇보다도 경기침체시 금융기관의 채권 회수 확대와 신용경색을 유발하여 경기순응성(procyclicality)을 확산시키는 문제점을 안고 있다.

반면, 이슬람 금융은 화폐의 시간 가치에 기반한 이자(리바(riba))를 금지하고, 이슬람 금융기관은 실물자산의 거래를 동반한 이익과 손실의 공유를 기반으로 한다. 따라서 이슬람 금융기관은 금융과 실물경제 간의 괴리를 축소시킬 뿐만 아니라, 손익을 공유하는 투자자의 입장에서 동업자로서 적극적인 대부자의 역할을 수행한다. 이러한 이슬람 금융의 특성은 경제적 관점에서 대부자 및 대출자의 대리인 문제(agency problem)나 도덕적 해이(moral hazard) 문제를 상대적으로 제한하는 효과를 수반하게 된다.

글로벌 금융위기를 피해간 이슬람 금융의 또 다른 특징은 파생상품 투자와 같은 불명확한 현금흐름을 수반하는 투기적 거래가 허용되지 않는다는 것이다(가라르(gharar)). 이슬람 금융에서는 거래당사자들 간에 금융거래와 관련한 모든 조건이 사전에 명확히 규정되어야 한다. 일반적으로 파생상품은 미래에 특정한 이벤트의 발생 여부 및 정도에 따라 현금흐름이 결정되는 불확실성을 특성으로 한다. 실제로 미국발 글로벌 금융위기의 배후에는 전 세계적으로 폭발적인 성장을 보여준 신용부도스왑(credit default swap)이나 부채담보부증권(collateralized debt obligation)과 같은 파생상품이 있다는 것이 금융전문가와 학계의 공통된 의견이라고 볼 수 있다. 그러나 이슬람 금융에서는 투기적 거래가 제한되므로 이러한 파생상품의 거래에 따른 금융위기의 전이가 발생하지 않았다. 불명확한 투기적 거래의 제한은 서구식 일반 금융 하에서 주기적으로 반복되었던 과도한 신용창출에 기반한 자산가격의 상승(bubble)과 폭락(burst)이라는 투기의 악순환을 제한하는 효과도 있다.

이와 같은 특성 외에도 이슬람 금융 관련 국제 기구의 회계 및 금융

거래 관련 국제 기준의 정립, 이슬람 금융상품의 혁신 등에 힘입어 이슬람 금융은 일반 금융과 유의성이 높아졌고, 이를 기반으로 성장을 거듭하게 되었다. 또한 글로벌 금융시장에서의 자금 조달 원천 다변화와 위험 분산 수요의 증가, 오일 머니와 중동 국부 펀드의 확대 등에 따라 이슬람 금융의 발전 가능성은 더욱 높아지게 되었다.

이러한 이슬람 금융의 특징은 소규모 개방경제인 우리나라의 금융시장에 시사하는 바가 크다. 금융시장 전문가들은 우리나라 금융시장이 해외 투자자의 급격한 자금 유입과 유출의 위험에 취약하며, 미국과 유럽을 중심으로 유입된 투자자금은 미국의 경기침체 및 유럽의 재정위기와 같은 대외 부문의 충격 위험에 노출되어 있으므로 자금조달원의 확대 및 다변화를 통한 위험 분산이 필요하다고 주장한다. 이러한 상황을 감안할 때, 과거 우리나라 정부가 미국과 유럽 중심의 자금 차입선을 다변화하고 투자자의 폭을 확대하여 국내 기업의 차입 여건을 개선하고자 추진하였던 이슬람 채권(수쿡)의 도입 노력이 무산되었던 사례는 다소 아쉬움이 남는다.

아무쪼록 역자는 이슬람 금융에 관심이 있는 일반 독자들과 금융전문가들이 이 책을 통하여 이슬람 금융에 대한 이해를 높이고, 향후 경제적 관점에서 이슬람 금융을 적극적으로 활용함으로써 우리나라의 경제 및 금융시장의 안정과 발전에 기여하는 데 도움이 되었으면 한다.

참고 수쿡(Sukuk)의 개념과 우리나라의 수쿡 지원 방안*

수쿡은 금전적 권리를 표상하는 증서로서 샤리아를 준수하여 발행된 이슬람 채권을 의미한다.[1] 수쿡은, 차입한 자금에 대하여 약정한 이자를 지급하고 만기에 원금을 상환하는 일반 채권과 달리, 유형자산을 통해 창출되는 현금흐름, 특정 프로젝트 자산 또는 투자행위로부터 발생하는 수익에 대한 소유권으로 정의된다. 이슬람 금융기관 회계감사기구(AAOIFI)는 수쿡을 "특정 유형자산, 사용권, 용역 혹은 특정 프로젝트나 사업에 대한 분리되지 않은 지분을 표상하는 동등한 가치의 증명"이라 정의하고 있다.

이러한 개념상의 차이에도 불구하고 통상적으로 사용되는 수쿡은 일반 채권이 가지는 현금흐름과 유사하게 설계되어 경제적으로는 일반 채권과 큰 차이가 없다. 대부분의 수쿡은 미리 정해진 고정금리 혹은 마진이 확정된 변동금리를 지급하고 있고 원금의 적시상환이 발행자나 자산에 의해 보장되는 구조로서 일반 채권과 유사한 구조를 가지고 있다.[2]

다만, 이자나 원금상환 보장으로 투자 측면에서는 일반 채권과 같이 취급되어도 수쿡은 샤리아를 준수하여야 하므로 자산을 근거로 하여 발행되어야 하고 조달된 자금의 용도도 이슬람에서 금지하는 사업에 사용되어서는 안 되는 제한이 있다. 이러한 구조나 용도상의 제한으로 인해 수쿡은 샤리아 위원회를 통해 샤리아에 저촉되는지 여부가 우선 검토되고 이를 채권투자 설명서에 첨부하도록 하고 있다.

* "이슬람 채권(Sukuk) 지원방안 마련"(기획재정부, 2009. 9. 29); 『이슬람금융의 이해와 실무』(홍성민 · 김종원 · 홍순재 · 이선호 저, 한국금융연수원, 2010); 『이슬람 금융의 구조와 정책적 시사점』(강대창 저, 대외경제정책연구원, 2012)을 참고하여 작성.

1) 수쿡의 기반을 제공하는 6가지 이슬람 전형계약은 이 책의 제2장에서 상세하게 다루고 있다.

2) 구조적 측면에서 수쿡은 일반 자산유동화 증권과 유사하나 수쿡이 증권의 기초 자산에 대한 소유권을 나타내는 반면, 자산유동화 증권은 증권의 기초 자산에 대한 소유권을 보장하지 않는다는 점에서 성격이 다르다.

한편, 우리나라 정부는 2009년 9월 28일 국내 금융기관과 기업의 이슬람 자금 도입을 지원하기 위하여 수쿡 지원 방안(조세특례제한법 개정안)을 국회에 제출한 바 있다. 이는 수쿡이 샤리아 원칙에 부합하기 위하여 실질적으로는 금융거래 목적이지만 형식상 실물거래를 이용하여 발행되어야 하는 특성에 따라, 국내법상 "채권"에 해당하는지 여부가 명확하지 않아 외화표시 채권의 이자에 대한 소득세 및 법인세 면세제도 적용 여부가 불명확하고, 전통적 채권 발행에는 없는 형식적 자산이전거래 등이 수반되어 양도세, 부가가치세, 취 · 등록세 등 추가적인 세금 부담이 발생하기 때문이다. 이에 정부는 가장 대표적인 이자라 수쿡[3)]과 무라바하 수쿡[4)]에 대하여 일반 채권과 동등한 세제 혜택을 부여하고, 동일한 발행 절차를 적용하는 이슬람 채권 지원 방안을 마련하였으나 국회를 통과하지 못하였다.

3) 증권 인수대금으로 취득한 자산을 차입자에게 임대하고 그 임대수익을 투자자에게 지급하는 형태의 이자라 수쿡은 내국법인이 특수목적회사(SPV)에 지급하는 리스료를 이자로 간주하여 법인세 원천징수를 면제하도록 하고 내국법인에 손비처리를 허용하며, 기초자산의 매매 및 재매매 시 양도세, 취 · 등록세 면제, 자산 매매 · 재매매 · 임대료 지급시 부가가치세를 면제하도록 하였다.

4) 증권 인수대금으로 취득한 자산을 차입자에게 전매하고 전매차익을 투자자에게 지급하는 형태의 무라바하 수쿡은 내국법인이 SPV에 지급하는 전매 차익분을 이자로 간주하여 법인세 원천징수를 면제하고 내국법인에 손비 처리를 허용하며, 내국법인, SPV가 기초자산 매도시 부가가치세를 면제하도록 하였다.

차례

저자 서문 i

역자 서문 xi

참고 xv

차례 xvii

Chapter 1 이슬람 금융이란 무엇인가? 1

1. 일반 은행가와 이슬람 금융 / 3
2. 이슬람 금융이란 무엇인가? / 4
3. 리바의 금지 / 14

Chapter 2 이자를 부과할 수 없는 이슬람 은행들은 어떻게 수익을 창출할까? 25

1. 두 가지 유형의 이슬람 금융 자금 조달 방식 / 27
2. 무라바하 / 30
3. 무다라바 / 42
4. 무샤라카 / 54
5. 이자라 / 63
6. 이스티스나 / 77
7. 살람 / 87

Chapter 3 샤리아법 97
–샤리아법은 변호사들의 전유물이 아니다

1. 샤리아란 무엇인가? / 99
2. 샤리아의 주요 법원 / 101

Chapter 4 샤리아 위원회 113
–역할, 책임 및 위원 자격

1. 샤리아의 목적 / 116
2. 샤리아 감독위원회 / 121
3. 샤리아 위원회 / 122
4. 샤리아 원칙의 적용 / 136

Chapter 5 이슬람 은행의 재무제표 분석 143

1. 이슬람 금융의 배경 / 145
2. 이슬람 은행의 자금 재원 / 148
3. 걸프 협력회의(GCC) 지역 이슬람 금융 / 160

Chapter 6 이슬람 금융 기반 구조 187

1. 금융 기반 구조의 역할은 무엇인가? / 189
2. 이슬람 금융 기반 구조 / 190
3. 이슬람 금융 기반 구성 요소 / 193
4. 결론 / 219

Appendix

이슬람 금융업 이해를 위한 필수 아랍어 221
500대 이슬람 금융기관 267
이슬람 금융 십자말 풀이 376

Chapter 1

이슬람 금융이란 무엇인가?

이슬람 금융이란 무엇인가?

1. 일반 은행가와 이슬람 금융

일반 은행가conventional bankers는 서구식 일반 금융 시스템 내의 은행가를 말하며, 본서에는 'conventional'을 '일반'이란 의미로 번역하였다.에게 이슬람 금융이 무엇인지 물어보면 아마도 그는 이슬람 종교 이야기를 하며 얼버무릴 것이다. 그리고 나서 이슬람 은행은 이자를 부과할 수는 없지만, 이자를 부과하는 것과 유사한 '다른 무엇'을 사용한다고 말할 것이다. 그리고 그 다른 무엇을 명확하게 정의내리지는 못한 채 이슬람 금융을 교묘한 속임수와 같은 것으로 묘사하기 시작할 것이다.

그에게 무라바하(Murabaha), 무다라바(Mudaraba)와 같은 이슬람 금융 용어를 사용하면서 이슬람 금융상품에 대해 설명해달라고 하면 그 은행가는 피곤해하는 표정을 지을 것이다.

솔직히 이와 같은 이슬람 금융에 대한 고정관념이 일반 금융업계 내에 만연해 있다. 제1장에서는 이슬람 금융에 대한 이해를 넓히기 위해 일반 은행업과 차별화되는 이슬람 은행업의 핵심적인 특징들을 살펴보고자 한다.

이슬람 금융은 교묘한 속임수와 같은 것이 아니다. 이슬람 금융은 이슬람 윤리 원칙에 기반하고 있으며 일반 금융 원칙들과 여러 가지 면에서 상당한 차이점이 있다.

2. 이슬람 금융이란 무엇인가?

이슬람 금융기관의 목적과 운영은 성 꾸란(Holy Qur'an)에 기반하고 있다. 이러한 면에서 종교와 무관한 일반 금융기관들과 구별된다. 이슬람 은행들은 이슬람 종교 원칙에 부합하는 상업적 서비스를 제공한다. 이슬람 은행들은 고객들에게 이자(아랍어로 리바(riba))를 받지 않는 서비스를 제공하며 이자의 지급이나 수취가 모든 거래에서 금지된다. 이 점이 일반 은행 시스템과 근본적으로 다른 차이점이다.

리바는 대출 기간과 대출 금액에 따라 대출 원금에 부가되는 금액을 의미한다. 오늘날 이슬람 학자들 사이에서 리바가 모든 형태의 이자에 적용된다는 공감대가 형성되어 있지만, 아주 오래 전에는 리바가 이자를 의미하는지 아니면 고리대금업을 의미하는지에 대한 격렬한 논쟁들이 있었다.

이슬람 율법인 샤리아(Sharia'a)에서 리바라는 용어는 원금에 추가되는 것을 의미한다. 파키스탄 연방 샤리아 법원(Federal Sharia'a Court of Pakistan)에 따르면, 리바는 고리대금과 이자 모두를 포함하는 개념이다. 즉, 금액이 많건 적건, 단리건 복리건, 두 배건 몇 배건, 모든 형태의 이자에 적용된다. 이슬람 (법원의) 명령(Islamic injunction)은 과도하거나 지나친 이자뿐만 아니라 최소 이율의 이자조차 금지한다. 따라서 이슬람 교리에 기반한 금융 시스템은 어떤 형태로든 이자의 지급과 수취를 하지 못하도록 노력한다. 이러한 금기가 원칙적으로 이슬람 은행 및 금융기관들을 일반 금융기관과 차별화시킨다.

오늘날 왜 리바가 하람(haram), 즉 금지된 것으로 간주되는지에 대해서는 다양한 해석들이 있으나 이것들은 종교에 기반한 근본적 해석에 대한 부차적인 수준에 불과하다.

이슬람의 근원은 성 꾸란과 순나(Sunnah)이다. 순나는 고대 아라비아에서 '조상의 전례' 또는 '부족의 풍습'을 의미하였으나 오늘날에는 진정한 전통인 하디스(hadith) 후계자들에 의해 전해 내려온 예언자 모하메드의 가르침과 전통을 의미한다. 꾸란과 순나는 이자를 착취나 부정한 행위로 간주하며 이는 이슬람의 재산권과 공정성에 반하는 것이다. 이슬람 금융의 특성으로 경제 발전에 대한 공헌, 소득과 부의 공정한 분배, 경제에의 자본 참여 증대 등이 언급되지만 이슬람 금융은 이슬람 규율상 이자가 존재하지 않는다는 사실에서 특별한 존재 이유를 갖는다.

그렇다면 이자를 금지하는 이슬람 금융 시스템에서 이자율 제도를 대신하는 것이 무엇인가라는 가장 중요한 질문을 제기하게 된다. 금융중개는 현대 금융 시스템의 핵심인데 만일 이자의 지급과 수취가 금지되어 있다면 이슬람 은행들은 어떻게 운영될 수 있을까? 바로 여기에서 이자의 자원 배분 역할과 금융중개 역할을 대신하는 이익-손실 공유제(PLS)가 도입된다.

이슬람 금융의 기본 개념은 간단하다. 이슬람 금융기관은 주로 이익-손실 공유제에 기반하여 운영된다. 이슬람 은행은 이자를 부과하지 않지만 자금을 운용하여 발생하는 수익 배분에 참여한다. 예금자도 사전에 정해진 비율에 따라 은행 수익의 일부분을 공유한다. 따라서 이슬람 은행과 예금자 간에는 예금자의 자금이 생산적으로 사용되도록 관리하는 은행과 파트너십이 존재한다고 볼 수 있다. 이는 이자를 지급하며 자금을 빌리고, 이자를 수취하며 자금을 대여하는 일반 은행과 대조를 이룬다. 이슬람 금융의 복잡성은 이슬람 율법의 이해와 이를 따르는 금융 상품의 다양성에서 비롯된다.

이슬람 은행들의 영업 활동을 이끄는 6가지 원칙들은 다음과 같다.

① 이자(리바)는 금지된다.

② 이익-손실 공유제는 이슬람 금융의 핵심이다.
③ 금전을 이용한 금전 창출은 금지된다. 모든 금융거래는 실물자산 거래를 수반(자산담보부)해야 한다.
④ 투기적 행위는 금지된다.
⑤ 샤리아를 준수하는 계약만 허용된다.
⑥ 계약은 신성한 것이다.

이슬람 금융에 적용되는 이러한 원칙들을 자세히 살펴보면 다음과 같다.

1) (예정된) 이자 지급의 금지

원금을 상회하여 사전에 결정된 금액을 지급하는 것은 모두 금지된다. 이슬람에서 허용되는 유일한 대출은 까르드 하산(Qard Hasan)이라 불리는 선의의 대출인데, 이 경우 대부자는 빌려주는 원금에 어떠한 이자나 추가 금액도 부과하지 않는다. 전통적인 이슬람 법학자들은 이 원칙을 엄격히 적용하며, 어느 이슬람 학자는 "이 규제는 대부자가 대출금과 관련하여, 가령 대출자의 노새를 타거나, 대출자의 식탁에서 식사를 하거나, 심지어 대출자의 담벼락 그늘을 이용하는 것 등 어떠한 형태의 특혜나 혜택을 받는 것에도 적용된다"고 하였다. 이 학자의 인용 속에 담긴 이자 금지 원칙은 대부자가 받을 수 있는 어떠한 혜택 또는 간접적 수혜까지도 금지된다는 것을 의미한다.

2) 이익-손실 공유

이 원칙에 따르면 대부자는 빌려준 자금으로 만든 회사에서 발생한 수익이나 손실을 반드시 공유해야 한다. 이슬람에서는 무슬림이 채권자가 되기보다는 자금을 투자하고 사업상 손익과 위험을 공유하기 위한 파트너가 되는 것을 장려한다. 이슬람 금융은 자금의 공급자와 사용자가 제조업이던, 서비스업이던 또는 간단한 무역거래이던 간에 사업의 위험을 동등하게 공유해야 한다는 믿음에 기초하고 있다. 은행업 용어로 말하면, 예금자, 은행, 대출자는 자금 조달의 위험과 보상을 모두 공유해야 한다는 것이다.

이는 이자에 기반한 일반 상업은행 시스템과 다르다. 일반 상업은행 시스템에서는 모든 부담이 대출자에게 부과되며, 사업의 성패에 관계없이 반드시 약정이자를 지급하고 대출금을 상환하여야 한다.

이러한 이슬람 금융 원칙은 생산적인 기업체들에게 투자가 이루어지도록 하기 위함이며, 궁극적으로 지역사회가 혜택을 받을 수 있도록 이러한 형태의 투자를 장려한다. 이슬람 금융은 투자나 위험을 감수하지 않고, 은행이 부실화되지 않는 한 어떠한 위험 부담도 없이 이자(리바)를 받기 위해 은행에 예금을 쌓아두는 것을 허용하지 않는다.

따라서 이슬람에서는 위험을 무릅쓰고 투자를 하거나, 아니면 현금을 그냥 보유하여 손실을 보게 된다. 이슬람에서는 고위험 고수익을 옹호하고 투자자들에게 다른 대체 수단을 남겨두지 않음으로써 투자를 장려한다. 이 원칙은 고위험 투자가 경기를 부양하고, 기업가들이 지역사회에 적절한 혜택을 주면서 사업에서도 성공할 수 있도록 최대한 노력하도록 유도하는 것을 목적으로 한다.

(1) 위험의 공유

이슬람 금융의 가장 중요한 특징 중 하나는 자금 공급자(투자자)와 자금 사용자(기업가) 간에 위험을 공유하도록 유도한다는 것이다. 반면, 일반 금융에서 투자자들은 사전에 정해진 이자율에 따라 보상받는다.

일반 금융에서는 기업가들이 모든 위험을 부담한다. 프로젝트가 성공해서 수익을 내건 실패해서 손실을 내건 투자자는 사전에 정해진 수익률로 보상받는다. 이슬람에서는 이러한 부당한 배분이 용인되지 않는다. 순수 이슬람 금융에서는 투자자와 기업가가 공평한 방식으로 사업의 결과를 공유한다. 수익이 발생하면 당사자들은 사전에 정해진 비율에 따라 이익을 배분한다. 손실이 발생하면 모든 재무적 손실은 자금 공급자가 부담하며, 기업가들은 그들의 노력에 대한 보상(급여)을 받지 못하게 된다.

(2) 신용도보다는 생산성을 강조

일반 금융에서 은행에 가장 중요한 것은 대출금과 이자를 연체 없이 수취하는 것이다. 따라서 대출시 가장 중요한 고려 사항은 대출자의 신용도이다. 이익-손실 공유제에서 은행은 투자한 프로젝트가 성공하여 이윤을 내는 경우에만 수익을 얻을 수 있다. 그러므로 이슬람 은행은 프로젝트의 건전성과 기업가의 사업 감각 및 관리 역량에 보다 초점을 두게 된다.

3) 금전을 이용한 금전 창출의 금지

금전을 이용한 금전 창출은 이슬람에서 허용되지 않는다. 돈은 이슬람에서 교환의 매개이며 어떤 것의 가치를 정하는 수단이다. 돈 그 자체로는 가치가 없으므로 단순히 돈을 은행에 넣어두거나 다른 사람에게 빌려주어 고정된 이자 수익을 얻는 방식으로 돈을 버는 것은 용납되지 않는다.

생산적인 사업을 위한 인간의 노력, 도전, 위험 감수가 돈보다 더욱 중요하다. 이슬람 법학자들은 돈을 잠재적 자본으로 간주하며, 이는 돈이 사업에 투자되어 있을 때만 자본이 된다는 것을 의미한다.

무슬림들은 생산적인 투자 활동에 지출하거나 투자하도록 장려받으며 돈을 그냥 놀려두지 못하도록 한다. 돈을 쌓아두는 것은 이슬람에서 용인되지 않는다. 이슬람에서 돈은 구매력을 의미하며 이것이 돈을 적절히 사용하는 유일한 방법으로 간주된다. 재화나 서비스의 구매를 위하여 사용되는 중간 과정이 없이 구매력(돈)이 더 많은 구매력(돈)을 얻기 위해 사용될 수는 없다.

4) 불확실성의 금지

불확실성, 위험 또는 투기를 의미하는 가라르(Gharar) 또한 금지된다.

모든 거래는 불확실성, 위험, 투기성이 없어야 한다. 계약당사자들은 거래의 결과로 교환되는 상품의 가치(상품과 가격)에 대해 완벽하게 알고 있어야 한다. 또한 당사자들은 보장 수익을 사전에 결정하지 않는다. 이는 '불확실한 이득'의 원칙(principle of 'uncertain gains')에 기반하는데, 엄격한 해석에 따르면 고객이 빌린 원금에 인플레이션을 감안한 이자를 더하는 것조차 허용하지 않는다. 이 원칙은 약자가 착취당하는 것을 막고자 하는 데 있다. 따라서 옵션이나 선물거래는 이슬람답지 않은 것으로 여겨지며, 외환 선도거래도 환율이 이자율 차이로 결정되기 때문에 마찬가지로 여겨진다.

5) 샤리아를 준수하는 계약만 허용

일반 금융업은 그 기원이 세속적이다. 반면, 이슬람 시스템의 모든 경제 대리인들은 이슬람의 도덕 가치 체계 안에서 활동해야 한다. 이슬람 은행들도 예외는 아니다. 그래서 이슬람 은행들은 자금을 조달하는 프로젝트가 이슬람의 도덕 가치 체계와 상치되어서는 안 된다. 예를 들어, 이슬람 은행들은 술집, 카지노, 나이트 클럽 등과 같이 이슬람에서 금지하거나 사회에 해악을 끼친다고 알려진 것들을 대상으로 대출하는 것이 허용되지 않는다.

6) 계약의 신성함

성 꾸란의 많은 구절에서 무역과 상업을 장려하는데, 정직하고 적법한 거래와 사업에는 어떠한 장애도 없어야 한다는 것이 이슬람의 태도이다. 또한 가족을 지키고 가난한 자들에게 기부하는 삶을 사는 것이 무슬림의 의무이다.

이슬람이 인생의 모든 영역을 규제하고 영향을 미치는 것처럼 사업과 상업의 행위도 규율한다. 무슬림들은 종교적 요구 사항에 따라 사업 활동을 할 때에도 도덕적 의무를 진다. 무슬림들은 다른 사람들에게 공정하고 정직해야 한다. 이슬람에는 매수자 위험 부담(caveat emptor) 원칙이 없으며 매도자에게 특별한 의무가 존재한다. 독점과 가격 담합은 금지된다.

상업적 샤리아법의 기본 원칙들은 다음의 네 가지 근본적인 거래를 기준으로 정해진다.

① 판매(bai(바이)): 대가에 따른 재산 소유권 이전
② 대여(ijara(이자라)): 대가에 따른 재산 사용권 이전
③ 기증(hiba(히바)): 재산의 무상 이전
④ 대출(ariyah(아리야)): 재산 사용권의 무상 이전

이러한 기본 원칙들은 담보, 예치, 보증, 대리, 양도, 토지 임대차, 와끄프(waqf)(이슬람) 종교 또는 자선 목적에 사용되도록 특정하여 양도 불가능하게 토지를 기부(부

록 I 참조) 재단, 파트너십과 같은 다양한 거래에 적용된다.

이슬람은 계약 책임과 정보 공개 의무를 신성 의무로 떠받친다. 이 특성은 정보의 비대칭성이나 도덕적 해이를 줄이기 위한 것이다. 이것은 이슬람 은행들에게 잠재적으로 중요한 이슈가 될 수 있는데 이를 자세히 살펴보면 다음과 같다.

(1) 정보의 비대칭이란 무엇인가?

정보 비대칭은 계약에서 어느 일방은 알고 있으나 다른 일방은 알지 못하는 정보를 의미한다.

이와 관련한 고전적 쟁점은 자산의 품질에 대해 내부 정보를 가지고 있는 판매자가 정보가 부족한 구매자들이 제시하는 조건들을 받아들이기 꺼린다는 것이다. 이는 시장의 실패를 유발하거나, 적어도 판매자와 구매자가 모든 정보를 가지고 있는 경우에 응당 받게 되는 가격보다 낮은 수준의 자산이 판매되게 한다. 이를 통상 '레몬 시장' 문제라고 말하며 레몬은 낮은 품질의 자산을 의미한다.

이 개념은 자본과 부채 조달에도 적용된다.

자본 조달의 경우, 주주들은 부실한 회사에서 발생한 투자 손실을 만회하기 위하여 상대적으로 우량한 회사들의 주식에 대한 프리미엄을 요구한다. 이 프리미엄으로 인해 상대적으로 우량한 회사의 경영자들이 직면하는 신규 자본의 조달비용은 기존 주주들이 갖는 내부 유보자금의 기회비용을 상회하게 한다.

채권시장(debt market)에서 채권 발행 회사(채무자)는 자금이 책정된 투자 프로젝트의 예상 수익과 위험에 대한 정보를 일반적으로 더 잘 알고 있다. 반면 채권자는 채무자에 대해 필요한 정보를 충분하게 가지고 있지 않다.

충분한 정보의 부족은 거래를 전후하여 문제들을 야기시킨다. 이것은 이슬람의 이익 공유 계약과 관련하여 잠재적으로 중대한 문제점이다. 비대칭적 정보는 일반적으로 역선택과 도덕적 해이 문제를 유발한다.

정보 비대칭과 관련한 문제는 다음의 두 가지 형태로 나타난다.

(가) 역선택

역선택은 제품 품질 측면에서 구매자가 판매자보다 부족한 관련 정보를 가지고 있는 상황을 말한다. 이는 거래가 발생하기 전에 비대칭적 정보로 인해 발생하는 문제이다. 이 경우 잠재적 구매자가 바라지 않는 결과가 나타날 가능성이 높다. 부실 대출의 위험은 대출을 얻기 위해 가장 활발하게 찾아다니고 그래서 선택될 가능성이 가장 높은 자들로부터 발생한다.

간단한 예로, 대부자들은 사업의 위험성을 식별할 수 없기 때문에 대출 계약시 건전한 대출자와 부실 대출자 간에 가격 차별화(예: 금리 차별)를 할 수 없다. 따라서 금리가 상승할 때 상대적으로 건전한 대출자들은 시장에서 빠져나가게 되며, 부실 대출자의 부도 가능성을 높이고 나아가 대부자의 기대수익을 감소시킬 수 있다.

(나) 도덕적 해이

도덕적 해이는 거래가 발생한 이후 비대칭적 정보로 인해 야기되는 것이다. 대부자들에게는 그들의 관점에서 바람직하지 않은, 즉 대출 회수 가능성을 낮추는 행위에 대출자가 관여할 위험이 있다.

일반 대출 계약은 대출자가 일정 기간 후에 확정된 금액을 대부자에게 변제하기로 한 계약상 합의이다. 회사가 높은 수익을 내더라도 대부자는 계약상 금액을 받게 되며 대출자가 얼마만큼 수익을 냈는지 알 필요가 없다. 만일 경영자가 회사의 수익을 높이지 않는 사업 활동을 추구한다 하더라도 대부자는 회사의 대출 상환 능력에 영향을 미치지 않는

한 그 사업 활동에 대해 신경쓰지 않는다. 그 회사가 대출을 상환하지 않는 경우에 한하여, 즉 채무를 불이행하게 되면 대부자는 그 회사의 수익성에 대해 확인할 필요가 생긴다.

그러나 이슬람 금융 원칙에서처럼 이자 지급이 이루어지지 않는다면 도덕적 해이 문제가 그 시스템 안에 내재하게 된다.

(2) 이슬람 금융의 비대칭 위험

이익-손실 공유제(PLS)는 무다라바(mudaraba) 계약(자세한 내용은 제2장에서 서술)에 따라 계약당사자들이 자본 출자에 관계없이 이익 공유 비율 정도를 자유롭게 결정하도록 규정한다. 반면 손실은 자본 출자 비율에 따라 엄격하게 분담된다. 이익-손실 공유제에서는 프로젝트 실패의 사업 위험에 대해서도 담보를 제공할 수 없다. 따라서 프로젝트가 실패하면 이슬람 은행은 재정 손실에 노출된다. 이것이 이슬람 은행의 비대칭 위험에 영향을 준다.

대출금과 수익에 대한 금융기관의 지분을 적시에 지급하는 것을 보장하기 위해 상환기일을 지키지 않은 대출자들에게 벌금을 부과할 수 있다. 그 벌금은 샤리아 원칙에 따르기 위해 개별 금융기관에 지급되기보다는 자선단체에 예치되어야 한다. 따라서 대출자의 부도로부터 은행들은 명시적인 보호를 받지 못한다. 이것이 비대칭 위험이다.

정리하면, 역선택은 가장 바람직하지 않은 결과를 초래할 것 같은 잠재적 대출자들이 많은 노력을 들여 가장 활발하게 대출을 구하는 자들로서 대출 대상으로 선정될 가능성이 가장 높다는 것을 의미한다. 도덕적 해이는 대출금이 지급된 후에 대출자가 대부자 관점에서 가장 바람직하지 않은 사업 활동에 참여할 때 발생한다.

이익-손실 공유 메커니즘은 대출시 대부자와 대출자 간에 위험과 이익의 배분을 강조하기 때문에 이상적으로는 대출받은 회사의 신용도보다는 대출금과 관련된 프로젝트의 수익성만 고려하면 된다. 이는 대부자가 더욱 보수적으로 결정을 하고 대출자를 더욱 조심스럽게 감시하도록 유도한다.

일반 은행 모델에서는 은행 감독과 예금보험제도가 예금자들이 은행을 감시할 필요성을 대체해 왔다. 결과적으로 소액 예금자들로서는 이 은행에 예치하든 다른 은행에 예치하든 매우 유사하므로 은행을 감시할 필요성이 줄어들게 된다.

반면, 이자 지급이 없는 이슬람에서는 은행의 안전성, 건전성, 위험성, 수익성에 관한 정보의 수집 부담을 예금자들이 부담하게 된다.

3. 리바의 금지

이슬람의 이자 금지는 이슬람 은행 시스템의 핵심으로서 왜 그것이 존재하고 그것이 의미하는 바가 무엇인지 이해하는 것이 필수적이다.

리바(riba)는 크게 두 종류이다.

① 리바 알-나시아(Riba Al-Nasiah): 대출금에 대한 이자

② 리바 알-파들(Riba Al-Fadl): 열등 품질의 상품을 주고 우등 품질로 동종 상품을 받는 것

이자 또는 리바는 초과 또는 증가를 의미한다. 리바는 대출자가 대부자에게 빌린 금액보다 더 많은 금액을 지불하는 조건으로 받는 대출을 말하며, 노력을 기울이지 않은 수익을 의미한다.

금융거래에 있어 무슬림의 주요 관심 중 하나는 어떠한 형태로든 리

바를 피하는 것이다.

예언자 모하메드는 리바의 확산이 너무 강력해서 무슬림이 이를 피하는 것이 무척 어려울 것이라고 예상하였다. 따라서 무슬림에게는 사업자금 조달 방법의 결정에 있어 상당한 주의가 요구된다.

이슬람 금융에서 이자의 금지가 왜 중요한지 이해하기 위해서는 꾸란 등 경전의 원문에 나타나는 증거 사례들을 살펴볼 필요가 있다.

1) 경전에 나타난 리바 금지 사례

꾸란-알-바까라 수라(Al-Baqarah Sura) 275-281

275. 리바를 받은 자는 사람을 미치게 만드는 사탄에 물린 사람들이 살아 서 있는 것과 같은 경우를 제외하고는, 부활의 날에 살아 서 있지 못할 것이다. 알라는 거래를 허용하였지만 리바는 금지하였던 반면, 사탄의 무리들은 "거래는 오직 리바와 같은 것이다" 라고 말하였기 때문이다. 따라서 알라로부터 훈계를 받고 리바를 받는 것을 그만둔 사람들은 누구나 지난 일로 인해 처벌받지 않을 것이다. 이는 알라가 결정할 것이며, 리바를 다시 받기 시작하는 사람들은 지옥 속에 사는 사람들처럼 그 곳에 갇혀버릴 것이다.

276. 알라는 리바를 파괴하고 사다까(Sadaqah, 자선이나 구호 행위)를 늘릴 것이다. 또한 알라는 모든 죄짓는 믿지 않는 자를 싫어한다.

277. 진정으로 믿고 정의로운 행동을 하며 아스-살라트(As-Salat, 기도)를 실행하고 자카트(Zakat, 종교세)를 내는 자들은 그들의 하나님(their Lord)으로부터 보상을 받을 것이다.

278. 믿는 자여! 진정한 믿음이 있다면 알라를 두려워하고 남은 리바를 포기하라.

279. 만일 포기하지 않으면 알라와 그의 사자(His Messenger)로부터 전쟁의 통지를 받으리라. 그러나 네가 회개하면 어떠한 괴로움이나 부당함을 받지 않고 원금을 돌려받게 될 것이다.

280. 만일 채무자가 힘든 상황이면(즉, 돈이 없다면) 그에게 돈을 갚을 수 있도록 시간을 주고, 만일 알면서 채무를 탕감해 주는 자선을 베푼다면 너에게 보다 이로운 것이다.

281. 알라에게 돌아갈 날을 두려워하라. 그때에는 모든 사람들이 벌었던 것들을 돌려주어야 하며 불공평하게 취급받지 않을 것이다.

꾸란-알-임란 수라(Al-Imran Sura) 3:130
믿는 자여! 두 배, 몇 배의 리바를 받지 말고 알라를 두려워하라.

하디스-사히 부카리(Sahih Bukhari), 3권 299: 아운빈 아부 쥬하이파(Aunbin Abu Juhaifah, r.a.)가 전함
내 아버지는 노예 한 명을 샀는데 그는 부황 전문가였다. 아버지는 그 하인의 부황기기를 부수었다. 내가 아버지께 이유를 물었을 때 아버지께서 말씀하시기를 "선지자 모하메드는 개나 피의 가격을 받는 것을 금지하였고, 또한 문신이나 문신을 직업으로 하는 것, 리바의 지급과 수취를 금지하였으며, 픽처 메이커(picture makers)를 저주하였다."
(부황은 피부 밑에 있는 나쁜 피들을 내보내는 것으로서 일종의 의학 치료이다.)

하디스-사히 부카리, 2.468, 사무라 빈 준답(Samura bin Jundab, r.a.)이 전함

그의 예언자와 관련된 꿈에는 피의 강, 그 강 속의 남자, 그리고 앞에 바위들이 있는 강둑에서 강 속에 서 있는 자를 마주하며 서 있는 다른 남자가 있었다. 강 속의 남자가 나오려 하면, 다른 자가 그의 입에서 돌을 꺼내 그에게 던져 그를 다시 제자리로 돌려보냈다. 예언자가 말하기를 피의 강에 있는 그들은 리바를 취급한 자들이었다.

하디스-미쉬캇-울-마사비(Mishkat-ul-Masabih)

다음의 세 아하디스(ahadith)의 출처는 미쉬캇-울-마사비의 이자 부분이며, 영어 번역은 알 하즈 모울라나 파즐 카림(Al Hajj Moulana Fazl Karim)이 쓴 영어 버전에서 발췌하였다(11권, 218-227).

- 하즈랏 자비르(Hazrat Jabir)는 알라의 사자가 고리대금업자와 이를 사용하는 자, 이에 대해 필경(글자를 베껴 적는 일)하는 자 및 이에 대한 두 명의 목격자를 저주하였다고 전하였다. 또한 그는 그들의 죄가 모두 똑같다고 말하였다.
- 하즈랏 아부 후라이라(Hazrat Abu Hurairah)는 예언자가 말하기를, 고리대금업을 파괴하지 않을 자가 아무도 없는 날이 분명히 올 것이다. 그가 고리대금업을 파괴하지 않으면 그것의 증기가 그를 앞질러 버릴 것이다.[아메드(Ahmed), 아부 다우드(Abu Dawood), 니사이(Nisai), 이븐 마자(Ibn Majah)]
- 하즈랏 아부 후라이라는 알라의 사자가 말하기를, 나는 나를 천당으로 데려가던 날 밤 많은 사람들을 지나왔다. 그들의 위장은 뱀이 살고 있는 집들과 같았는데, 그 앞에서 뱀들을 볼 수 있었다. 나는 "오 가브리엘! 그들은 누구인가요?"라고 물었다. 그는 이들이 고리대금업자들이라고 대답하였다.

하디스-하즈랏 알-쿠드리(Hazrat Al-Khudri)는 예언자가 말하기를, 금에는 금, 은에는 은, 밀에는 밀, 보리에는 보리, 대추에는 대추, 소금에는 소금, 이처럼 동일한 품목으로 손에서 손으로 직접 교환되어야 한다고 하였다. 따라서 누구든 그것에 부가하거나 또는 보다 많이 요구하는 것은 고리대금업을 실행하는 것이며 주는 자와 받는 자가 똑같은 것이다.

경전의 원문 속 사례에서 볼 수 있듯이 무슬림에게 이자는 금지된다. 알라는 이자를 이용하는 자들에게 전쟁을 선포하였다. 이슬람에서는 사람들이 그들 자신의 식량을 벌고, 샤리아 원칙에 따르는 소득이라는 전제하에 이를 가족들에게 제공하는 것을 장려한다.

이자 사용 금지는 꾸란의 신성한 권위에 기반을 두고 있지만, 다소 놀랍게도 왜 그래야 하는지에 대해 명쾌한 이유가 없다. 지금부터 이 주제에 대해 다루어 보려고 한다.

2) 리바를 금지하는 이슬람의 근거

이슬람 금융기관들이 일반 금융기관들과 구별되는 가장 중요한 특징 중의 하나는 이슬람 금융기관들이 이슬람 교리(아끼다(aqidah))를 충실히 따른다는 것이다. 이슬람 금융기관들은 무슬림 금융기관의 기원이고 가장 중요하므로 알라가 금지한 것들을 하지 않기 위해 근본적인 이슬람 정신을 공유한다. 이러한 면에서 꾸란은 매매나 대출에 관련된 모든 종류의 리바를 명확하게 영원히 금지하고 있다.

이러한 맥락에서 우리는 앞서 언급된 바를 아래의 구절을 통하여 볼 수 있다. "그렇지만 진정으로 알라는 무역이나 거래를 허용하였으나 리바는 금지하였다"(수라 2:275). 꾸란은 또한 알라가 무슬림들에게 남아 있는 모든 리바(금액이 크든 작든)를 금지하고 청산하도록 명령하였다고 기

술한다: "믿는 자여, 진정한 믿음이 있다면 알라를 두려워하고 남은 리바를 포기해라"(수라 2:278), 그리고 고리대금업자들에게 전쟁을 선포한다: "만일 포기하지 않으면, 알라와 그의 사자로부터 전쟁의 통지를 받으리라. 그러나 네가 회개하면 어떠한 괴로움이나 부당함을 받지 않고 원금을 돌려받게 될 것이다"(수라 2:279).

그러한 전쟁의 선포를 받는 것은 모든 이슬람에게 가장 가혹한 징계를 의미하며, 이는 리바가 가장 심하게 금지된 종교적 죄 중의 하나라는 것을 보여준다.

3) 이슬람 금융 시스템에서 허용되지 않는 리바

이자를 금지하고 이슬람 금융 원칙을 도입하는 기본적인 이유는 종교적인 것이며, 따라서 순전히 세속적인 관점에서 그 이유를 평가하는 것은 어렵다. 그럼에도 불구하고, 이슬람 학자들은 이자 금지의 이론적 근거를 도덕률과 경제학의 관점에서 제공하기 위하여 노력해 왔다.

이슬람 학자들은 리바를 금지하는 다섯 가지 이유를 제시하였다.

① 리바는 부당하다.
② 리바는 사회를 부패시킨다.
③ 리바는 다른 사람의 재산을 부도덕하게 전용하는 것을 의미한다.
④ 궁극적으로 리바는 마이너스 경제 성장을 유발한다.
⑤ 리바는 인격을 손상시키고 훼손한다.

(1) 리바는 부당하다

이슬람 학자들이 강조한 가장 중요한 이유는 이자가 부당(줄름(zulm))

하기 때문에 금지된다는 것이다. 이자에 기초한 계약은 계약당사자 중 일방, 때로는 대부자와 대출자 모두에게 부당하다.

수라(Sura) 2:279는 원금을 초과하는 금액을 받는 것이 부당하다고 명시하고 있다. 수라는 또한 대부자/채권자의 원금에 대한 권리가 축소되는 것 역시 부당하므로 이 권리가 축소되지 않는다고 인식한다. 그러나 꾸란은 대출의 경우 왜 원금을 초과하는 금액을 받는 것이 부당한지를 합리화하지 않고 있다. 따라서 이는 이슬람에서 말하는 정의에 내재된 평등이나 상호주의에 기초하는 것으로 보인다.

부당성과 불평등을 받아들이지 않는 것은 꾸란과 이를 따르는 자들 간에 이견이 없다. 비무슬림들에게는 원금 이상의 어떤 것을 받는 것이 부당하다는 꾸란의 입장이 쉽사리 이해되지 않는다.

리바 계약은 누군가가 대출을 받고 사업에 투자하여 성공하거나 실패할 수 있기 때문에 대출자에게 부당하게 여겨진다. 실패할 경우 사업가는 그가 기울인 노력과 시간으로부터 아무 것도 얻지 못하게 된다. 이 손실에 더하여 그 사업가는 이자와 자본금을 대부자에게 갚아야 한다. 대부자 또는 자금 조달자는 그 사업이 실패하였다는 사실에도 불구하고 투자 원금에 이자까지 받는다. 리바가 부당하다고 간주되는 것은 이러한 맥락에서이다.

꾸란은 빚을 갚는 데 어려움을 겪고 있는 개인들이 그들의 의무를 좀더 쉽고 어렵지 않게 만들어야 한다고 명확하게 말한다. 그런 개인들은 어쩌면 실제로 자선의 대상이 될 수 있으며, 제때 돈을 갚지 않아 처벌을 요구하는 것은 도덕적으로 모욕적인 관행이다.

예언자의 마지막 설교에서 설명되고 있는 리바는 돈을 빌려준 자가 연체에 따른 보상으로써 '채무 증가'를 요구하는 범죄를 말한다. 이슬람 학자들은 연체로 인해 대부자가 재정적 어려움을 겪을 수도 있지만, 법원에서는 대출자의 상황을 우선 고려하여야 한다고 주장한다. 만일 연체가 정당한 이유가 없고 변제에 어려움이 없었다면 추가 비용을 부담하도록 요구하는 것은 타당하다. 그러나 이는 법원이 판단해야 할 문제이며 어느 일방이 상대방에게 처벌을 부과할 수는 없다. 같은 이유로 계약서에 자동 위약벌 조항을 넣는 것도 부당하다. 그러한 위약벌이 정당하기 위해서는 고의적 계약 위반이란 주장에 근거하여 법원이 판단해야 한다. 연체는 힘겨운 상황에서 비롯될 수 있고 따라서 채무자가 의도하지 않았을 수 있다.

이러한 식으로 예언자와 꾸란이 부정한 것으로 간주하는 리바의 관행과 관련된 두 가지 해석이 있다.

① 채무 불이행을 이유로 처벌하는 것은 부당하다.
② 채무 불이행과 관련하여 어떠한 보상이 있어야 하는지 결정하는 것은 법원이지 채권자가 아니다.

후자는 결정적인 것으로 일단 법원이 계약서상 지급 불능에 대한 처벌이 부과되도록 허용한다면 어떠한 범죄라도 '대출 노예'(debt-slave)를 처벌하는 방법으로서 정당화될 수 있다. 어느 일방이 상대방에게 처벌을 부과하는 관계는 주인과 노예의 관계와 같다. 다른 이로부터 무언가를 구입하는 이와의 관계는 평등해야 한다.

(2) 리바는 사회를 부패시킨다

리바를 부과하는 것과 사회의 부패(파사드(fasad)) 간에 관계가 있다는 주장은 앞서 나온 절들과 수라(Sura) 30 및 아-룸(Ar-Rum)에 나타난다.

"고리대금을 주는 것은 다른 사람의 재산을 늘어나게 할 수 있으나, 알라와 함께 (하늘 나라에서) 늘어나는 것은 아니다. 그러나 알라를 따르면서 자선을 베풀면 (하늘 나라에서도) 진정 많이 늘어나게 된다. 알라는 너를 창조하였고 너를 존재하게 하였으며, 그리고 너를 죽게 만들고 네게 다시 삶을 준다. 너의 이른바 (알라의) 파트너 중 누가 그것을 하는가? 알라와 관련된 것 이상으로 그는 찬미되고 고귀하다. 부패는 (악마로 인하여) 인간의 손에서 저질러져서 땅과 바다에 나타난다. 알라는 그들이 다시 돌아올 수 있도록 그들이 저지른 것을 맛보게 한다”(수라 30:37-41).

인간의 (잘못된) 행동으로부터 비롯된 사회의 부패(fasad)에 대한 일반적인 메시지 체계 안에서, 우리는 리바를 부과하는 것이 사회를 부패시키는 잘못된 행동 양식 중 하나라는 하위 메시지를 확실하게 읽을 수 있다. 사실 연대기적 측면에서 리바가 꾸란에서 언급된 것은 이것이 처음이다. 이는 리바를 지급하는 관행이 금지되기 훨씬 전부터 리바의 부정적인 사회 역할을 부각시키기 위한 것이었다.

(3) 리바는 다른 사람의 재산을 부도덕하게 전용하는 것을 의미한다

이 논리는 수라(Sura) 4, ‘알-니사’(al-Nisa)의 절에서 암시되었다. 그 절에서 유대인들은 “금지된 고리대금과 사람들의 재산을 잘못된 가식으로 삼켜버린 것” 때문에 꾸짖음을 받는다(수라 4:161). 중요한 것은 꾸란이 다른 사람의 재산을 부당하게 사용하려는 경향을 대단히 중대한 범죄와 연관짓는다는 것이다. 리바는 비밀리에 비축하는 것과 연관되고(수라 9:34), 살인과 유사하게 보여진다(수라 4:29).

리바와 연관된 파사드(fasad)의 부정적 측면을 고려해 볼 때 이 메시지는 명확하다. 리바를 부과하는 것은 시민사회를 부패로 이끄는 것에 해당된다.

여기에서의 주장은 리바가 재산권을 즉각적으로 부당하게 창출하는 표상으로 간주된다는 것이다. 리바는 재산권으로 인정되는 적법한 체계

밖에서 청구된 재산권이므로 정당화될 수 없다. 또한 리바는 이와 관련된 대출 계약이 체결되는 순간 대부자에게 대출자에 대한 권리가 발생하므로 담보 조항과 다를 바가 없다.

(4) 궁극적으로 리바는 마이너스 경제 성장을 유발한다

네 번째 이유는 리바가 지속적인 소멸 과정으로써 감소에 감소를 거듭하는 파멸(mahq(마끄))을 조건으로 한다는 주장(수라 2:276)에 나타나 있다. 이는 복리 이자의 힘을 이용하여 부를 증식시킨다는 통상적인 사실에 어긋나는 것으로 다소 이상하게 들릴 수 있다. 일단 리바 비즈니스를 통해 개인의 부가 지속적으로 감소하게 된다는 해석은 남겨두고, 또 다른 해석, 즉 사회적 부에 대한 효과에 대해 살펴보자.

리바는 사회적 부의 증가에 박차를 가하는 데에는 실패한다. 그 역할은 수라 2:276의 후반부에서 언급되는 자선 구호 활동이 수행한다. 자선 구호는 가난한 자와 구호에 의존하는 자들에게 구매력을 이전한다. 리바 관련 소득의 최종 목적지는 그리 확실하지 않다.

또한 리바는 경제에 여러 불합리한 결과를 유발한다. 사회적 자원의 비효율적인 분배를 야기하고 시스템의 불안정성을 초래할 수도 있다. 이자 기반 일반 금융제도에서는 대출 분배의 주요 기준이 대출자의 신용도이다. 이슬람의 이익-손실 공유제도에서는 사업의 생산성이 더욱 중요하므로 보다 생산적인 사업에 자금이 조달되도록 권장한다. 그러므로 은행은 신용도가 높은 대출자들의 저수익 사업보다는 대출자의 신용도가 다소 낮더라도 보다 생산성이 높은 사업에 대출을 실행할 가능성이 높다. 그러므로 이슬람의 공유제도가 자원 분배에 있어 더 효율적이다.

또한 은행의 수익이 대출을 실행할 사업의 성공에 연동되어 있기 때문에 보다 효율적이라고 여겨진다. 이자 기반 금융제도에서 은행들은 사업의 성공과 관계없이 대출에 대한 수익을 얻으므로 사업 평가에 대해 그리 신경쓸 필요가 없다.

또한 일반 금융제도에서는 담보가 제공되는 경우 심지어 사업이 실패하더라도 수익(적어도 일부분은)이 보장된다. 이자 기반 제도는 대출자가 대출금을 상환하기에 주변 환경이 여의치 않을지라도 계속해서 대출금을 갚아 나가야 하므로 문제를 더욱 악화시키고 결국 부도를 유발한다. 이자를 기반으로 하는 금융제도에서는 경기 순환에서 경제 하강을 가속화시킬 수 있다.

(5) 리바는 인격을 손상시키고 훼손한다

리바를 금지하는 다섯 번째 이유는 위에서 인용된 수라 2:275에서 추론할 수 있으며, 여기에서 고리대금업자의 모습과 왜 그들이 초라한 행색을 하게 되었는지에 대한 이유를 기술한다. 그 이유는 매매거래 행위를 리바 지급과 동일시함으로써 그들이 잘못된 경제 속에 빠졌기 때문이다.

리바의 부과는 많은 경우 인격을 손상시킨다. 예를 들면, 생존에 필요한 것을 조달하기 위한 대출에 이자를 부과하는 것은 협동과 배려, 여력이 있는 자가 도움이 필요한 자에게 도움을 주는 것과 같은 사회 생활의 근본을 훼손하는 것이다.

혹자는 어떻게 리바 수익이 당신의 인격에 영향을 줄 수 있는지 의문을 제기할 수 있다. 이에 대한 답변은 오늘날 이자를 기반으로 하는 사회에서 일반적으로 늘어만 가고 있는 걱정의 수준에서 찾아볼 수 있다. 중요한 것은 복잡한 현대 경제 속에서 이자를 지급하는 자와 이자를 수취하는 자의 관계가 과거 원시 농경사회나 상인사회에서처럼 직접적이고 가시적이지 않다는 것이다. 그것은 인간미 없고 잠재적으로 불안 수준을 높일 수 있는 수많은 대리인들과 금융기관들에 의해 중개된다.

Chapter 2

이자를 부과할 수 없는 이슬람 은행들은 어떻게 수익을 창출할까?

간단하다.

이슬람 은행은 이자 부과가 허용되지 않는 자금 조달 메커니즘을 통하여 거래와 투자를 장려하는 '샤리아에 부합하는 계약'(Sharia'a-compliant contract)을 이용한다.

이자를 부과할 수 없는 이슬람 은행들은 어떻게 수익을 창출할까?

1. 두 가지 유형의 이슬람 금융 자금 조달 방식

1) 이슬람에서 허용되는 이연매출계약

첫 번째 계약의 형태는 소위 '이연매출계약'(deferred sales contracts)으로 알려진 것들이다. 이슬람 법학자들은 할부 지급이 가능하며 현금 가격보다 높은 이연 가격으로 상품을 즉시 파는 것이 유효하다고 규정해왔다. 주요 마드합(Madhab, 이슬람 법학파)인 샤피이학파(Shafii's), 하나피학파(Hanafi's), 말리키학파(Maliki's)와 한발리학파(Hanbali's)가 여기에 동의한다. 이 결정의 근거는 미래에 할부로 지급되는 가격으로 상품을 판매하는 자가 해당 상품을 이연지불 방식으로 구매하려는 자가 사용할 수 있게 함으로써 이익을 희생하는 것이다.

이러한 희생은 판매자가 나중에 대금을 지급받는다는 사실에 기초한다. 따라서 판매자는 오늘 대금을 지급받지 못하므로 다른 상품을 구매할 수 없거나 단순히 오늘 현금을 보유하지 못한다는 점에서 희생을 치른다. 그래서 이연된 가격이 상승하는 것은 판매자에 대한 보상으로 볼 수 있다. 법학자들은 이러한 매출에 대하여 관련 계약이 독립적으로 규정되어 있고 정보 부족(jahala(자할라))이 없는 한 유효하다고 규정한다.

4가지 유형의 이연매출계약

- 무라바하(Murabaha): 수익이 정해진 매출로서, 매매 대상은 계약시 이전되나 매매 대금은 미래에 채무로서 지급됨.
- 이자라(Ijara): 자산의 사용수익권을 판매하는 것으로 정기적으로 대여료를 지급하는 사용자에게 자산이 이전됨.
- 이스티스나(Istisna'a): 매매대금은 계약시 지급되고, 매매 대상은 나중에 제조되어 이전됨.
- 살람(Salam): 매매대금은 계약시 지급되나 매매 대상은 채무의 형태로 이전됨(선물 매매).

2) 이익-손실 공유계약

이슬람에서 허용되는 계약의 두 번째 유형은 이익-손실 공유계약(profit-and-loss share(PLS) contracts)이다. PLS 계약은 결과물이 사전에 정해질 수 없으며, 결과물의 공유를 기초로 하는 계약을 의미한다. 주주는 이익이 발생한 경우에만 배당을 받고, 이익이 발생하지 않으면 어떠한 배당도 지급되지 않는다. PLS 계약은 다음 2가지 유형으로 구분된다.

(1) 무다라바

무다라바(Mudaraba) 계약은 두 당사자, 즉 특정 프로젝트의 자금을 조달하는 투자자(Rab ul-Maal(라브 울-마알))로서의 이슬람 은행과 노무 출자자(Mudarib(무다리브)) 간의 계약이다. 이익은 사전에 정해진 비율에 따라 당사자 간에 공유된다. 손실은 이슬람 은행의 부채로 남고, 무다리브는 자신의 노력과 수익에 대한 예상 분배금만을 희생하게 된다.

(2) 무샤라카

무샤라카(Musharaka) 계약은 지분참여계약이다. 은행이 프로젝트의

〈도표 2.1〉 이슬람 금융의 계약 유형

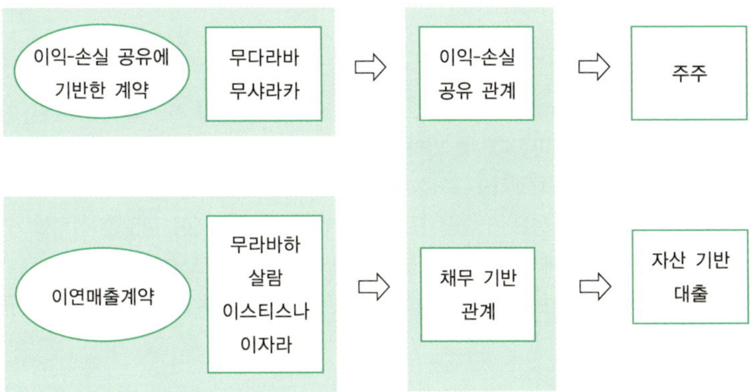

자금을 단독으로 조달하는 것은 아니며, 둘 또는 그 이상의 파트너들이 투자를 위한 공동 자본에 출자한다. 이익은 당사자 간에 사전에 정해진 비율에 따라 분배된다. 손실은 각자 출자한 자본금에 따라 엄격하게 공유된다. 〈도표 2.1〉은 이러한 형식의 자금 조달 방식을 보여준다.

이 장에서 설명하고 있는 6가지 계약(보다 정확한 명칭으로 '전형계약'(nominate contracts))은 다음과 같다.

① 무라바하(Murabaha)
② 무다라바(Mudaraba)
③ 무샤라카(Musharaka)
④ 이자라(Ijara)
⑤ 이스티스나(Istisna'a)
⑥ 살람(Salam)

2. 무라바하

무라바하(Murabaha) 계약은 사전 합의된 이윤에 비용를 추가한 가격으로 상품을 판매하는 것을 의미한다. 첫 번째 유형은 이슬람 은행이 상품을 구입하고, 고객이 해당 상품을 구매하겠다는 사전 약정 없이도 그 상품을 구매할 수 있도록 하는 것이다. 두 번째 유형은 이슬람 은행이 제3자로부터 고객이 주문한 상품을 구매하고, 이를 그 고객에게 판매하는 것이다. 마지막 유형은 고객이 그 은행으로부터 상품을 구매하겠다는 약정이 있는 경우에 한하여 이슬람 은행이 그 상품을 구매하는 것이다.

구매주문자를 위한 무라바하(Murabaha to the purchase orderer)

고객이 해당 금융기관으로부터 상품을 구매하기로 약정한 무라바하 계약을 구매주문자를 위한 무라바하라고 하며, 이는 고객의 어떠한 약속과도 관련되지 않는 보편적 무라바하와 구분된다. 구매주문자를 위한 무라바하는 금융기관이 고객(구매주문자)에게 사전에 합의한 일정 이윤을 원가에 부가한 가격으로 상품을 판매하는 것이다. 세부 내역은 고객의 매입 약정 내용에 상세히 나타난다. 일반적으로 구매주문자를 위한 무라바하 계약에서는 금융기관이 고객에게 무라바하 신용을 제공한다.

출처: 이슬람 금융기관 회계감사기구(Accounting and Auditing Organisation for Islamic Financial Institutions: AAOIFI).

1) 무라바하의 개념

무라바하는 이슬람 피끄(fiqh, 이슬람 법학) 용어이다. 만일 판매자가 특정 상품을 원가에 일정 이윤을 더하여 제공하기로 상품의 구매자와 합의한 경우 이를 무라바하 계약이라고 부른다. 무라바하의 기본 구성은 판매자가 해당 상품을 구매하는 과정에서 발생한 실제 비용을 공개하고 이에 일정 이윤을 더하는 것이다. 이러한 이윤은 총액 또는 일정 비율로 정할 수 있다.

무라바하는 때때로 '구매주문자를 위한 무라바하'를 의미한다. 이 경우 구매자는 판매자(은행)로부터 상품을 구매하고 그 상품을 무라바하 방식으로 구매자에게 판매하도록 주문한다.

구매주문자를 위한 무라바하는 "두 당사자가 매매계약의 세부 조건에 대해 협상과 합의를 하고 상대방에게 계약 이행을 약속하는 것"으로 정의된다. 이 계약에 따르면 계약 일방은 상대방에게 특정 상품의 구매을 주문하고 이 상품을 무라바하 방식으로 판매한다. 이 계약에는 다음과 같은 네 가지 요건이 있다.

① 미래의 구매자가 매입을 약속하면서 판매자에게 특정한 상품을 구매하도록 주문해야 한다. 샤리아 학자들은 이러한 주문을 사업 요청으로 여긴다.
② 만일 판매자가 이 요청을 받아들이면, 판매자는 그 상품을 찾아내어 진정하고 합법적인 계약을 통해 이를 구매하여 소유할 수 있다는 것을 확신시켜야 한다.
③ 판매자는 상품을 구매하여 소유한 후 미래의 구매자에게 그 상품에 대해 제안한다.
④ 미래의 구매자는 그 상품을 구매하거나 약속을 파기하는 것을 선택할 수 있는 권한이 있다. 만일 구매자가 매입하기로 하면 무라바하 계약이 체결된다.

무라바하 계약이 유효하기 위해서는 샤리아에서 허용될 수 있도록 적절한 절차에 따라 준수되어야 하는 다양한 조건들이 있으며, 이러한 조건들을 정확히 이해하기 위해서는 유효한 판매의 모든 기본 구성 요소들이 샤리아에 따라 무라바하에 나타나야 한다는 것을 우선 이해하여야 한다.

2) 무엇이 무라바하를 샤리아에 부합하게 하는가?

무라바하 계약에서 은행은 비용에 이윤을 부가하는 조건으로 고객을 대신하여 상품이나 자산을 구매하고 고객에게 판매하기 전에 이윤을 부가한다.

얼핏보면, 부가되는 이윤이 일반 은행들이 부과하는 이자의 다른 형태에 불과해 보일 수 있다. 그러나 어떠한 샤리아 법학자들도 무라바하의 적법성과 관련하여 의문을 제기하지 않았다.

전통적인 무라바하 계약을 피끄 문헌상 이슬람적으로 적법하게 만드는 것은 은행이 일정 이윤을 붙여 판매할 목적으로 상품을 우선적으로 구매하기 때문이다. 이 과정에서 은행은 구매와 판매를 하면서 일정 위험을 부담하게 된다. 예를 들어, 갑작스러운 가격의 하락으로 고객은 그 상품을 사전에 동의한 높은 가격에 인수하는 것을 거절할 수 있는 상황이 발생될 수 있다. 즉, 은행은 해당 상품을 안전하게 고객에게 전달할 때까지 책임을 부담한다. 이슬람 은행이 제공하는 이 서비스는 단순히 고객에게 상품 구매 대금을 대여해 주는 일반 은행의 서비스와 매우 다른 것으로 여겨진다.

이슬람 방식을 이해하기 위해서는 일반 상업거래의 상품과 금전의 교환 방식에서 한 걸음 물러나 생각할 필요가 있다. 일반 금융 시스템상의 거래에서 금전과 상품은 둘 다 유연하게 상호 교환이 가능하다. 둘 다 거래가 가능하므로 당사자가 합의한 가격이라면 얼마든지 매매될 수 있다. 1달러를 2달러에 현물거래하거나 미래에 팔 수 있고, 마찬가지로 1달러의 가치가 있는 상품을 2달러에 팔 수도 있다. 한 가지 필수 조건은 그 거래가 상호 합의하에 이루어져야 한다는 것이다.

그러나 이슬람 경제 원칙은 이러한 사고 방식에 동의하지 않는다. 이슬람 원칙에 따르면 금전과 상품은 서로 다른 성격을 가지며 따라서 이들은 다르게 취급되어야 한다. 금전과 상품 간의 기본적인 차이점은 우스마니(Usmani, 1999)가 아래와 같이 제시하였다.

① 금전은 본질적 효용이 없다. 금전은 인간의 욕구를 직접적으로 충족시키기 위하여 이용될 수 없다. 금전은 상품이나 서비스를 획득하기 위하여 사용될 수 있을 뿐이다. 반면, 상품은 본질적 효용을 가지고 있다. 상품은 다른 어떤 것으로 교환되지 않고 직접적으로 활용될 수 있다.

② 금전은 가치의 척도 또는 교환의 매개 이외에는 품질이 다를 수 없지만, 상품은 품질이 다를 수 있다. 따라서 동일한 액면가의 모든 금전은 100% 서로 동일하다. 다양한 품질을 가질 수 있는 상품들과는 달리, 아주 오래되고 더러운 미화 1천 달러 지폐는 신권 미화 1천 달러와 동일한 가치를 지닌다. 반면, 오래된 중고차가 신형 자동차보다 가치가 낮다는 것은 자명하다.

③ 상품의 매출이나 매입 거래는 특정 개별 상품에 영향을 받거나 또는 적어도 특별한 사양을 보유하고 있는 상품에 영향을 받는다. 만일 A가 특정한 자동차를 선택하고 판매자가 동의하게 되면, 구매자는 그 동일한 자동차를 받을 것을 예상한다. 판매자는 비록 유사한 형태나 품질일지라도 구매자에게 다른 자동차의 인수를 강제할 수 없다.

④ 반면, 금전은 교환거래에서 정확히 특정될 수 없다. 만일 A가 미화 1천 달러 지폐를 보여주고 B로부터 상품을 구입하면 동일 금액의 다른 지폐로 여전히 지불할 수 있으며, B는 당초 보여주었던 그 지폐만을 받겠다고 요구할 수 없다.

(1) 이슬람은 금전과 상품을 다르게 취급한다

이슬람은 이러한 차이점에 유념하면서 금전과 상품을 다르게 취급한다. 금전은 본질적 효용이 없고 교환의 매개에 불과하므로 한 단위의 금전을 동일 화폐의 다른 단위 금전으로 교환하는 것은 같은 가치를 갖는 경우를 제외하고 효력이 발생하지 않는다. 만일 미화 1천 달러 상당의 원화 지폐가 다른 미화 지폐로 교환되려면, 미화 1천 달러 상당의 가치를 지녀야 한다. 원화 지폐는 본질적 효용이나 (법적으로) 다른 품질을 갖고 있지 않으므로, 미화 1천 달러 상당의 원화 지폐의 가치는 현물거래에서 미화 1천 달러보다 증가하거나 감소하지 않는다.

따라서 이 중 어느 한 쪽의 초과분에 대한 보상은 없으며, 이러한 이유로 샤리아에서 허용되지 않는 것이다. 현물 외환거래가 이와 같으므로 당사자 간 금전이 거래되는 신용거래의 경우도 동일하다. 왜냐하면 만일 (금전에 대한 금전거래가 발생하는) 신용거래에서 일부 초과분이 발생한다면 이는 화폐의 시간 가치에 해당하기 때문이다. 화폐에 시간 가치를 부여하는 것은 리바로 여겨지며 이슬람에서 허용되지 않는다.

이슬람 관점에서 볼 때 상품거래의 포지션은 다르다. 상품은 본질적 효용성이 있고 서로 다른 품질을 가지므로 소유자는 수요와 공급에 따라 자유롭게 원하는 가격에 판매할 수 있다. 사기나 허위가 없다면 판매자는 구매자와 합의에 따라 시장가격보다 높은 가격에 상품을 팔 수도 있다. 만일 구매자가 높은 가격에 구매하는 것을 수용하면 판매자가 초과금액을 받는 것이 허용된다. 판매자가 상품을 높은 가격에 현금거래로 판매할 수 있을 때 신용거래에서도 높은 가격을 부과할 수 있다. 이는 판매자가 구매자를 기망하거나 강요하지 않은 경우, 그리고 구매자가 자신의 자유 의지로 그 가격을 지불하기로 동의한 경우에 한한다.

(2) 신용을 동반하는 거래는 초과 수익을 수반할 수 있다

이 논의의 핵심은 금전이 금전을 위해 거래되는 경우 이슬람 관점에서는 현금거래든 신용거래든 초과 수익이 허용되지 않는다는 것이다. 그러나 상품이 금전을 대가로 판매되는 경우 현금거래든 신용거래든 당사자 간 합의된 가격이 시장가격보다 높을 수 있다. 지급 시기는 상품 가격의 결정에 있어 보조적인 역할을 할 수 있으며, 금전 간의 거래에 있어서는 초과 수익의 근거가 될 수 없다.

이러한 입장은 네 개의 주요 마드합과 대부분의 무슬림 법학자들이 받아들이고 있으며, 상품 판매자가 현금판매와 신용판매의 가격을 결정할 때 신용판매 가격이 현금판매 가격보다 높은 것이 샤리아에서 허용된다.

3) 무라바하에 관한 샤리아 기준

무라바하는 이자를 부과하는 대출이 아니라 상품의 매매이다. 따라서 샤리아 매매로 유효하기 위해 필요한 조건들을 충족해야 한다.

샤리아에서는 매매를 상호 합의하에 일정 가치가 있는 것을 다른 일정 가치가 있는 것으로 교환하는 것이라고 정의한다. 이슬람 법학은 매매계약을 다루는 수많은 기준을 만들었다. 매매계약과 관련된 기준들은 많지만, 우스마니(Usmani, 1999)가 제정한 다음 세 가지 기준이 유효한 매매를 위해서 필요한 것으로 간주되는 가장 중요한 것들이다.

(1) 매매 목적물은 매매시점에 존재하여야 한다

아직 존재하지 않는 상품은 팔 수 없다. 만일 존재하지 않는 상품이 판매되면 비록 상호 합의하였다고 하더라도 샤리아에 따라 유효하지 않게 된다. 예를 들면, A가 태어나지 않은 자기 소의 송아지를 B에게 파는 것은 유효하지 않은 매매에 해당된다.

(2) 매매 목적물은 매매시점에 판매자가 소유하고 있어야 한다

판매자가 소유하지 않는 것은 팔 수 없다. 만일 판매자가 소유권을 취득하기 전에 판매하였다면 그 판매는 유효하지 않다. 예를 들어, A가 B에게 현재 C가 소유하고 있는 자동차를 팔면서 A가 C로부터 그 자동차를 사서 B에게 이전해 줄 것을 희망하는 경우이다. 이러한 매매는 그 자동차의 매매시점에 A가 소유하고 있지 않으므로 유효하지 않다.

(3) 매매 목적물은 판매자가 다른 자에게 판매할 때 판매자의 물리적 또는 점유 추정 상태에 있어야 한다

'점유 추정(constructive possession) 상태'는 소유자가 상품의 물리적 인도를 받지 않았으나 그 상품이 그의 통제 하에 있고, 그 상품의 파손 위험을 포함한 모든 권리와 의무가 그에게 이전되었다는 것을 의미한다.

4) 샤리아 기준 이면에 담긴 추론

위에서 언급한 샤리아 기준의 골자는 다음의 경우가 아닌 경우에는 상품을 판매할 수 없다는 것이다.

- 상품은 존재하여야 한다.
- 상품은 판매자가 소유하여야 한다.
- 상품은 판매자의 물리적 또는 점유 추정 상태에 있어야 한다.

실제 매매와 단순 매매 약속 간에는 상당한 차이가 있다. 실제 매매는 위 세 가지 조건이 충족되지 않는 경우 효력이 발생하지 않는다. 그러나 판매자는 아직 소유 또는 점유하지 않은 것에 대한 매매를 약속할 수 있다. 이러한 약속은 약속자(promisor)에게 약속을 이행하여야 하는 도덕적 의무를 지게 하지만 일반적으로 법적으로는 강제할 수 없다.

그럼에도 불구하고 특정 상황, 특히 그러한 약속이 피약속자(promisee)에게 일부 채무를 부담시키는 경우에는 샤리아에 근거하여 법적으로 강제할 수 있다. 이 경우 법원은 약속자에게 매매를 실행하는 등 약속의 이행을 강제할 수 있고, 만일 약속자가 이행하지 못하는 경우 법원은 약속 불이행에 따라 발생한 실제 손실을 피약속자에게 지급하도록 명령할 수 있다.

5) 샤리아 기준의 중요 예외 사항들

위에서 언급된 샤리아 기준은 다음 두 가지 유형의 매매에 대해서 완화된다.

- 살람
- 이스티스나

6) 무라바하 적용의 실무 사례

아래에서 설명된 무라바하 실무 적용 사례는 자금 조달 방식을 명확하게 이해하는 데 도움을 준다.

① 주택담보대출(mortgages)
② 운전자본(working capital)
③ 신디케이트 신용(syndicated credits)

④ GSM 라이선스(GSM licenses)

⑤ 신용장(letters of credit)

⑥ 차량 구입

(1) 주택담보대출

무라바하는 샤리아 필요 요건에 부합하는 주택자금 조달 방법으로서 소매 수준에서 사용된다. 최근 영국의 한 은행은 걸프 지역의 이슬람 은행과 함께 이슬람 금융기관의 고객이 영국에 있는 주택을 구입하는 데 자금을 조달할 수 있도록 하는 제도를 마련하였다. 이 제도는 해당 영국 은행이 지정된 주택을 특정 가격에 구입하고, 그 주택을 이슬람 금융기관 고객에게 일정 기간 할부 형태로 구입 가격에 이윤을 포함하여 재판매하는 것이다.

(2) 운전자본

ABC 이슬람 은행과 에미리트 이슬람 은행은 이란에 소재한 이스파한 제철회사(Esfahan Steel Company: ESCO)를 위하여 무라바하 자금 조달 방식으로 3년 만기에 7천만 이란 리얄(Iranian riyals, 화폐 단위)을 2005년에 공동 제공하였다.

그 자금은 ESCO의 원자재와 석탄 열처리 공장 확장의 마무리를 위한 기계 및 장치의 구매를 위하여 사용되었으며, 이란 광업개발공사(Iranian Mines and Mining Industries Development and the Renovation Organization: IMIDRO)가 보증하였다.

(3) 신디케이트 신용

무라바하는 주로 거래자금의 조달에 사용된다. 그러나 후브 강(Hub River)파키스탄 발로치스탄(Balochistan) 라스벨라(Lasbela)에 있는 강으로 관개용수 및 식수를 공급하며, 많은 유량을 저수할 수 있는 후브 댐이 설치되어 있다. 프로젝트라고 불리는 파키스탄의 전략 사업에 단기자금을 제공하기 위하여 이슬람 및 일반 은행은 무라바하를 사용하였다. 일부 이슬람 은행과 시티은행을 포함한 서구 은행들은 무라바하를 이용하여 후브 강 전력회사(Hub River Power Company)에 미화 1.1억 달러를 6개월 간 제공하는 자금을 신디케이트로 조성하였다. 이 자금은 후브 강 전력회사가 프로젝트에 필요한 장비를 후불 방식으로 구입하는 데 사용되었다.

(4) GSM 라이선스

아랍에미리트 통신 운영사인 에미레이트 통신회사(Emirates Telecommunications Corporation: Etisalat)가 주도한 컨소시엄이 2007년에 사우디아라비아의 두 번째 GSM 라이선스 경매에서 입찰에 성공하였을 때, 그 컨소시엄은 라이선스 비용과 이후 네트워크 확장 자금을 일부 조달하기 위하여 이슬람 자금을 이용하였다.

GSM 라이선스를 위한 입찰 규모는 12.2조 사우디 리얄(SR, 미화 32억 달러)이었고, 7억 5,380만 사우디 리얄(미화 2억 1백만 달러) 상당의 사우디아라비아 첫 3G 네트워크 운영을 위한 별도의 라이선스를 포함하였다. 입찰에 성공한 컨소시엄에는 에미레이트 통신회사(Etisalat) 외에 사우디아라비아 사회보험기구(General Organization for Social Insurance: GOSI), 알-조마이 지주회사(Al-Jomaih Holding), 압둘-아지즈 알-사기르 상업투자회사(Abdul-Aziz al-Saghyir Commercial Investment), 라나 투자(Rana Investment), 압둘라 앤 사이드 빈자그르(Abdullah & Said Binzagr)와 리야드흐 케이블 그룹(Riyadh Cables Group)이 포함되었다.

에미레이트 통신회사 컨소시엄은 라이선스 자금을 조달하는 과정에서 두 부류의 지역 및 국제 은행 간에 주간사(lead arrangers) 역할을 위한 경쟁을 유도하였다. 선택된 주간사 그룹은 삼바 금융 그룹(Samba Financial

Group), 국립 상업은행(National Commercial Bank), 시티 그룹(Citigroup), 국제 에미레이트 은행(Emirates Bank International), 아부 다비 이슬람 은행(Abu Dhabi Islamic Bank), 아이-라즈히 금융투자회사(Al-Rajhi Banking & Investment Corporation), 알-자지라 은행(Bank al-Jazira), 두바이 이슬람 은행(Dubai Islamic Bank)과 쿠웨이트 상업은행(Kuwait Finance House)으로 구성되었다.

자금은 두 개의 트랜치로 분할되었고, 트랜치 A는 미화 16억 달러 규모로 라이선스 조달 자금의 일부로 사용되었고, 미화 7억 5천만 달러 규모의 트랜치 B는 네트워크 확장을 위한 장비 구입에 사용되었다. 두 트랜치 모두 무라바하 방식이었고, 국립 상업은행이 두 트랜치의 무다리브(Mudarib) 역할을 수행하였다.

(5) 신용장(L/C)

무라바하의 흥미로운 적용 사례는 신용장 발행이다. 두바이 이슬람 은행에서는 다음과 같은 방식으로 신용장이 개설되었다.

① 고객은 외국에서 물품을 수입하기 위하여 견적 송장(pro-forma invoice)과 필요한 정보를 제공하고 은행에 신용장 개설을 요청한다.

② 은행은 필요한 담보를 확보하고 신청서를 검토한 후에 고객 앞으로 신용장을 개설하고 사본을 해외 환거래 은행(correspondent bank)과 수출업자에게 송부한다.

③ 고객은 상품 구매를 확약하고 가격과 인수 조건을 협상한다.

④ 수출업자는 상품의 수출을 준비하고 해외 환거래 은행에 서류를 송부한다. 상품의 선적이 이루어지면 환거래 은행은 이를 은행에 통보하고 서류를 송부한다.

⑤ 은행은 상품 소유권을 확인한 후에 고객과 매매 합의서에 서명한다.

(6) 차량 구입

걸프 지역의 많은 은행은 자동차처럼 담보대출 조건이 따르는 상품의 구매자금 조달에 무라바하를 이용한다. 개인은 은행에 자동차 구매를 요청하는 신청서를 제출하면서 나중에 구매할 것을 약속한다. 은행은 은행 이름으로 차량을 등록하며 판매자에게 송장을 송부한다. 판매자는 필요한 서류를 작성하여 은행에 제출하고 대금을 지급받는다. 은행은 그 자동차를 구매자 명의로 등록하면서 적절한 담보를 확보한 후에 이연지급 방식으로 구매자에게 판매한다. 담보 조건은 해당 차량의 담보대출에 명기할 수 있다. 무라바하는 또한 유사한 방식으로 대지와 건물 매입에 적용된다.

7) 무라바하와 일반 이자 기반 금융의 비교

〈도표 2.2〉는 일반 은행의 운영 방식과 예금자 및 대출자와의 관계를 이슬람 은행의 무라바하 금융 방식과 비교하였다.

〈도표 2.2〉 일반 이자 기반 금융과 무라바하 금융 비교

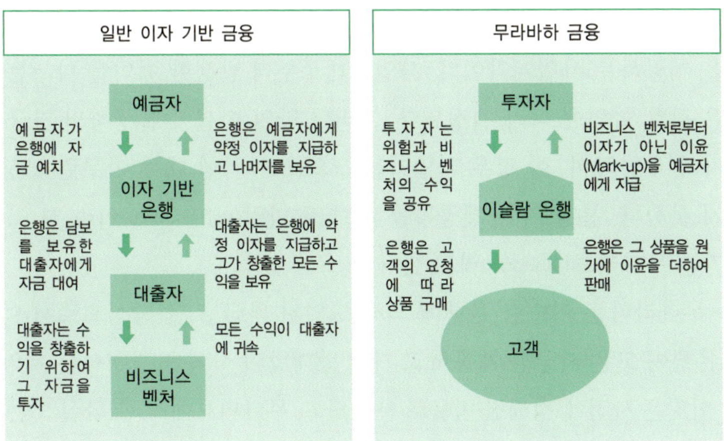

3. 무다라바

무다라바(Mudaraba)는 자본과 노동 간의 파트너십이다. 무다라바는 자본의 소유자인 투자계좌 보유자와 무다리브(Mudarib)인 이슬람 은행이 수행한다.

이슬람 은행은 투자 계좌 보유자의 자금을 받을 의향이 있다는 것을 알리고, 두 당사자 간에 합의한 바에 따라 이익을 나누며, 해당 이슬람 은행이 위법, 과실, 또는 합의 조건들을 위반한 경우를 제외하고 발생한 손실은 자금의 소유자가 부담한다.

무다라바 계약은 또한 이슬람 은행 자신 또는 투자 계좌 보유자를 대신하여 자본을 공급하는 이슬람 은행과 사업가(무다리브) 간에 이루어질 수 있다.

출처: 이슬람 금융기관 회계감사기구(Accounting and Auditing Organisation for Islamic Financial Institutions: AAOIFI).

1) 무다라바의 개념

무다라바는 거래 일방이 자본을 조달하고 다른 상대방이 시간과 노력을 제공하는 사업계약이다. 사업거래로부터 발생한 이익을 나누는 비율은 상호 합의에 따라 결정된다. 그러나 만일 손실이 발생하면 자금 제공자가 부담하며, 이 경우 기업가는 그의 노동력에 대해 아무런 보상도 받지 못한다. 통상 자금 제공자를 라브-울-마알(Rab-ul-Maal)이라 하고, 기업가는 무다리브(Mudarib)라고 한다.

무다라바는 이슬람 은행에 의해 도입된 자금 조달 방식으로서 이슬람 은행이 모든 자금을 제공하고 거래 상대방이 사업을 경영하는 계약이다. 이익은 사전에 정해진 비율로 분배되고, 무다리브에 의한 과실 또는 계약 위반으로 야기된 손실을 제외한 모든 손실은 이슬람 은행이 부담한다.

은행은 이러한 손실을 투자 계좌 보유자인 은행 예금자에게 전가한다.

다시 말하면, 무다라바 계약에서는 손실을 공유하지 않는다. 이익-손실 공유는 무샤라카(Musharaka) 계약에서 발생한다. 따라서 이익 공유 계약이 무다라바 계약을 보다 적절하게 표현한 것일 수 있다. 무다라바는 특정 사업거래를 수행하기 위하여 거래 일방이 자금을 제공하고 다른 상대방이 경영 전문 지식을 제공하는 것이다. 자금을 제공하는 일방이 자금의 소유자로 불리고, 타방은 실제로 사업을 운영하는 근로자나 대리인으로 불린다. 이슬람 율법상 서로 다른 의무와 책무를 양 당사자가 각각 부담한다.

원칙적으로 자본의 소유자는 경영에 관여할 권리가 없다. 이는 오직 대리인만의 단독 책임이다. 그러나 자본의 소유자는 자금이 보다 잘 운영되도록 보장하는 조건을 명시할 모든 권리를 가진다. 이것이 무다라바가 출자만 하고 경영에는 관여하지 않는 동업자 관계(sleeping partnership)로 불리는 이유이다.

무다라바의 중요한 특성은 이익 공유를 주선해 주는 것이다. 무다라바 계약에서 이익은 사전에 당사자 간 합의에 따른 비율로 분배된다. 그러나 손실은 자본의 소유자가 완전히 부담한다. 손실의 경우, 자본 소유자는 재무적 손실을 부담하고 대리인은 그의 모든 노력에 대한 보상을 희생한다. 무다라바 설명에 사용된 용어는 참고 2.1에 정리되었다.

참고 2.1 무다라바 용어

- 무다리브(Mudarib): 업무 집행 사원(노무 출자자)(Working partner)
- 라스-울-마알(Ras-ul-Maal): 투자(Investment)
- 라브-울-마알(Rab-ul-Maal): (자본을 제공하는) 투자자(Investor)
- 와킬(Wakeel): 대리인(Agent)
- 아메엔(Ameen): 신탁관리자, 수탁자(Trustee)
- 카필(Kafeel): 보증인(Guarantor)

2) 무다라바 유형

무다라바에는 다음 두 가지 유형이 있다.

① 무다라바 알 무까이야다((Mudaraba Al Muqayyadah), 제한적 무다라바, restricted Mudaraba). 이 유형은 라브-울-마알이 특정한 사업의 선택이나 무다리브를 위한 특정 사업 장소를 명시할 수 있으며, 이 경우 자본은 특정 사업이나 장소에 투자된다.

② 무다라바 알 무트라까((Mudaraba Al Mutlaqah), 비제한적 무다라바, unrestricted Mudaraba). 이 유형은 라브-울-마알이 무다리브가 적절하다고 여기는 어떠한 사업이라도 수행할 수 있도록 완전한 자유를 부여한다. 그러나 무다리브는 라브-울-마알의 동의 없이는 원하는 곳에 투자를 할 수 없다. 무다리브는 사업 과정에서 일반적으로 발생하는 일들을 수행할 수 있도록 권한을 부여받았다. 그러나 만일 사업상 통상적인 사항을 넘어서는 중요한 사항의 경우에는 라브-울-마알로부터 승인을 받아야만 한다.

무다리브는 다음의 사항에 대해서 권한이 없다.

① 다른 무다리브나 파트너를 보유하는 것.

② 라브-울-마알의 동의 없이 해당 무다라바에 무다리브의 투자를 혼장하는 것.

〈도표 2.3〉에서 무다라바를 보다 명확하게 설명하였다.

〈도표 2.3〉 무다라바 업무 흐름도

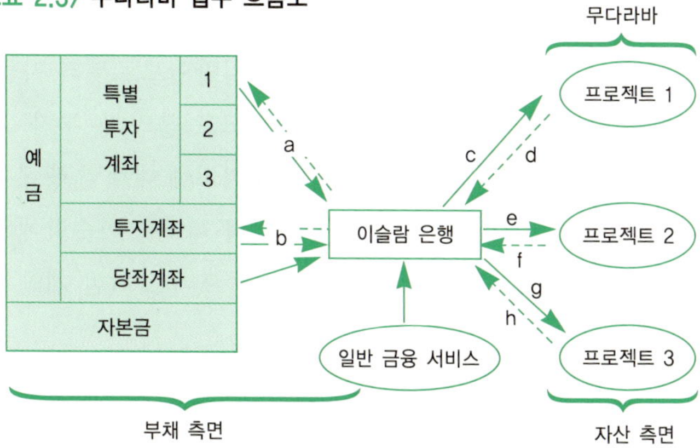

2단계 무다라바 모델
이 도표는 2단계 모델에 기반한 이슬람 은행의 자산과 부채 구조를 보여준다.

핵심

a = 손익-관리 수수료	b = 손익-관리 수수료
c = 소유권의 X%	d = (손익의) X%
e = 소유권의 Y%	f = (손익의) Y%
g = 소유권의 Z%	h = (손익의) Z%

3) 2단계 무다라바와 이슬람 은행의 자산 및 부채 구조

이슬람 은행들이 도입한 무다라바는 소위 '2단계(two-tier) 무다라바'로 개선되었다. 이 방식에서 무다라바 계약은 자금을 공급하는 예금자, 중개하는 은행, 자금을 필요로 하는 기업 등 세 당사자로 확대되었다. 은행은 자금을 예금자로부터 수취하는 경우 무다리브로서, 자금을 기업가에게 제공하는 경우 라브-울-마알로서 활동한다.

무다라바 계약과 관련된 주요 조건은 다음과 같다.

① 은행은 비제한적 무다라바 방식으로 일반인으로부터 자금을 조달한다. 이 자금은 비제한 투자계좌라고도 불리며, 투자 종류 및 기간, 제공된 자본이 투자되는 회사의 위치에 대해 은행에 부과되는 별도의 제한은 없다. 그러나 무다라바 계약은 이슬람에서 금지되는 하람(haram) 활동에는 적용될 수 없으며 그러한 계약은 가치가 없고 무효로 간주된다.

② 은행은 세부 산식에 따라 서로 다른 투자들로부터 발생한 이익을 통합하고, 예금자들과 (관리비용, 자본 상각, 이슬람 세금을 제외한) 순이익을 나눌 수 있는 권리가 있다. 손실이 발생한 경우 예금자들은 그들 자금의 일부 또는 전부를 잃게 된다. 자금 제공자에게 귀속되는 이익은 분배의 형태로만 엄격하게 유지되어야 한다.

③ 은행은 자금이 특정 기업가에게 제공될 때 제한적 무다라바를 적용한다. 은행은 사업 활동, 사업 기간, 사업 장소를 결정하고 투자를 감시할 권리가 있다. 그러나 이러한 제한들이 기업가의 활동에 피해를 주는 방식으로 정해져서는 안 된다. 사업이 착수되면 은행은 투자 관리에 관여할 수 없고 사업의 일일 운영에 참여할 수 없다. 따라서 일반 은행 대출에서 통상적으로 다루어지는 대출 계약 사항 및 기타 제약 사항들이 이익-손실 공유제에 기반한 이슬람 금융에서는 허용되지 않는다.

④ 무다라바 계약에서 투자자와 무다리브 간의 관계는 신탁 관계이므로, 라브-울-마알은 무다리브에게 투자금에 대한 고정 수익을 요구하는 것과 같은 어떠한 보증도 요구할 수 없다. 또한 무다리브는 신뢰할 수 있는 자로 여겨지며, 따라서 은행은 손실 발생 가능성으로부터 투자자금을 보호하기 위해 기업가에게 담보나 담

보물과 같은 어떠한 보증을 요구할 수 없다. 그러한 조건들은 무다라바 계약을 무효로 만든다. 다만, 독립적인 제3자가 보증하는 것은 허용된다.

⑤ 무다라바 계약에서는 각 당사자를 위한 수익률이 정해져야 한다. 수익률은 비율(예: 70%/30%)이어야 하며, 금액으로 확정되어서는 안 된다. 어느 한 당사자에게 확정금액을 할당하는 것은 실현된 최종 이익이 약정된 액수와 같지 않을 수도 있기 때문에 무다라바를 무효화한다. 수익금액을 확정하기 전에 무다라바 사업의 자산은 금전으로 전환되어야 하고, 자본금을 따로 떼어두어야 한다. 무다리브는 이 무다라바 자본금에서 사업 관련 제 비용을 공제할 권리가 있다.

⑥ 자금 제공자의 채무는 제공된 자금에 한정되며, 무다리브는 노동과 노력을 제공할 뿐이다. 그럼에도 불구하고, 만일 무다리브의 과실 또는 부주의가 입증되면, 무다리브는 금전적 손실에 대한 책임과 그에 상응하여 자금 제공자에 대한 보상 의무를 부담한다.

⑦ 기업가는 사전에 합의된 이익 배분 비율에 따라 은행과 이익을 나눈다. 투자에서 이익이 날 때까지 은행은 기업가에게 급여를 지급할 수 있으며 급여는 시장 수준으로 결정된다.

4) 무엇이 무다라바를 샤리아에 부합하게 하는가?

무엇이 무다라바를 샤리아에 부합하게 하는지 살펴보기 위해서는 먼저 그 용어의 어원부터 살펴보는 것이 중요하다.

5) 무다라바 용어의 어원

무다라바는 "세상(earth, 야드리부나 피 알-아르드(yadribuna fi al-ard))을 여행하며 알라의 너그러움을 찾는 자"(알-무자밀 수라 73장 20절, Al-Muzzamil Sura 73:20)를 의미하는 아랍어인 '다르브 피 알-아르드'(darb fi al-ard)에서 유래하였다. 그의 일과 여정에 기반하여 무다리브는 모험에서 발생하는 이익의 일부를 갖게 된다. 순나(Sunnah) 측면에서 법학자들은 예언자 모하메드가 결혼 전에 카디자(Khadija)와 결론 내린, 결과적으로 그가 시리아로 떠나게 되는 무다라바 계약의 전례를 따른다. 따라서 무다라바 금융기법을 뒷받침하는 법률적 증거는 꾸란과 순나에서 비롯되었다.

6) 무다라바에 관한 샤리아 원칙

샤리아 원칙은 우스마니(Usmani, 1999)가 정리하였다.

① 자본금이 구체적으로 정해져야 하는 것이 무다라바의 조건인데, 이는 무다라바 정산 시점에 자본금이 소유자에게 의무적으로 귀속된다는 점에 기인한다. 따라서 자본금 액수는 계약 시점에 정확히 알려져 있어야 하며, 이에 대한 불확실성은 이익금액의 불확실성을 필연적으로 야기한다.

② 자본금은 유통 중인 정상 화폐이어야 한다. 그러나 계약 초기에 가치가 있다는 조건 하에서 현물출자가 가능하며, 그 가치에 대한 합의금액이 무다라바의 자본금이 된다.

③ 무다리브에 대한 부채나 채무로 자본금을 충족해서는 안 된다. 무다리브는 신탁관리자이다.

④ 무다리브가 본인의 자본금과 무다라바의 자본금을 혼장하는 것은 허용될 수 있다. 이 경우 무다리브는 파트너가 되고 무다라바 기준에 따른 자본금의 처분이 허용된다.

⑤ 무다리브에게 자본금을 전달하지 않으면 무다리브의 자본금에 대한 처분 권한이 제한되기 때문에 무다라바의 자본금을 무다리브에게 전달해야 하는 것이 조건이다. 일부 법학자들은 자본 소유자가 자본금을 보유하고 무다리브의 요구에 따라 점차적으로 지급하는 것을 허용한다.

⑥ 만일 복수의 이슬람 은행이 관여하는 경우, 각각 제공한 자본금 비율에 따라 그 은행들과 소유자에게 배당 가능한 이익이 분배된다.

⑦ 무다리브에게 제한을 가하는 것이 가능하며, 그 제한이 유익하고, 무다라바 목적에 역효과를 유발하지 않는 경우에 그러하다.

⑧ 무다리브가 보조인을 고용하는 것은 허용된다.

⑨ 무다리브의 처분 권한은 무다라바에 유익한 경우에 한정되고, 무다라바 자본금에서 대여하거나 기증해서는 안 된다. 무다리브는 또한 무다라바를 위하여 자본금 이상으로 구매하거나, 무다라바 자본금을 이용하여 다른 자와 동업자 관계를 형성하는 것이 허용되지 않는다. 그러나 자본금 소유자가 동의하고 대리인에게 재량권을 부여하는 경우에는 위의 모든 것들이 허용된다.

⑩ 부주의하거나 잘못한 경우를 제외하고 무다리브에게 보증을 요구하지 않는다는 것이 무다라바 계약에 명시되어야 하는데, 이는 무다리브가 신탁관리인이기 때문이다. 자본금은 보증금으로 여겨진다. 부주의 또는 부당한 행위를 하거나 계약 조건을 파기하는 경우 지급 보증을 위하여 무다리브로부터 보증금이나 담보물을 받는 것은 허용된다. 그러나 무다리브가 자본금이나 수익을 보증

하는 것은 허용되지 않으므로 자본금이나 수익 담보 명목으로 받아서는 안 된다.

⑪ 이익은 계약의 대상이며 이를 알리지 않는 것은 계약을 파기하는 것이므로 계약 조건에서 구체적이어야 한다. 계약당사자들은 계약서에 각 당사자를 위한 이익 분배를 비율로 명시하여야 한다. 어느 일방에게 배분할 이익을 총액으로 명시하는 것은 허용되지 않는다.

⑫ 무다라바에서 이익은 두 계약당사자 간에 합의한 대로 분배된다. 당사자 간에 합의가 이루어지는 경우 특정한 비율로 합의한다. 자본금 소유자가 모든 금전적 손실을 단독 부담하는 것이 조건이다. 손실은 자본금을 줄이고 자본금은 소유자에 귀속되므로 무다리브는 손실을 전혀 부담하지 않는다.

⑬ 무다리브는 자본금 소유자의 허가를 받은 이후에만 이익을 배분받을 수 있다. 또한 무다리브는 자본금이 회수되고 나서야 이익을 배분받을 수 있는데, 이는 샤리아 원칙에 "이익은 자본금에 대한 보호장치"라고 명시되어 있기 때문이다.

⑭ 무다리브의 소유권은 무다라바가 청산되고 자본금 소유자가 자본금을 회수한 후에 보장된다. 만일 두 당사자가 자산의 청산 후에 최종 결산을 하고 무다라바를 남겨두면, 이는 새로운 무다라바로 간주되고, 두 무다라바 간에는 손실을 서로 보상해 주지 않는다.

⑮ 무다라바가 선택적이며 법적 구속력이 없는 계약이라는 점에서 만일 두 당사자 중 하나가 무다라바를 백지화시키면 무다라바는 종료된다. 일부 법학자들은 무다라바가 법적 구속력이 있으며, 일단 무다리브가 일을 시작하고 나면 무효화할 수 없다고 본다.

7) 무다라바의 실제 사례들

이슬람 은행은 무다라바를 이슬람 은행이 무다리브 자격으로 투자를 하게 되는 자본금의 소유자, 즉 금전을 은행에 예치하는 예금자들과의 관계에 있어 핵심적인 자금 조달 방식으로 여긴다. 이는 사전 합의된 특정 비율에 따라 이익을 공유하는 것에 기반하며, 표준 무다라바 거래는 참고 2.2에 예시를 들었다.

이슬람 은행은 상대방이 치과의사든, 의사든, 기술자든, 상인이든 관계없이 동일한 자금 조달 방식을 이용한다. 은행은 자본 소유자로서 필요한 자금을 공급하고 합의한 대로 수익을 나눈다.

이러한 방식은 은행에 큰 위험이 된다. 왜냐하면 은행은 업무 수행과 관리를 맡는 무다리브에게 자본금을 전달하는데, 무다리브는 부주의하거나 부당한 행위를 한 경우에만 보증을 하기 때문이다. 이슬람 은행은 일반적으로 이러한 위험을 줄이기 위해 필요한 예방조치를 취한다. 제1장에서 언급한 바와 같이 우리는 비대칭적인 위험의 세계에 있다.

이란에서는 무다라바를 은행과 기업가 간의 단기 상업 파트너 관계로 여긴다. 사업의 모든 재정 관련 필요 사항은 은행이 제공하고 기업가는 관리에 필요한 자원을 투입한다. 무다라바 계약에서 양 당사자는 합의된 비율에 따라 사업의 순이익을 공유한다. 이란 금융당국은 이란 은행의 무다라바 활동이 협동조합을 우선으로 두도록 지도한다.

또한 이란의 상업은행은 민간 부문의 수입 무역을 위한 무다라바 자금 조달에 관여하는 것이 허용되지 않는다. 「고리대금 없는 은행법」(Law of Usury Free Banking) 제9장에서는 은행이 정부의 종합적인 상업 정책 체계 내에서 무다라바를 통해 상업 활동을 확장하는 것을 보여준다.

참고 2.2 표준 무다라바 거래

주계약 금액	US$250,000
무다라바 금액	US$180,000
수익 공유 비율	50% : 50%
목표 수익률	11%
계산에 따른 11% 수익 금액	US$12,986
우수 성과에 대한 계약자 보상	95%
수익 금액의 계산	
주계약 금액	US$250,000
무다라바 금액	US$180,000
순수익	US$70,000
은행 수익	US$35,000
계약자 수익	US$35,000
은행의 계약자 보상	
US$35,000−US$12,986=US$22,014	
11% 초과에 대한 은행의 몫=US$1,101	
은행 총수익	
US$12,986+US$1,101=US$14,087	
계약자 총수익	
US$35,000+US$20,913=US$55,913	
은행 총수익 비중 비율	20.2%
계약자 총수익 비중 비율	79.8%

출처: 카타르 이슬람 은행.

8) 무다라바와 일반 이자 기반 금융의 비교

〈도표 2.4〉에서는 일반 은행의 운영 방식과 예금자 및 대출자와의 관계를 살펴보고, 이슬람 은행의 무다라바 금융과 비교하였다. 비록 이익 공유와 이자 기반 대출이 유사해 보이지만, 그 차이는 의미의 차이 이상

〈도표 2.4〉 일반 이자 기반 금융과 무다라바 금융 비교

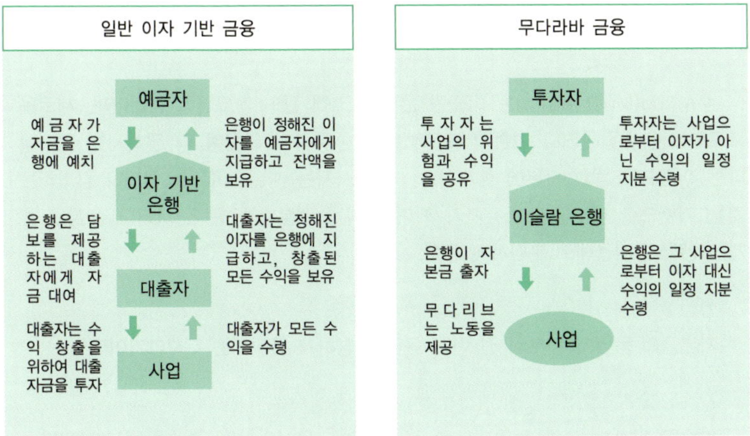

으로 명확하다. 이익 공유 방식에서는 수익률이 보장되지 않는다. 반면 이자 기반 대출에서는 대출이 수익이나 손실의 결과에 영향을 받지 않고 일반적으로 담보가 설정되어 있으며, 따라서 채무자는 대출 원금과 고정(또는 사전에 정해진) 이자 금액을 투자 자본의 수익 결과와 관계없이 상환하여야 한다. 그러므로 이자 기반 대출에서 금전적 손실은 대부분 대출자에게 직접적으로 귀속된다.

무다라바에서는 대부자가 모든 금전적 손실을 부담한다. 그리고 기업가는 사업에 투자한 그의 시간과 노력, 노동에 대한 보상을 대가로 치룬다. 이러한 분배 체계는 사실상 인적 자본을 금융자본과 동등하게 취급하는 것이다.

4. 무샤라카

무샤라카(Musharaka)는 이슬람 은행과 고객 간의 파트너십 형태이며, 새로운 프로젝트를 수립하거나 기존의 프로젝트를 공유하기 위하여 각 당사자는 같거나 다른 수준으로 동업 자본에 출자하고, 각 당사자는 자본금이 지속되거나 감소하는 것을 기준으로 자본금의 소유자가 되며 수익을 배분받게 된다. 그러나 손실은 출자 자본금의 비율대로 분담하게 된다.

항상성 무샤라카(Constant Musharaka)

자본금의 동업자 지분이 전 기간 동안 일정하게 유지되는 무샤라카이다.

감소성 무샤라카(Diminishing Musharaka)

이슬람 은행이 다른 동업자에게 점진적으로 무샤라카의 (이슬람 은행) 지분을 이전함으로써, 이슬람 은행의 지분은 감소하고 다른 동업자의 지분은 해당 사업의 단독 소유자가 될 때까지 증가하는 것으로 합의한 무샤라카이다.

출처: 이슬람 금융기관 회계감사기구(Accounting and Auditing Organisation for Islamic Financial Institutions: AAOIFI).

1) 무샤라카의 개념

무샤라카(아랍어로 샤리카(sharikah))는 사업에서 동업자 관계를 의미하며, 수익을 공유하기 위하여 둘 이상의 자가 자본이나 노동을 함께 결합함으로써 유사한 권리와 의무를 향유하는 파트너십의 한 형태로 정의된다. 무샤라카는 어떠한 제한이나 제약이 없이 동등한 동업을 의미하는 무파와다(mufawada)의 형태로 될 수 있으며, 이 경우 동업자들은 자본, 경영 및 처분권과 관련하여 완전히 동등하다. 각 동업자는 대리인이면서 동시에 다른 자의 보증인이 된다.

보다 제한적인 투자 동업은 이난('inan, 쉬르카 알이난(shirkah al'inan))이라 불린다. 이 동업 형태는 둘 이상의 당사자가 현금 또는 현물이나 노동력으로 출자한다. 각각의 파트너들은 대리인일 뿐이며, 상대방에 대한 보증인이 아니다. 이난 무샤라카(inan Musharaka)는 특정 사업 영역에 제한되는데, 이 형식이 무샤라카의 가장 일반적인 유형이다.

두 가지 무샤라카 형식 모두 파트너들은 합의한 방식에 따라 수익을 공유하고, 각자 출자금액에 비례하여 손실을 부담한다.

이와 같은 계약 파트너십은 적정한 것으로 여겨지는데, 이는 관련 당사자들이 공동 투자와 수익 및 위험의 공유를 위한 계약에 합의할 의사가 있기 때문이다. 무다라바의 경우와 같이, 수익은 공정하게 합의된 비율로 분배될 수 있다. 무샤라카 수익에 대한 자격 기준은 자본금, 무샤라카 사업에의 적극적 참여와 책임이다.

수익은 파트너들이 사전에 합의한 비율에 따라 분배되어야 한다. 모든 당사자의 수익 몫은 비율 또는 백분율로 정해져야 한다. 그러나 손실은 출자 자본금 비율에 따라 공유된다. 이 점에 관하여 법학자들 간에 이견이 없다.

앞서 언급된 바와 같이, 무샤라카는 공유를 의미하고, 동업자 간에 수익과 손실을 공유하는 공동 사업에 이용된다. 공동 사업으로 벌어들인 수익에 기반하여 소득이 생기고 손실로 귀결될 가능성도 있으므로, 이자 기반 상품과 달리 투자에 대한 수익률이 보장되지 않는다.

이러한 투자 유형은 단순한 이자 기반 대출에 비하여 위험과 수익을 투자자 간에 더욱 공정하게 분배하는 것으로 볼 수 있다. 따라서 기업의 수익이 2%이든 300%이든 가령 20%의 고정 수익을 받는 대신에, 투자자는 사업의 성공과 관련하여 혜택을 받을 것이다. 따라서 이 금융상품은 수익의 모든 혜택을 대출자에게 주는 대신 은행의 일반 예금자(비제한 계좌 보유자)에게 혜택을 주는 것으로 볼 수 있다.

(대다수 학자들이 동의한) 무샤라카 기본 원칙은 다음과 같다.

① 무샤라카를 통한 자금 조달은 절대로 자금을 대출해 주는 것을 의미하지 않는다. 오히려 이는 사업에 적극적으로 참여한다는 것을 뜻한다.
② 투자자 또는 자금 조달자는 사업에 따른 수익과 손실을 자금 조달 수준만큼 공유해야 한다.
③ 파트너들은 각자에게 배정될 수익의 비율을 자유롭게 정할 수 있다. 이는 자본 투자 비율과 다를 수 있다. 그러나 사업 경영에서 스스로 탈퇴하면, 자본금 투자 비율 이상으로 청구할 수 없다.
④ 각 파트너가 부담하는 손실은 자본 출자에 정확하게 비례해야 한다.

2) 무샤라카에 관한 샤리아 원칙

무샤라카에 관한 샤리아 원칙은 우스마니(Usmani, 1999)가 명확하게 정리하였다.

① 회사의 자본이 구체적이고 실재하며 즉시 사용 가능하여야 한다. 존재하지 않는 자금이나 부채를 기반으로 회사를 설립하는 것은 효력이 없다.
② 파트너들이 자본금에 동일한 지분을 가질 필요는 없다. 지분의 차이는 합의에 따라 허용된다.
③ 회사의 자본금은 현금과 유형자산이어야 한다.
④ 파트너 중 일부를 경영에서 제외하는 조건은 허용되지 않는데, 이는 각 파트너가 자본의 처분과 활용에 있어 암묵적으로 다른 상대

방에게 대리권을 허용하고 부여하는 것이기 때문이다. 어느 파트너가 다른 파트너의 위임을 받아 단독으로 회사를 경영하는 것은 허용된다.

⑤ 파트너는 회사로부터 받은 자금의 신탁관리자이고, 부정하거나 부주의한 경우에 한하여 보증을 제공한다. 과실 및 부당행위에 대하여 담보나 보증을 받는 것은 허용되지만, 수익이나 자본금을 위해 담보를 설정하는 것은 허용되지 않는다.

⑥ 불확실성을 피하기 위하여 각 파트너를 위한 수익은 알려져 있어야 한다. 모든 파트너에 대해 비례하는 비율이어야 하고 정액의 형태여서는 안 되는데, 이는 동업과 관련하여 샤리아에 따른 필요조건을 위반하기 때문이다.

⑦ 원칙적으로 수익은 자본금에 대한 지분 비율에 따라 파트너 간에 분배되어야 하나, 일부 법학자들은 합의에 의해 결정된 경우 수익 배분 비율이 변경될 수 있다고 한다. 파트너 중 일부는 다른 파트너들보다 비즈니스 감각을 더 가지고 있을 수 있으므로 수익 배분 비율을 변경할 필요가 있을 수 있다.

⑧ 각 파트너는 회사에 투자한 자본금 비율에 비례하여 손실을 부담하고 이에 반하는 조건을 부과하는 것은 허용되지 않는다.

⑨ 원칙적으로 동업은 허용되지만 법적 구속력이 있는 계약이 아니므로 파트너는 상대 파트너가 계약 철회 가능성을 인지한 상태에서 원하는 경우 계약을 철회할 수 있다. 다른 파트너들이 알지 못하는 상태에서 계약을 철회하는 것은 그들의 이익에 악영향을 미치게 된다. 일부 법학자들은 동업계약이 자본금의 청산 또는 계약 초기에 수락한 프로젝트를 달성할 때까지 구속력이 있다고 보기도 한다.

3) 무샤라카 실제 사례들

무샤라카 파트너십이 일반 상업 활동을 수행하는 데 이용되기는 하지만, 무샤라카의 기본 개념은 이슬람 금융기관이 상업회사에 자금을 조달하는 방법으로도 활용되어 왔다. 예를 들면, 무샤라카 개념은 과거 수익을 시현한 적이 있는 회사의 운전자본금에 사용될 수 있다. 무샤라카 운전자본금은 일반 금융에서의 운전자본금과 상당 부분 유사하게 운용된다. 이슬람 금융기관은 일반적으로 해당 고객의 금융기관 계좌에 자금을 예탁함으로써 자금을 고객에게 공급한다. 그 고객은 일상적인 사업 과정에서 이 자금을 사용할 수 있다. 그러나 사전에 정해진 이자율로 고객 계좌에 차입금을 기입하는 대신에, 이슬람 금융기관은 정기적으로, 통상 분기마다 조정하는 것을 조건으로 고객의 계좌에서 사전에 정한 수익률 상당액을 인출한다는 점에서 차이가 있다.

회계연도 말에는 수익이 산출된다. 만일 이슬람 금융기관에 귀속되는 금액이 해당 계좌에서 잠정 수익으로 이미 인출된 금액보다 많은 경우, 이슬람 금융기관에 지급되지 않은 그 금액은 해당 회사의 장부에 특별 적립금 계정으로 기입된다. 반대로, 만일 금융기관에 귀속되는 금액이 이슬람 금융기관에 의해 이미 인출된 잠정 수익보다 적은 경우에는 특별 적립금 계정이 이슬람 금융기관에 초과 지급된 금액만큼 감소하게 된다. 무샤라카 파이낸싱이 종료되면 최종 수익과 손실 계좌가 준비되고, 특별 적립 계좌에 남아 있는 잔액은 계약 초기에 합의된 비율에 따라 금융기관과 고객이 나누게 된다.

만일 회계연도 중 회사가 손실을 기록하게 되면 특별 적립금 계정은 해당 손실액만큼 줄어든다. 만일 특별 적립금 계정이 해당 손실을 지급하기에 충분하지 않으면 고객은 이슬람 은행에 이미 지급된 잠정 수익의 일부나 전부를 환급해 줄 것을 요청할 수 있다. 이러한 환급 요청을 위한 기간의 제한은 금융기관과 고객 간의 합의서에 명시한다.

우스마니(1999)는 감소성 무샤라카(Diminishing Musharaka) 적용의 몇 가지 사례를 제시하였다. 이 개념에 따르면, 자금 제공자와 고객은 재산이나 장비의 공동 소유 또는 공동 상업회사에 참여한다. 자금 제공자의 몫은 단위(unit)의 개수 형태로 세분되며, 고객은 정기적으로 하나씩 하나씩 자금 제공자 몫의 단위를 구입하는 것으로 이해할 수 있다. 따라서 고객 자신의 지분은 자금 제공자의 모든 단위를 고객이 매입할 때까지 증가하게 되고, 고객은 재산이나 상업회사의 단독 소유자가 된다. 위 개념에 기반한 감소성 무샤라카는 다양한 거래 형태를 갖는다. 아래에서 몇 가지 사례를 살펴보자.

(1) 주택 구입

감소성 무샤라카는 대부분 주택 구입에 사용되어 왔다. 주택을 구입하고자 하는 고객이 충분한 자금을 가지고 있지 않다고 가정해 보자. 그 고객은 그가 지정한 주택을 매입하는 데 동의하는 자금 제공자를 찾는다. 그 고객은 가령 주택 가격의 20%를 지불하고 자금 제공자는 가격의 80%를 지불한다. 그래서 자금 제공자는 해당 주택의 80%를 소유하고 고객은 20%를 소유한다. 공동으로 주택을 매입한 후에 그 고객은 거주 목적으로 이용하고 자금 제공자에게 사용 수익에 따른 사용료를 지불한다. 동시에 자금 제공자의 몫은 여덟 개의 동일 단위로 세분화되고 각 단위는 그 주택의 10% 소유권을 나타낸다.

고객은 자금 제공자에게 매 3개월마다 하나의 단위를 구입할 것을 약속한다. 따라서 첫 3개월 이후에 고객은 해당 주택 가격의 10분의 1을 지불하면서 자금 제공자 몫의 한 단위를 구입한다. 이는 자금 제공자의 몫을 80%에서 70%로 줄인다. 자금 제공자에게 지불해야 하는 사용료 또한 그만큼 줄어든다. 두 번째 기간이 지나면 그 고객은 또 다른 단위를 구입함으로써 재산에 대한 지분이 40%로 증가하고 자금 제공자의 몫은 60%로 줄어들게 되며 그에 비례하여 자금 제공자에게 지불하는 사용료도 줄어들게 된다. 이 과정은 2년이 지날 때까지 동일한 방식으로 진행되며, 고객은 자금 제공자의 모든 몫을 구입함으로써 자금 제공자의 몫이 없어지고 고객의 몫을 100%까지 증가시킨다. 이 계약은 자금 제공자가 해당 주택의 소유권에 비례하여 사용료를 청구하는 것을 허용하고, 동시에 자금 제공자의 몫에 대한 단위별 구입을 통하여 원금의 일부에 대한 정기적인 회수를 가능하게 한다.

(2) 서비스 부문 응용 사례

가령 A가 택시를 구입하여 승객에게 교통 서비스를 제공하고 그들로부터 받은 요금으로 수익을 얻고자 하나 자금이 부족하다고 가정하자. B는 택시 구입에 참여하는 것에 동의한다. B는 택시 가격의 80%를 지불하고, A는 20%를 지불한다. 구입된 택시를 이용하여 1일 기준으로 가령 미화 1천 달러의 순이익이 제공되는 택시 탑승 서비스를 제공한다. B는 택시에 80%의 지분이 있으므로 요금의 80%를 받고 나머지 20%는 그 택시에 20%의 지분이 있는 A가 받는 것으로 합의한다. 이는 1일 기준으로 B가 미화 800달러 수익을 벌고 A가 미화 200달러의 수익을 버는 것을 의미한다. 동시에 B의 몫은 여덟 개의 단위로 세분화된다.

매 3개월마다 A는 B의 몫으로부터 하나의 단위를 구입한다. 결과적으로 B의 몫은 70%로 감소하고 A의 몫은 30%로 증가하는데, 이날로부터 A는 택시의 1일 소득에서 미화 300달러를 받고, B는 미화 700달러를 받게 된다. 이 과정은 2년 만기까지 계속되며, A는 택시를 완전하게 소유하고 B는 벌어들인 소득과 함께 최초 투자 금액을 돌려받게 된다.

(3) 소규모 사업 응용 사례

가령 A가 기성복 사업을 시작하고자 하나 필요자금이 부족한 경우를 가정해 보자. B는 명시된 기간, 가령 2년 동안 그 사업에 참여하는 데 동의한다. A는 투자액의 40%를 출자하고, B는 60%를 출자한다. 감소성 무샤라카 기준에 따라 둘은 사업을 시작한다. 그들 각자에게 배정되는 수익의 비율은 명시적으로 합의되어 있다. 그러나 동시에 사업에 대한 B의 몫은 동일한 여섯 개의 단위로 나누어지고, A는 2년 뒤에 B가 사업을 떠나 모든 소유권을 취득할 때까지 점진적으로 여섯 개의 단위를 구입한다. B는 정기적인 사업수익뿐만 아니라 그의 몫인 모든 단위를 돌려받으며, 실질적으로 투자한 원금을 회수하게 된다.

(4) 상업 부동산 응용 사례

요르단 이슬람 은행은 감소성 무샤라카를 주로 부동산 프로젝트와 상업용 빌딩 및 주택 건설 프로젝트의 자금 조달에 성공적으로 응용하였다. 은행은 파트너로서 순이익의 일정 비율을 취득하고, 선지급된 원금의 최종 회수를 위해 별도 상환금을 받는 조건으로 프로젝트 자금의 전부 또는 일부를 조달한다. 원금이 전액 상환되면 소유권은 파트너에게 전부 이전되고 은행은 청구권을 포기한다. 요르단 이슬람 은행은 이러한 방식으로 이르비드(Irbid)의 상업시장, 제라쉬(Jerash)의 지역 대학, 제르까(Zerqa)의 병원 건설에 자금을 조달하였다.

4) 무샤라카와 일반 이자 기반 금융의 비교

〈도표 2.5〉에서는 일반 은행의 운영 방식과 예금자 및 대출자와의 관계를 살펴보고, 이슬람 은행의 무샤라카 금융과 비교하였다.

〈도표 2.5〉 일반 이자 기반 금융과 무샤라카 금융 비교

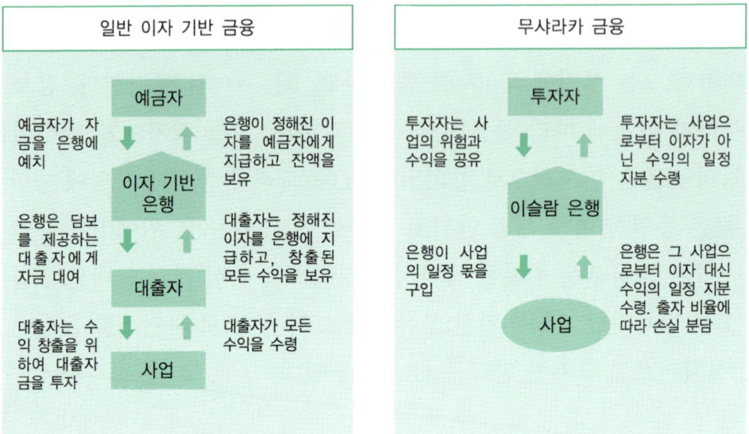

5. 이자라

이자라(Ijara)는 합의된 보수를 받고 서비스의 소유권을 이전하는 것이다. 푸까하(fuqaha, 무슬림 법학자들)에 따르면 이자라의 기본 요소들은 다음과 같다.

- 제안과 합의를 포함한 형식
- 두 당사자: 임대인(리스 자산의 소유자)과 임차인(리스 자산의 서비스 이용자)
- 임차료 및 (임차인에게 이전되는) 서비스를 포함한 (이자라) 계약의 목적물

이자라 문타히아(Muntahia) 비탐리크(Bittamleek)

리스 자산의 소유권이 임차인에게 종국적으로 이전되는 이자라 계약. 이자라 문타히아 비탐리크는 다음 중 하나의 형식을 취할 수 있다.

(a) 임차인이 원하는 경우, 리스 기간 동안 임차인이 지급한 임차료에 상당하는 가격에 리스 자산의 소유권을 임차인에게 이전하는 이자라 문타히아 비탐리크 리스 기간 종료 시점에 임차인이 최종 임차료를 납부하면, 리스 자산의 법적 소유권이 새로운 계약에 따라 임차인에게 자동적으로 이전된다.

(b) 리스 기간 종료 시점에 새로운 계약에 따라 정해진 금액에 리스 자산의 소유권을 임차인에게 이전하는 이자라 문타히아 비탐리크

(c) 임차인에게 리스 기간 종료시 세 가지 선택권 중 하나를 행사할 수 있게 하는 이자라 계약
- 임차인이 지급한 임차료를 바탕으로 정해진 가격에 리스 자산을 구매하는 것
- 리스 기간 연장을 위해 이자라 계약을 갱신하는 것
- 리스 자산을 임대인(소유자)에게 반환하는 것

출처: 이슬람 금융기관 회계감사기구(Accounting and Auditing Organisation for Islamic Financial Institutions: AAOIFI).

1) 이자라의 개념

이자라는 이슬람 피끄 용어이다. 사전적으로 이 용어는 임차의 대가

로 무언가를 준다는 의미이다. 이슬람 법학에서 이자라는 두 가지 다른 상황에서 사용된다.

우선 가장 흔한 이자라 유형은 자산 및 재산의 사용(사용수익권(Usufruct))과 관련된다. 이 경우 이자라는 청구된 임차료와 교환하여 특정 재산의 사용권을 이전하는 것을 의미하며 영어의 리스(lease)와 유사하다. 임대인은 아랍어로 무지르(Mu'jir), 임차인은 무스타지르(musta'jir), 임대인에게 지불하는 임차료는 우즈라(ujrah)로 불린다.

이자라의 두 번째 의미는 인적 서비스를 사용하고 고용된 서비스에 대한 보수로서 임금을 지불하는 것이다. 아랍어로 고용주는 무스타지르(musta'jir), 고용인은 아지르(ajir)라고 불린다.

예를 들면, A가 B에게 월급을 주면서 사무실의 관리자로 고용할 경우, A는 무스타지르, B는 아지르이다. 마찬가지로, A가 짐을 공항에 가져가기 위하여 택시 서비스를 이용하는 경우 A는 무스타지르, 택시운전사는 아지르가 된다. 두 경우 모두 당사자 간 거래를 이자라라고 한다. 이러한 이자라 유형은 인적 서비스가 타인에 의해 고용된 모든 거래를 포함한다. 인적 서비스를 제공하는 자는 의사, 변호사, 교사, 회계사, 기타 시장 가치가 있는 서비스를 제공할 수 있는 자가 될 수 있다.

2) 사용수익권의 정의

사용수익권로마법상 용익권, 사용권을 의미은 타인 소유의 재산을 향유하는 권리로서 해당 재산의 본질을 바꾸지 않는다는 전제 하에 이에 따른 모든 수익, 효용, 이점을 누리는 것을 말한다. 이 용어는 이자라에 대한 모든 논의에서 사용된다.

3) 이자라 및 이자라 와 이끄티나(이자라 문타히아 비탐리크)

이슬람 학자들은 이자라(Ijara) 및 이자라 와 이끄티나(Ijara wa Iqtina)를 리스 자금 조달시 샤리아에서 허용하는 자금 조달 방식으로 여긴다.

이슬람에서 가장 큰 무역자금 조달 기관인 이슬람 개발은행(IDB)은 리스를 "장비 및 기계를 구입하고 일정 기간 이에 대한 사용수익권을 수익자에게 이전하되 그 기간 중 해당 자산에 대한 소유권을 IDB가 보유하는 중기 자금 조달 방식"으로 정의한다.

이자라 자금 조달 방식은 은행이 장비 및 기계를 구입하고 이 물품들을 궁극적으로 구입할 고객에게 리스한다. 고객이 지불하는 경우, 월별 지불금은 두 가지 항목으로 구성된다. 첫째는 장비 사용에 따른 사용료이고, 둘째는 구입 가격에 대한 할부금이다. 리스 자산에 대한 사용료는 사전에 정해져야 하며, 리보(LIBOR) 금리를 기준으로 할 수 있다.

이러한 이슬람 금융상품과 대응 관계에 있는 일반 금융상품은 운용리스와 금융리스이다. 이자라 또는 운용리스는 특정 자산의 사용을 위한 임대인과 임차인 간의 계약에 근거한다. 임대인은 자산의 소유권을 보유하고, 임차인은 명시된 기간 동안 정해진 사용료를 지불하며 사용한다. 사용료는 임대인의 초기 자본 지출을 완전히 회수하는 데 충분하지 않다. 차액은 후에 자산을 처분하거나 다른 사용자에게 다시 장비를 리스하여 회수한다.

이자라 문타히아 비탐리크(Ijara Muntahia Bittamleek)로도 알려진 이자라 와 이끄티나는 일반 금융리스와 유사하다. 리스 기간 중 사용료는 리스회사의 투자 상각에 충분한 수익을 제공한다. 이자라 와 이끄티나의 수익 요소는 이자 부과와 유사함에도 불구하고 이슬람에서 허용된다.

이자라 조달 방식에서는, 은행이 실제 자산을 구입하고(은행은 장래의 고객이 제공하는 사양에 맞춰 해당 자산을 구입할 수 있다) 이를 고객에게 리스한다. 리스 기간은 3개월에서 5년이나 그 이상이 될 수도 있으며, 자산의 성격에 따라 상호 합의하여 결정된다.

리스 기간 동안 해당 자산은 은행의 소유로 남지만, 자산의 물리적 소유와 사용할 수 있는 권리는 임차인에게 이전되므로 사용수익권이라 한다. 리스 기간이 만료되면 자산은 임대인에게 반환된다. 은행과 임차인은 자금 조달 금액과 조건에 따라 리스 상환 스케줄에 합의한다.

4) 이자라 문타히아 비탐리크의 개념

이자라 문타히아 비탐리크로도 알려진 이자라 와 이끄티나(Ijara wa Iqtina)는 자산(건물이나 빌라)이 임차인에게 리스되고, 임차인이 해당 자산을 사전에 합의된 가격으로 리스 기간 중 또는 종료 시점에 임대인으로부터 구입하여 리스 기간 종료시 자산의 소유주가 되는 리스계약의 한 형태이다.

고객이 은행으로부터 리스를 약속하면 은행은 고객을 위하여 은행 명의로 고객이 명시한 자산을 구입하고, 이를 일반 금융 리스와 유사한 조건으로 고객에게 리스한다. 리스 사용료는 리스 기간 종료 시점에 구입 원가와 이윤이 회수되는 방식으로 구조화되며, 은행은 명목 판매 가격, 분리 매각으로서 기증, 또는 기증계약으로 리스 기간 종료 시점에 자산의 소유권을 고객에게 이전한다.

5) 무엇이 이자라를 샤리아에 부합하게 하는가?

샤리아는 금융자산과 달리 유형자산에 대하여 고정요금 부과를 허용한다. 왜냐하면 자금 제공자는 금융자산을 유형자산으로 전환함으로써 보상이 허용되는 위험으로 인수하기 때문이다. 이 점이 이슬람적으로 허용되는 거래로 만드는 핵심 이유 중 하나이다.

이 조달 방식에서는 은행이 경기 후퇴 위험이나 자산 수요 감소 위험을 부담한다.

리스 또한 은행이 소유권을 보유함으로써 자산이 조기 노후화할 수 있는 위험을 부담한다는 근거로 정당화된다. 때로는 렌탈 장비가 단기 방식으로 사용되고, 임대인이 유지 · 보수 의무를 부담한다. 렌탈의 경우, 임대인은 제품 노후화 문제를 책임지므로 서비스 지향 산업으로 여겨질 수 있다. 이러한 위험 요소가 이자라를 샤리아에서 허용하게 하는 핵심 요소이다.

6) 이자라 실행의 실질적 측면

아래의 항목들은 어떻게 이자라가 실무적으로 실행되는지 보여준다.

① 이자라 자금 조달 계약은 이슬람 은행이 중단기 자금 조달로 고객에게 해당 물품을 리스하는 데 이용되며, 이 물품에는 다음이 포함될 수 있다.

- 장비
- 기계
- 소비재
- 컴퓨터
- 자동차
- 기타 적절하고 허용 가능한 자산

② 고객이 리스하고 은행이 자금을 제공하는 자산은 주류 제조 기계 리스와 같은 하람(haram, 금지된 것)이 아니어야 한다.

③ 이자라 조달 방식을 고객에게 제공하는 과정에서 다음의 요소들이 고려되어야 한다.

- 중고 산업 장비 시장
- 중고 가치
- 감가상각

④ 임차인이 채무를 불이행하면 임대인은 압류 절차를 개시한다. 채무 불이행의 사례는 다음과 같다.

- 지급 불능
- 리스 조건의 준수 또는 이행의 실패
- 임차인을 상대로 한 청산 신청
- 임차인의 교환 의사 통지

⑤ 압류 과정에서 발생하는 모든 비용은 임차인이 부담한다.

⑥ 보증: 이슬람에서 보증의 개념은 알 카팔라(Al Kafalah)로 알려져 있다. 이자라에서 보증은 허용되며, 그 유형은 다음과 같다.

- 개인 보증
- 기업 보증

⑦ 담보

- 예금자와 투자자들이 제공한 자금이 자금 조달 및 투자 활동에 활용되므로, 은행은 예금자 및 투자자의 이익을 보호할 중요한 책임을 부담하고, 신용 위험을 줄이기 위하여 일반적으로 담보를 기준으로 하여 자금을 제공한다.
- 이슬람에서는 담보의 개념이 알-라흔(Al-Rahn)으로 알려져 있다.
- 은행에서 받아들일 수 있는 토지, 건물, 기타 자산은 이자라에 따라 제공되는 자금의 담보물로 허용될 수 있다. 토지와 건물은 법적 조치의 방식으로 담보 제공될 수 있다.

7) 이슬람 리스의 규칙

이슬람 리스는 일반적인 리스와 다르다. 이슬람 리스의 기본 규칙은 우스마니(Usumani, 1999)가 정리하였다.

① 리스는 어떤 것의 소유자가 합의한 기간 동안 합의한 사용료를 받고 이에 대한 사용수익권을 다른 사람에게 이전하는 계약이다.
② 리스의 대상은 사용 가치가 있어야 한다. 따라서 사용수익권이 전혀 없는 물품은 리스할 수 없다.
③ 리스계약이 유효하려면 리스 자산의 실재(corpus)가 임대인의 소유 하에 있고 단지 사용권만이 임차인에게 이전되어야 한다. 따라서 소비되지 않고는 사용될 수 없는 것들은 모두 리스의 대상이 될 수 없다. 그러므로 리스는 화폐, 음식, 연료, 탄약 등에 대하여 효력이 없는데, 이러한 것들은 물리적으로 소비하지 않는 한 사용하는 것이 불가능하기 때문이다.
④ 만일 후자 성격의 것이 리스된다면, 이는 대출로 간주되고 대출거래에 관한 모든 규칙이 적절하게 적용되어야 한다. 이와 같이 유효하지 않은 리스에 부과된 사용료는 대출에 부과된 이자, 즉 리바로 간주된다.
⑤ 임대인이 리스 자산을 소유하므로 소유로 인해 발생하는 모든 책임은 임대인에게 귀속된다. 그러나 리스 자산의 직접적인 사용과 관련된 책임은 임차인이 부담하여야 한다.
⑥ 리스 기간은 명확하게 정해져야 한다.
⑦ 임차인은 리스 합의서에 명시된 목적 이외의 어떠한 목적으로도 리스 자산을 사용할 수 없다. 만일 합의서에 그러한 목적이 명시되지 않은 경우, 임차인은 일반적인 사업 과정에서 사용되는 어떠

한 목적을 위해서라도 이를 사용할 수 있다. 그러나 만일 임차인이 비정상적인 목적으로 분류될 수도 있는 분야에 사용하고자 하는 경우에는 임대인이 명시적인 조건으로 허용하여야 한다.

⑧ 임차인은 임차인의 잘못된 사용이나 부주의로 리스 자산에 손상을 입히는 경우 임대인에게 보상할 책임이 있다.

⑨ 리스 기간 중 임차인의 통제를 벗어난 요인으로 리스 자산에 발생하는 피해나 손실에 대한 위험은 임대인이 부담한다.

⑩ 공동 소유물은 임대 가능하며, 사용료는 각각의 소유 지분에 비례하여 모든 공동 소유자에게 분배되어야 한다.

⑪ 재산의 공동 소유자는 공동 지분을 가지고 있는 다른 공유자에게만 비례 지분을 임대할 수 있으며, 제3자에게는 임대할 수 없다.

⑫ 관련 당사자들이 리스 자산을 완전히 확인하여야 리스가 유효하게 성립한다.

⑬ 리스 사용료는 계약 시점에 전체 리스 기간을 대상으로 정해져야 한다. 리보(LIBOR) 금리를 기준으로 할 수 있다.

⑭ 금융리스에서 일반적으로 이루어지듯이, 임대인이 자산 구입 과정에서 발생한 총비용을 기준으로 사용료를 결정하는 것은 양 당사자가 합의하는 경우 샤리아 원칙에 반하지 않는다.

⑮ 임대인이 일방적으로 사용료를 올릴 수 없으며, 이에 대해서는 어떠한 동의도 유효하지 않다.

⑯ 임차인에게 자산이 인도되기 이전에 사용료 또는 사용료의 일부가 사전 지급될 수 있으나, 임대인이 받은 금액은 신용거래 지급으로 남아 있어야 하고 기간이 도래하면 사용료로 조정되어야 한다.

⑰ 리스 기간은 임차인의 사용 개시 여부와 관계 없이 리스 자산이 임차인에게 인도된 날로부터 개시된다.

⑱ 만일 리스 자산이 기능을 완전히 상실하고 보수가 불가능하게 되

면, 그러한 손실이 발생된 날부터 리스는 종료된다. 그러나 만일 이러한 손실이 임차인의 잘못된 사용이나 부주의로 야기된 경우 손상되기 이전의 가치 수준까지 감가상각된 가치를 임대인에게 보상해야 할 의무가 있다.

8) 이자라의 실무 사례

이슬람 리스(이자라)와 리스 구매(이자라 와 이끄티나)는 자금 조달 방식으로 널리 사용된다. 리스 가능한 자산은 차량, 건물, 기계, 장비, 항공기 등 다양하다. 이자라는 때때로 경제 내에서 투자와 자본 형성을 늘리며 소규모 및 중간 규모 사업에 특히 적합한 것으로 여겨진다.

리스 구매는 앞서 논의되었듯이 이슬람 은행이 장비, 건물, 또는 모든 프로젝트를 구입하고 이를 고객에게 대여하는 계약이다. 고객은 일반적으로 이슬람 투자 계좌에 지불하고, 이는 고객이 은행으로부터 장비나 프로젝트를 구입하는 데 사용된다. 투자 계좌에 쌓인 수익은 고객에게 지급된다.

1990년 두바이의 에미레이트 항공은 A310-300 에어버스 리스 자금 조달을 위하여 미화 6천만 달러를 조성하는 과정에서 이슬람 원칙에 따라 운영되는 알 라즈히 은행 투자회사(Al Rajhi Banking and Investment Corporation: ARBIC)와 업무를 수행하였다. 이 사례는 이슬람 은행이 취급한 첫 항공기 리스거래로서, 이슬람 상업 은행들의 관심을 모았다.

런던의 알바라카 국제 은행(Albaraka International Bank)은 쉐필드(Sheffield)에 있는 파키스탄 택시 운전사를 위하여 새로운 소형 택시 구입을 위한 자금 조달에 이자라를 사용하였다.

〈도표 2.6〉은 이자라 관련 절차를 설명한다.

〈도표 2.6〉 이자라 자금 조달 운영

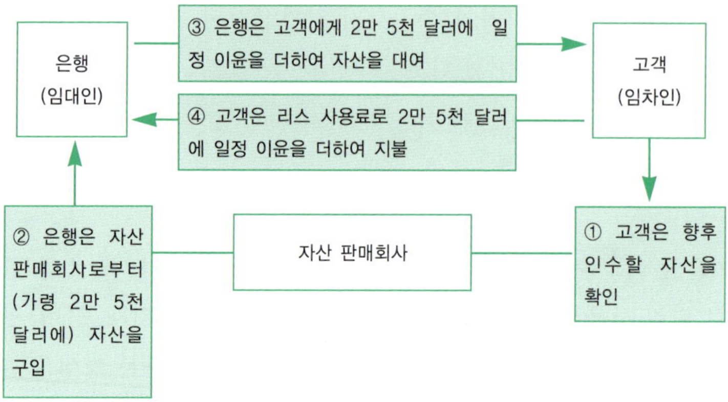

9) 이자라 와 이끄티나 리스 구매거래

리스 구매거래는 이자라 와 이끄티나(Ijara wa Iqtina, 리스 구매 합의)로 불린다. 이 거래의 기본 개념은 고객에게 합의된 사용료를 받고 리스하기 위해 자산을 이전하는 것이다. 동시에 임차인은 자산을 합의한 가격에 구매하는 것이 허용된다. 이 방법은 이슬람 은행에서 다양한 형태로 활용되었다.

알 바라카 은행(Al Baraka Bank)은 산업용 공장, 중공업, 장비와 같은 대형 자본 항목을 구입하기 위해 이자라 와 이끄티나 방식으로 자금을 조달한다. 투자자는 사용료 명목으로 합의된 금액을 매월 정기적으로 지급받으며, 리스가 만료되면 임차인은 장비를 구입한다.

이슬람 말레이시아 은행(Bank Islam Malaysia)도 리스 구매거래를 활용한다. 적용되는 절차는 위에서 설명한 것과 유사하나 다음과 같은 차이가 있다. 고객과 은행은 리스 계약시 고객이 동의한 가격에 장비를 구매할 것을 합의하며, 이미 지급된 리스 사용료는 그 가격의 일부로 포함되어야 한다.

이란의 이슬람 은행들 또한 리스 구매거래를 많이 활용한다. 은행은 필요한 기계, 장치, 또는 고정자산을 구입하고 이를 고객에게 임대한다. 계약 시점에 고객은 계약 조건이 충족되는 경우 해당 리스 자산의 보유를 보증한다. 리스 기간은 이란 중앙은행이 결정한 자산의 내용 연한을 초과할 수 없다. 이란의 은행들은 내용 연한이 2년이 되지 않는 자산을 리스하는 것이 허용되지 않는다. 또한 1983년 「고리대금 없는 은행법」(Law of Usury Free Banking) 제10조에서는 은행이 주택 도시 개발부와 합동으로 리스 구매 방식에 따라 판매할 목적으로 저가의 거주 시설을 건설하도록 인가하였다.

10) 이자라 리스 계약과 일반 리스의 차이는 무엇인가?

샤리아에서는 자산을 사용하기 위해 금전을 지불하는 것을 허용한다. 임대인은 자산을 취득하고, 일정 기간 할부 형식으로 지급 가능한 합의된 금액을 받고 고객에게 임대한다. 이자라 계약은 장기, 중기 또는 단기로 체결할 수 있고 일반적인 금융리스나 운용리스의 기능을 충족하기 위하여 활용할 수 있다. 게다가 이 계약은 영미법의 적용을 받을 수 있다. 샤리아의 준수는 법적인 문제라기보다는 도덕적인 문제이다. 그러나 일반 서구식 리스와 이자라 리스 간에는 일부 상당한 차이가 있다.

다음에서는 일반 리스와 이자라 리스 간의 주요 차이점 네 가지와 샤리아 문제를 우회하는 방법 중 일부를 소개하고 있다. 다만, 이러한 방식들의 대부분이 이슬람 금융의 정신에 부합하지 않는다는 것을 유념할 필요가 있다.

(1) 이자 기반 사용료 지급

일반 리스에서 자산이 변동금리 자금으로 조달된 경우, 소유자는 금리 변동 위험을 임차인이 지급하는 사용료를 통하여 임차인에게 부담시킨다. 이는 앞서 언급하였듯이, 리스 사용료를 이자율에 따라 직접적으로 표시할 수 없는 이슬람에서는 문제가 된다.

이러한 어려움은 어느 정도 극복할 수 있다. 리스거래에서 임대인은 자산을 제공하는 것이지 자금을 제공하는 것이 아니며, 따라서 수익은 이자와 원금이 아닌 사용료의 형식을 갖는다. 실제로 임대인은 자산에 투자하기 위하여 자금을 생산적으로 사용하고 관련된 위험을 수용한다. 이자라 리스에서는 합의된 사용료의 지급 일정과 금액이 획일적일 필요는 없지만, 리스 사용료의 금액과 지급 시기는 사전에 정해져야 한다.

일부 리스는 계약 당일 해당 리스에 지불하는 사용료를 결정하되 다른 규정을 참고하여 조정할 수 있도록 함으로써 이러한 문제를 극복한다. 일부 변형된 리스에서는 동일 시기에 동일 사용료로 계약된 비이슬람 리스에서 지불해야 하는 변동 리스 사용료를 참조하여 리스 사용료가 조정된다. 다른 유형으로는 리보 금리를 사용료에 연동시켜 조정하는 조항을 포함하는 것이 있다.

(2) 지연 이자 부과

일반 리스는 연체할 경우 통상 지연 이자를 지급한다. 이는 이슬람 리스에서 허용되지 않는다. 이자라 리스에서는 다른 방식으로 이와 유사한 효력을 발생시키는데, 예를 들면 만기일 이전에 지급된 금액에 대하여 일정 할인율 산식에 따라 합의된 할인율이 매일 적용된다. 만기일은 아무리 늦어도 완제될 것으로 예상되는 기간을 감안하여 정한다. 그러나 만기일 이후에 지급되는 경우, 임대인은 추가 금액을 회수할 수 없다. 다른 리스에서는 지연 수수료가 서구식 연체이자 수수료를 대신한다.

(3) 보험 및 유지 · 보수 문제

일반 리스와 대조적으로 이자라 리스에서 리스 자산의 유지 · 보수 및 보험의 책임은 임대인에게 귀속된다. 그러므로 리스에서 소유자 또는 임대인은 자산의 유지 · 보수 및 보험의 책임을 부담해야 한다.

이와 같은 임대인의 부담을 덜어주기 위하여 일반 리스에서 사용하는 방식은 이자라 체계에서도 가능한데, 소유자 또는 임대인이 사용료를 증가시켜 보험료를 회수하고 임대인이 임차인 또는 제3자를 대리인으로 지정하여 수수료를 받고 필요한 보험에 가입하는 것이다.

유지 · 보수도 유사한 방식으로 처리할 수 있는데, 리스에서 임대인은 모든 유지 · 보수 의무를 수행하기로 동의하되 임차인 또는 제3자를 지정하여 일정 수수료를 받고 그러한 의무를 임대인을 대신하여 수행하도록 한다. 유지 · 보수 책임이 이전되는 정도는 일반적으로 임차인이 지급하는 리스 사용료에 반영된다.

(4) 샤리아 위원회 문제

이슬람 금융기관의 두드러지는 특징 중 하나는 이슬람 금융기관의 중요 부분을 구성하는 샤리아 위원회의 역할이다. 제4장에서 설명하는 샤리아 위원회의 역할은 샤리아 관점에서 이슬람 금융기관의 업무를 감독하고 샤리아 기준을 준수하기 위하여 모든 새로운 거래를 검토하는 것이다. 샤리아 위원회에는 동시대에서 가장 추앙받는 샤리아 학자들이 포함된다. 그러나 샤리아 해석에 재량이 있으며, 샤리아 위원회는 핵심 샤리아 이슈에 대해 때때로 다른 견해를 보인다.

이슬람 금융상품의 샤리아 적격성에 대하여 확정된 실무 안내서는 없으며, 이자라 체계에서 서구식 일반 리스와 동일한 효력이 발생하도록 구성된 위의 방법들도 이러한 시각에서 보아야 할 필요가 있다. 어느 한 샤리아 위원회에서 수용한 기준이나 구조를 다른 샤리아 위원회에서는 거부할 수도 있다.

다시 말해, 위에서 언급된 많은 기법들이 샤리아 정신에 반드시 합치되는 것은 아니라는 점을 강조하고자 한다.

11) 이자라와 일반 이자 기반 금융의 비교

〈도표 2.7〉에서 일반 은행의 운영 방식과 예금자 및 대출자와의 관계를 살펴보고, 이슬람 은행의 이자라 금융과 비교하였다.

〈도표 2.7〉 **일반 이자 기반 금융과 이자라 금융 비교**

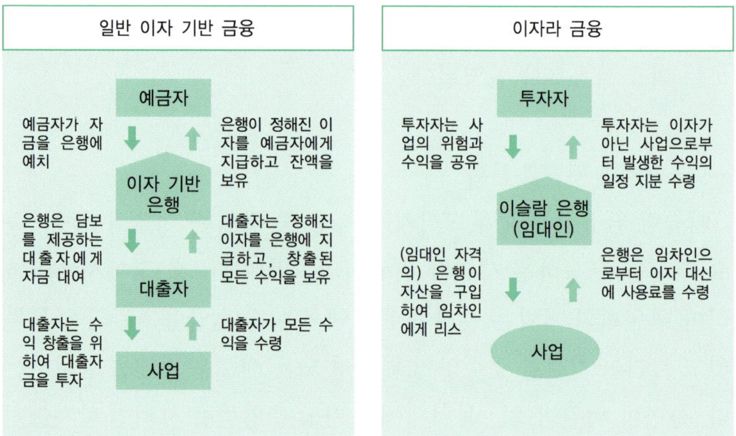

6. 이스티스나

이스티스나(Istisna'a)는 구매자가 판매자에게 일정한 가격으로 판매자의 원료를 사용하여 세부적으로 지정된 상품을 제조할 것을 요청하는 매매계약이다.

이스티스나는 알-무스타스니(al-mustasni', 최종 구매자)와 알-무사니아(al-musania'a, 판매자) 간의 매매계약이다. 이 시스템 하에서는 알-무스타스니의 주문에 근거하여 알-무사니아가 지정 사양에 따라 제조를 하거나 아니면 알-마스누(al-masnoo', 계약의 목적물)를 구입하고, 이를 합의된 가격과 결제 방식에 따라 알-무스타스니에게 판매한다. 결제 방식은 계약 시점에, 할부로 또는 특정 미래 시점으로 연기할 수 있다. 알-무사니아가 원료나 노동력을 제공하여야 하는 것이 이스티스나 계약의 조건이다.

이스티스나는 매매 시점에서 제품 매매가 가능하지 않다는 점에서 살람(Salam)과 유사한 성격을 가지고 있다. 이스티스나는 또한 이연 지불이 허용된다는 점에서 일반 제품의 매출과 유사한 성격을 가지고 있다. 그러나 살람과 달리 이스티스나 계약의 대금은 거래가 완료되었을 때 지급되지 않는다. 이스티스나 계약의 세 번째 특징은 둘 다 노동력이 요구된다는 점에서 이자라(ijara)와 유사하다.

병행적 이스티스나(parallel Istisna'a)

알-무스타스니가 이스티스나 계약에서 알-사니(al-sani', 이스티스나 계약에서 최종 판매자) 스스로 알-마스누를 제조하여야 한다고 명시하지 않은 경우, 알-사니는 첫 번째 계약의 의무를 이행하기 위해 두 번째 이스티스나 계약을 체결할 수 있다. 이 두 번째 계약을 병행적 이스티스나라고 부른다.

출처: 이슬람 금융기관 회계감사기구(Accounting and Auditing Organisation for Islamic Financial Institutions: AAOIFI).

1) 이스티스나의 개념

이스티스나(Istisna'a)는 아랍어로 특정 상품을 제조하는 것을 의미하는 시나(Sina'a)에서 유래하였다. 이스티스나는 일종의 합의로서 건축, 제조, 제작, 조립이 필요한 물품, 장비, 건물 또는 프로젝트를 필요로 하는 고객이 은행에 자금 조달을 요청하는 것이다. 은행은 앞서 말한 물품이 건축, 제조, 또는 조립되도록 제공하고 여기에 이윤을 더하여 물품을 고객에게 판매한다. 구매자는 일시불 또는 할부로 대금을 나중에 지불한다.

이스티스나는 특정 상품의 생산에 사용되는 자금 조달 방식으로서 건축 자금을 조달하기 위해 흔히 쓰이는 모델이다. 본질적으로 이스티스나는 제조되는 물품이나 건축되는 것에 대해 일방이 지불하는 합의이다. 일반적으로 최종 구매자는 건설 또는 제조의 실제 진행 경과에 따라 정기적으로 할부금을 지불한다. 예를 들면, 새로운 선박을 구매하고자 하는 선박회사는 조립 공정이 진행됨에 따라 선박 제조업자에게 정기적으로 할부금을 지불할 수 있다.

이론적으로 이 계약은 최종 구매자와 제조업체 간에 직접적으로 이루어질 수 있으나, 통상 제3자 계약으로서 은행이 중개자 역할을 한다. 이 경우 두 개의 이스티스나 계약으로 구성된 병행적 또는 연결 이스티스나라고 불리는 구조를 이용한다. 첫 번째 합의에서 은행은 고객이 장기간 상환하도록 동의하고, 두 번째 합의에서 구매자 역할을 하는 은행은 제조자에게 단기간 동안 진척된 할부금을 지불한다.

일반적으로, 은행은 일정 이윤을 더하여 수익을 창출한다. 따라서 은행이 받는 보상은 두 계약 하에서 지급되는 가격 간의 차액이 된다.

2) 이스티스나와 병행적 이스티스나

이스티스나에서 은행은 다음과 같은 두 개의 병행 합의를 동시에 한다.

① 첫 번째 합의. 이는 은행과 고객 간의 합의이다. 고객은 희망하는 품질과 공정 표준, 완료 시기뿐만 아니라 배치, 디자인, 사용 원료를 포함하여 인수할 물품, 장비, 건물, 또는 프로젝트에 대한 완전하고 세부적인 사양을 은행에 제공한다. 또한 세부 사양에서 도급업자, 제조업자, 원료 공급자를 지정할 수 있고, 관련 예상 비용을 제공할 수 있다. 은행은 고객이 지정한 계약자, 제조업자, 또는 원료 공급자로부터 견적을 받을 수 있다. 그 후 은행은 제공된 원가에 이윤을 더하여 고객에게 가격을 제시한다. 고객이 이에 동의하면, 은행에 지급하는 방식을 포함한 합의에 들어간다. 지급 방식은 일시불 또는 할부가 될 수 있다.

② 두 번째 합의. 두 번째 합의는 은행과 계약자, 제조업자 또는 원료 공급자 간의 합의이다. 첫 번째 합의와 더불어 은행은 세부 사양에 따라 정해진 날까지 물품, 장비, 건물, 또는 프로젝트의 조립, 제작, 제조 또는 건설을 위하여 계약자, 제조업자 또는 원료 공급자와 동시에 합의에 들어간다. 은행은 모든 비용을 그들에게 지급한다. 물품, 장비, 건물, 또는 프로젝트가 완성되면 은행은 이를 고객에게 인도한다. 그러면 고객은 합의된 대로, 일시불 또는 할부로 대금을 지급한다.

〈도표 2.8〉은 관련 당사자들에 대한 요약이다.

〈도표 2.8〉 이스티스나 자금 조달과 관련된 당사자

이스티스나 자금 조달

고용자(알-무스타스니)와 계약자(알-무사니아) 간 이연된 제조 또는 건축계약으로서, 고용자는 계약자의 공정 진척 및 성과, 완료일과 관련된 대금 지급 계획을 합의하고 특정 자산(건물, 장비, 기계류 등)의 건설, 제조 또는 조립을 요청

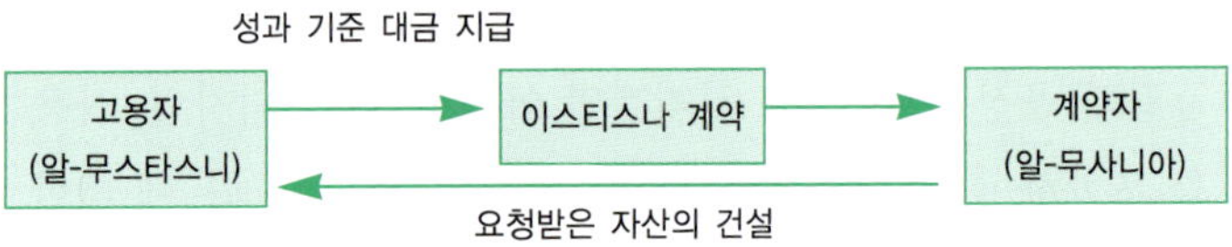

제조 대상 자산을 명시하고, 수행 프로젝트 완료시 소유권 보유

이스티스나 계약은 모호함 없이 명확해야 하므로, 고용자와 계약자 모두의 의무와 책임을 포함하여 이스티스나 합의상 조건이 세부적이어야 하고, 자산의 사양과 완료일을 상세히 기술

합의된 일정에 따라 이스티스나 계약 조건 이행

3) 무엇이 이스티스나를 샤리아에 부합하게 하는가?

샤리아의 주요 법원을 연구하여도 이스티스나 원칙의 직접적인 근거를 찾기는 어렵다. 실제로, 주요 이슬람 율법학파는 이스티스나가 샤리아에 부합하지 않는다고 주장한다. 하나피학파(Hanafi School)에서만 이스티스나 계약을 인정하는데, 이는 사회 관행(우르프(urf))의 범위 안에서 이슬람적으로 받아들여지는 프로젝트 파이낸스에 대한 수요가 있기 때문이다. 이처럼 법적 근거가 부족함에도 불구하고 이스티스나는 여전히 이슬람 은행에서 널리 사용되는 방식이다.

샤리아 내 합의의 법적 효력과 관련하여, 대부분의 지지자들은 건축이 준비되고 매수자가 승인할 때까지 또는 상품이 만들어지고 최종 구매자가 인수할 때까지 다른 어떤 상대방도 이스티스나 계약에 구속되지 않

는다고 말한다.

4) 이스티스나 실행 실무

일반적으로 이스티스나 거래는, 예를 들어 새로운 건물을 위한 자금 조달 목적으로 은행에 접촉하는 고객과 함께 시작된다. 은행은 이자를 부담하는 대출보다는 이자가 없는 거래를 구성하기 위하여 이스티스나를 사용할 것을 제안할 수 있다. 은행은 고객에게 이미 만들어진 청사진과 계획을 제출하도록 요구할 것이며, 고객은 은행이 고려할 수 있도록, 선호하는 계약자를 추천할 것이다. 고객에 대한 신용 평가를 마치면, 계약자(일반적으로 고객이 추천한 자)는 은행에 견적을 제출하는데, 이는 일반적으로 수개월 간 유효하다.

그 동안 은행은 고객과 계약서에 서명하며, 고객은 이연 지급 조건으로 은행이 건설하는 특정 자산을 실제로 매입하게 된다. 그러면 은행은 고객이 동의한 사양과 계약 조건을 가지고 특정 자산을 건설하기 위하여 계약자와 계약을 체결하고, 은행은 계약자에게 현금으로 지불하고, 고객으로부터 매매대금을 할부로 수령할 것이다. 이것이 이슬람 금융중개 활동이다.

은행의 수익은 계약자에게 지급한 현금과 고객이 이연하여 지급하는 금액의 차액이다. 계약 당시 고객에게 총액이 알려져 있기만 하면 어떤 식으로든 수익이 계산될 수 있다. 수익은 변동될 수 없고, 할부금이 제때 지급되지 않더라도 증가될 수 없다.

〈도표 2.9〉는 이스티스나 계약의 당사자들을 그림으로 보여준다.

〈도표 2.9〉 이스티스나 계약 당사자

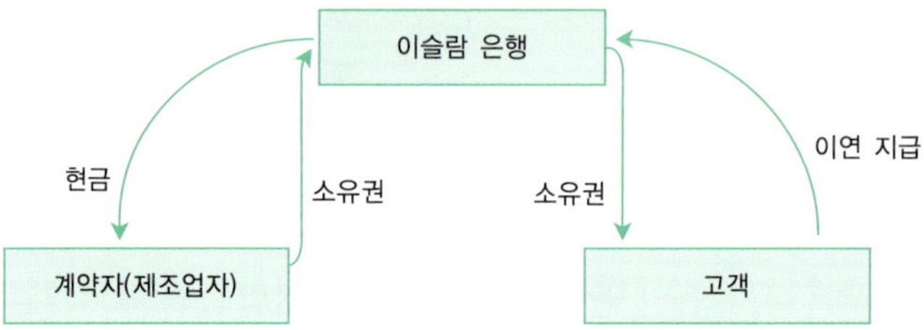

5) 이스티스나에 관한 샤리아 원칙

근본적인 출발점은 이스티스나 합의의 기본 요소들이 비록 건축 문제를 다루는 것처럼 보여도 이스티스나 합의는 건축계약이 아니라는 것이다. 이것은 샤리아에서 승인된 매매계약의 부분에 해당된다.

이스티스나에 대한 샤리아 원칙은 다음과 같다.

① 이스티스나는 예외적인 매매 유형으로서, 합의된 가격에 제조, 조립, 건축을 위하여 구매자가 주문을 하거나 또는 미래 시점에 인도될 무언가를 제조하도록 하는 것이다.
② 상품은 알려져 있어야 하고, 가라르(gharar)를 피하기 위하여 종류, 유형, 품질, 수량을 포함한 세부 사양은 애매하지 않고 상세해야 한다.
③ 제조되는 상품의 가격은 명확하게 정해져야 한다. 합의된 가격은 당사자들 간 합의에 따라 일시불이나 할부 지급이 가능하다.
④ 상품 제조에 필요한 원료의 제공은 구매자의 의무가 아니다.

⑤ 별도 합의가 존재하지 않는 한, 판매자에게 직접 또는 간접으로 어떠한 비용도 발생하지 않은 경우에는 어느 일방이 계약을 일방적으로 취소할 수 있다.

⑥ 만일 제조된 상품이 당사자들 간에 합의된 사양에 부합하면, 주문자(구매자)는 제품에 명백한 하자가 없는 경우 이를 인도하는 것을 거절할 수 없다. 그러나 만일 물품의 인도가 상호 합의된 기간에 이루어지지 않는 경우 구매자는 해당 물품의 인수를 거절할 수 있다는 것을 합의서에 명시할 수 있다.

⑦ 은행(이스티스나 계약의 구매자)은 원래의 이스티스나 계약에 어떠한 조건이나 연동 없이 병행적 이스티스나 계약을 체결할 수 있다. 은행은 첫 번째 계약에서 구매자가 되고, 두 번째 계약에서는 판매자가 된다. 각각의 계약은 상호 독립적이다. 한 계약의 권리와 의무가, 병행되는 계약의 권리와 의무에 연동되는 방식으로 두 계약이 연결될 수 없다.

⑧ 이스티스나 거래에서 구매자는 상품의 (실제 또는 추정) 보유 이전에 해당 상품의 소유권을 타인에게 매도하거나 이전할 수 없다.

⑨ 만일 판매자가 정해진 기간 내에 상품을 인도하지 못하는 경우, 합의된 바에 따라 상품 가격을 매일 일정 금액으로 인하할 수 있다.

⑩ 계약서에서 합의하여 일(日) 또는 연(年) 비율로 계산된 위약금을 부과할 수 있다. 이는 반드시 자선단체에 기부되어야 한다.

⑪ 고객이 채무를 불이행하는 경우 은행은 법원에 손해 배상 청구를 할 수 있다. 손해 배상은 직·간접적으로 발생한 비용을 기준으로 결정되어야 하며, 화폐의 시간 가치와 연관되어서는 안 된다.

6) 이스티스나 실무 사례

이스티스나는 항공, 석유 굴착 장치, 기계류와 같은 자본 설비 건설을 위한 자금 조달에 가장 적합한 이슬람 자금 조달 방식이다. 상품이 완성되었을 때에만 투자자가 구입할 수 있는 무라바하와 달리, 이스티스나는 투자자가 건설 중인 시설을 사전에 구입할 수 있다.

시설이 완공되면 투자자가 완전히 소유하게 되는데, 바로 그 시점에 투자자(소유자)는 그 장비를 매각하거나, 리스해 주거나 또는 최종 사용자에게 이연 지급 기준으로 판매할 수 있다.

이스티스나는 주택 자금 조달 부문과 같이 다양한 거래의 자금 조달을 위하여 이용될 수 있다. 만일 토지를 보유한 고객이 주택 건설을 위한 자금이 필요한 경우, 자금 제공자는 이스티스나를 기반으로 해당 토지에 주택 건설을 개시할 수 있다. 만일 고객이 토지를 보유하지 않은 경우, 자금 제공자는 지정된 일부 토지에 건축된 주택을 제공할 수 있다.

이스티스나는 매매대금이 사전에 지급되거나 인도 시점에 지급될 필요가 없으므로(당사자 간 합의로 언제든 연기될 수 있다) 지급 시기는 상호 합의하여 결정할 수 있다.

다른 한편으로 자금 제공자가 스스로 주택을 건설할 필요가 없다. 제3자와 병행적 이스티스나 계약을 하거나 (고객이 아닌) 계약자의 서비스를 이용할 수 있다. 두 가지 모두, 원가를 계산하고 그 원가에 적정한 이윤을 더하는 방식으로 고객과 함께 이스티스나 가격을 확정할 수 있다. 고객은 당사자들이 이스티스나 계약에 서명하는 날로부터 할부금을 지급하기 시작하고 주택 건설 기간 동안 그리고 주택을 양수한 후에도 이를 지속할 수 있다. 할부 지급을 보증하기 위하여 고객이 최종 할부금을 납부할 때까지 자금 제공자는 주택 또는 토지의 소유권 증서나 고객이 제공하는 다른 담보물을 보관할 수 있다. 이 경우 자금 제공자는 합의된 세부 사양을 완전히 충족하는 주택을 건설할 책임이 있다.

바레인의 아랍 금융회사(Arab Banking Corporation: ABC) 자회사로서, 영국에 기반을 둔 ABC 국제은행(ABC International Bank)은 샤리아에 부합하는 건축 자금 조달의 새로운 기준을 마련하는 병행 단계 이스티스나(Parallel Phased Istisna'a: PPI)를 개척하였다.

건축계약을 위한 이스티스나 자금 조달과 관계된 위험의 하나는 건축 기간의 연장 가능성과 흔히 발생할 수 있는 건축 지연에 따른 비용이 높을 수 있다는 것이다.

ABC 국제은행의 PPI는 건축 공정 단계별로 이스티스나 계약을 활용하여 이러한 위험을 낮추어준다. 바꿔 말하면, 건설 프로젝트가 여러 개의 이스티스나로 나누어지는데, 이를 통해 자금 조달에 시차를 두어 결과적으로 자본 조달 비용을 낮추게 된다. ABC 국제은행은 영국 리즈(Leeds)의 고츠섬(Gotts Island)에 183개 거주용 아파트와 72개 주차장 공간을 포함한 도심지 거주 개발 사업에 이러한 이스티스나를 활용하여 자금을 조달하였다.

ABC 국제은행은 주로 걸프 협력기구(Gulf Cooperation Council) 국가들의 투자자들과 지분 파트너로서 계약을 맺고, 또한 개발자와 별도의 계약 관계를 맺었는데, 고츠섬 프로젝트 2단계의 경우 영국에 기반한 메이페어 국제회사(Mayfair International Limited)와 계약하였다.

현대식 BOT(Build, Operate and Transfer) 방식 계약 또한 이스티스나 기준에 따른 형식을 갖출 수 있다. 만일 정부가 고속도로를 건설하는 경우 건설업자와 이스티스나 계약에 들어갈 수 있다. 이 경우 건설업자는 고속도로를 운영하고 일정 기간 동안 통행 수수료를 받을 수 있는 권한을 부여받을 수 있다.

〈도표 2.10〉은 일반 이자 기반 금융과 이스티스나 금융의 차이점을 보여준다.

〈도표 2.10〉 일반 이자 기반 금융과 이스티스나 금융 비교

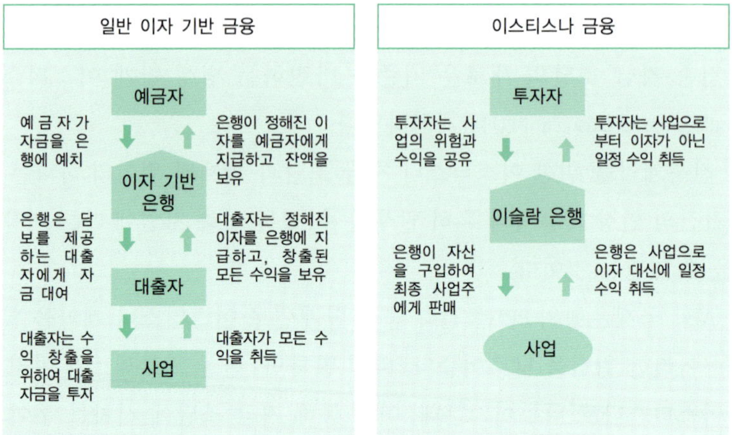

7) 이스티스나와 이자라의 차이점은 무엇인가?

이스티스나의 제조업자는 자신의 원료를 사용하여 필요한 상품 제조에 착수한다. 따라서 이 거래는 제조업자가 필요한 원료를 가지고 있지 않은 경우 우선 필요한 원료를 확보하고, 그것으로 주문된 상품을 제조하는 작업에 착수해야 한다는 것을 의미한다. 제조업자가 원료를 스스로 입수하여야 한다는 점에서 이스티스나는 이자라와 다르다. 그렇지 않다면, 이자라와 같이 판매자의 임금 노동을 계약에 포함하게 된다.

만일 고객이 원료를 제공하면, 제조업자는 자신의 노동력과 기술만을 사용하도록 요구되는데, 이 거래는 이스티스나에 해당하지 않는다. 이 경우 특정 수수료가 지급되는 인적 서비스를 사용하는 이자라 계약이 될 것이다.

〈도표 2.11〉은 이스티스나 자금 조달 방식을 보여준다.

〈도표 2.11〉 이스티스나 자금 조달 방식

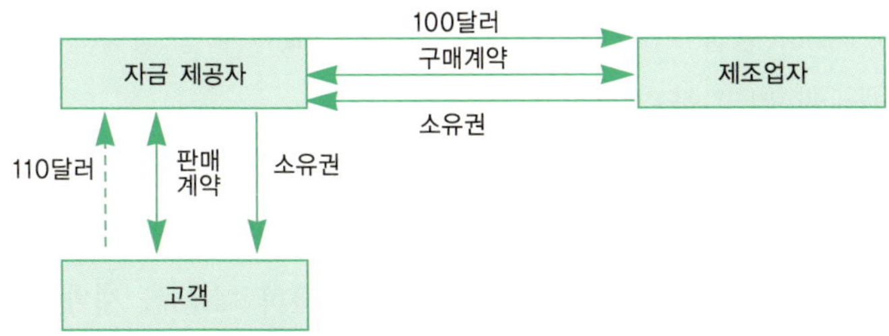

7. 살람

> 살람(Salam)은 특정 조건에 따라 대금을 먼저 지불하고 나중에 인도되는 상품을 구매하거나, 또는 그러한 상품의 매매에 관여하는 계약이다.
>
> **병행적 살람(Parallel Salam)**
>
> 판매자가 의무를 이행함에 있어, 구매자로서 이전에 체결한 살람 계약의 상품을 수령하는 것에 의존하되, 두 번째 살람 계약의 이행이 첫 번째 살람 계약의 이행에 의존하지 않도록 하는 살람 계약
>
> 출처: 이슬람 금융기관 회계감사기구(Accounting and Auditing Organisation for Islamic Financial Institutions: AAOIFI).

1) 살람의 개념

살람(Salam)은 판매자가 우선 대금을 전액 수취하고, 구매자가 지정한 상품을 미래의 구매자에게 제공하는 것에 착수하는 판매이다. 따라서

대금은 현금으로 먼저 받고, 구입된 상품의 인도는 나중에 이루어진다. 아랍어로 구매자는 무슬람(muslam)이라 불리고, 판매자는 무슬람 일레이히(muslam ileihi), 현금 가격은 라스-울-말(ra's-ul-mal), 구입 상품은 무슬람 피히(muslam fihi)라고 불린다.

살람은 존재하지 않는 물품을 판매하므로, 앞서 언급된 샤리아 원칙에 일반적으로 부합하지 않는다. 예언자 모하메드는 살람을 특정한 조건하에 허용하였다. 이 매매의 기본 목적은 작물(특히, 대추)을 재배하고 수확할 때까지 가족을 부양하기 위하여 자금이 필요한 소농의 수요를 충족하기 위해서이다. 리바가 금지된 이후 소농들이 고리대금 대출을 받을 수 없게 되자 사전에 시장형 선도거래로 농작물을 파는 것이 허용되었다.

이와 유사하게, 아라비아 무역상들은 다른 곳에 상품을 수출하고 다른 물품을 수입하는 데 살람을 사용하였다. 그들은 이러한 유형의 사업을 위해서 자금을 조달할 필요가 있었으나 리바가 금지된 이후에 대부자들로부터 자금을 빌릴 수 없게 되었다. 이에 따라 상품을 사전에 파는 것이 허용되었고, 현금을 받은 후에 일상적인 사업을 보다 쉽게 수행할 수 있게 되었다.

모든 상품이 살람 계약에 적합하지는 않다. 살람 계약은 대체 가능한 상품에만 일반적으로 적용된다. 살람 매출을 규제하는 기본 규칙들은 다음과 같다.

① 대금이 계약 시점에 전부 지급되어야 한다.
② 품질이나 수량이 정확한 사양으로 결정될 수 없는 상품은 살람 계약으로 판매될 수 없다. 그 예로 귀금속이 해당된다.
③ 상품은 그 상품이 가진 속성을 구체화하여야 판매할 수 있다. 농작물의 경우 상품은 특정 농장이나 농지 또는 수목으로 지정할 수

없다.

④ 정확한 인도 시기와 장소 또한 명시되어야 한다.

이슬람 은행은 두 개의 별도 살람 계약을 통하여 살람 계약 방식에 따라 자금을 조달하여 제공할 수 있다. 예를 들면, 은행은 판매자에게 대금을 사전에 지불함으로써 상품을 구입할 수 있고, 고객이 희망하는 날로 인도일을 지정할 수 있다. 그리고 그 상품을 제3자에게 판매할 수 있는데, 이는 그 두 명이 두 개의 살람 계약에 해당되는 경우이다.

이 중 두 번째 계약은 첫 번째 살람 계약의 목적물을 구성하며, 첫 번째 계약과 동일한 수량과 명세를 가진 상품을 인도받기 위한 것이다.

두 번째 계약은 계약이 체결되면 즉시 대금이 지불되므로 첫 번째 계약 후에 성사된다.

샤리아 관점에서 유효하려면 두 번째 계약이 독립적이어야 한다(또는 첫 번째 계약의 상품 인도와 연동되지 않아야 한다).

2) 살람 계약 실행 실무

살람 계약의 실행을 위해서는 보증과 담보가 필요하다. 판매자가 합의한 날짜에 확실하게 상품을 인도하게 하도록, 은행은 판매자에게 보증, 저당, 담보계약의 형태로 담보 제공을 요구할 수 있다. 상품을 인도하지 못하는 경우 보증인은 동일 상품을 인도할 것을 요구받을 수 있고, 만일 담보가 있는 경우 구매자나 자금 제공자는 그 담보 자산을 매각하고 그 대금으로 시장에서 해당 물품을 구입하여 필요한 상품을 취득하거나 또는 은행이 지급한 대금을 회수하는 데 사용한다.

살람 계약은 비록 금전이 아닌 상품에 대한 것이지만 채무에 해당된다. 그러므로 상품 가치와 동일한 금액까지 보증이나 담보로 보강하는 것은 정상적이다.

3) 살람에 관한 샤리아 원칙

앞서 논의되었듯이, 샤리아에서 어떠한 판매가 유효하기 위한 기본 조건 중 하나는 (판매하고자 하는) 해당 상품을 판매자가 실질적 또는 추정적으로 보유하여야 한다. 이 조건에는 세 가지 요소가 있다.

① 상품은 존재하여야 한다. 이는 일반적으로 매출 시점에 존재하지 않는 상품을 판매하지 못한다는 것을 의미한다.
② 판매자는 그 상품의 소유권을 보유하여야 한다. 이는 해당 상품이 존재하더라도 판매자가 소유하지 않으면 다른 누구에게 판매할 수 없다는 것을 의미한다.
③ 소유권을 가진 정도로는 충분하지 않다. 실질적 또는 추정적으로 판매자가 보유하여야 한다. 만일 판매자가 상품을 소유하고 있으나 자기 자신 또는 대리인에게 인도되지 않은 경우 판매할 수 없다.

위와 같은 샤리아의 일반 원칙에 두 가지 예외가 있다. 앞서 논의되었듯이 하나는 살람이고, 다른 하나는 이스티스나이다. 이 둘은 특별한 성격을 갖고 있는 판매 방식이다. 살람은 판매자가 대금을 미리 수령하므로 판매자에게 유리하다.

살람의 허용은 선도 매출을 금지하는 일반 원칙에 대한 예외이므로 일부 엄격한 조건이 요구된다. 우스마니(1999)는 살람(이연 인도 매매에 대한 판매 대금 선지급)에 관한 샤리아 원칙을 정리하였으며, 다음과 같이 요약된다.

① 살람은 판매자가 매매계약이 체결되는 시점에 미리 대금 전액을 지급받고 미래 시점에 구매자에게 특정 상품을 공급하기 시작하는 매매의 한 유형을 의미한다.

② 구매자는 매매가 유효해지는 시점에 판매자에게 대금을 전액 지불한다. 그렇지 않으면, 이는 샤리아에서 명시적으로 금지하고 있는 채무에 대하여 채무를 판매하는 것에 해당한다.

③ 분쟁의 원인이 될 수 있는 불확실성(gharar(가라르))을 배제하기 위하여 상품의 세부 사양, 품질, 수량이 정해져야 한다.

④ 인도 일자와 장소가 합의되어야 하며 당사자 간 상호 합의로 변경될 수 있다.

⑤ 살람은 아랍어인 다와툴-암탈(Dhawatul-Amthal) 측면에서 유효할 수 있는데, 다와툴-암탈은 동종이고 거래상 관례에 따라 수량을 세거나 측정하거나 무게를 재어 거래되는 것을 말하며, 허용되는 살람 상품으로 분류한다. 귀금속, 농장 동물 등과 같은 것은 살람 계약으로 판매될 수 없는데, 이는 각각의 귀금속과 개별 동물이 일반적으로 서로 다르기 때문이다.

⑥ 살람 계약의 목적물인 상품은 일반적으로 인도 시점에 사용 가능할 것으로 기대되어야 한다.

⑦ 살람은 현물거래를 반드시 동반하는 경우에 효력이 발생하지 않는다. 예를 들면, 동시에 거래 인도가 이루어져야 하는 금과 은 또는 보리의 교환이 이에 해당한다.

⑧ 살람은 특정 농장이나 대지, 또는 지목에서 생산되는 것과 연동할 수 없다.

⑨ 살람 계약에서, 구매자는 판매자가 구매자에게 인도하는 상품을 판매자가 되사도록 강제하는 계약을 할 수 없다. 그러나 인도가 이루어진 후, 구매자와 판매자는 독립적으로 자유 의지에 따라 매

매거래를 할 수 있다.

⑩ 살람 거래에서 구매자는 상품을 (실제 또는 추정적으로) 보유하기 전에 상품을 다른 사람에게 판매하거나 상품의 소유권을 이전할 수 없다.

⑪ 은행(살람 계약 구매자)은 원래의 살람 계약에 어떠한 조건이나 연동 없이 병행적 살람 계약을 체결할 수 있다. 하나의 계약에서 은행은 구매자가 되고 다른 하나의 계약에서는 판매자가 된다. 두 계약은 각각 독립적이다. 원계약의 권리와 의무가 병행계약의 권리와 의무에 의존하는 방식으로 두 계약을 결부시킬 수 없다.

⑫ 정해진 날짜에 판매자가 상품을 인도하는 것을 보장하기 위하여 은행은 판매자에게 담보나 보증을 제공할 것을 요구할 수 있다.

⑬ 복수의 상품인 경우 각각의 수량과 인도 시기는 별개로 정해져야 한다.

⑭ 고객은 상품 인도의 지연에 대하여 살람 계약상 판매자에게 위약금을 부과하도록 합의할 수 있다. 이 경우, 판매자는 합의된 일(日) 또는 연(年) 비율로 산정된 위약금을 지급할 의무가 있다. 그러나 그 위약금은 자선단체에 기부되어야 한다. 은행은 손해 배상 지급 판결을 받기 위해 권한이 있는 법원에 제소할 수 있다. 손해 배상은 화폐의 시간 가치나 기회비용이 아닌 직·간접적으로 발생한 비용을 기준으로 결정되어야 한다. 또한 은행(구매자)은 법원의 개입 없이 담보물을 처분할 수 있다.

4) 병행적 살람

앞에서 언급하였듯이, 금융기관은 살람 방식으로 상품을 구입한 후, 같은 날 인도를 목적으로 병행적 살람을 통하여 이를 판매할 수 있다. 두 번째 (병행)거래의 살람 기간은 짧으며, 가격은 첫 거래의 가격보다 다소 높을 수 있는데, 그 두 가격의 차액이 금융기관이 얻는 수익이 된다. 살람 기간이 짧을수록 가격이 높아지고 수익도 커진다. 이러한 방식으로 금융기관은 단기 자금 조달 포트폴리오를 관리한다.

만일 여러 이유로 병행적 살람이 어려운 경우, 금융기관은 제3자로부터 매입 약속을 받을 수 있다. 이것은 예상되는 구매자로부터의 편무 약속이다. 단순 약속이며 실제 매출이 없으므로, 구매자는 대금을 미리 줄 필요가 없다. 따라서 가격은 금융기관에 상품이 인도되면 확정된다. 그 상품은 약속 조건에 따라 사전에 정해진 가격으로 제3자에게 판매된다.

또 다른 옵션이 제안될 수 있다. 이는 상품을 인도일에 더 높은 가격으로 판매자에게 되파는 것이다. 그러나 이 제안은 샤리아에 부합하지 않는다. 샤리아에서는 구매자가 구입한 상품을 인도받기 이전에 판매자에게 되파는 것이 절대로 허용되지 않으며, 만일 높은 가격에 판매한다면, 이는 완전히 금지된 리바와 마찬가지가 된다. 심지어 인도 후에 판매자에게 되파는 경우에도 원래의 매매 시점에 이를 정하여서는 안 된다. 이러한 제안은 샤리아에서 허용되지 않는다.

5) 살람과 일반 이자 기반 금융의 비교

〈도표 2.12〉에서 일반 은행의 운영 방식과 예금자 및 대출자와의 관계를 살펴보고, 이슬람 은행의 살람 금융 방식과 비교하였다. 〈도표

2.13〉은 살람의 업무 흐름도를 보여준다.

〈도표 2.12〉 일반 이자 기반 금융과 살람 금융 비교

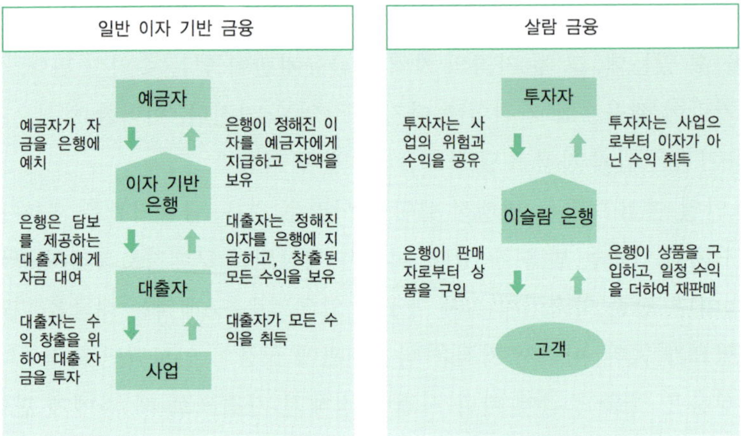

〈도표 2.13〉 살람 업무 흐름도

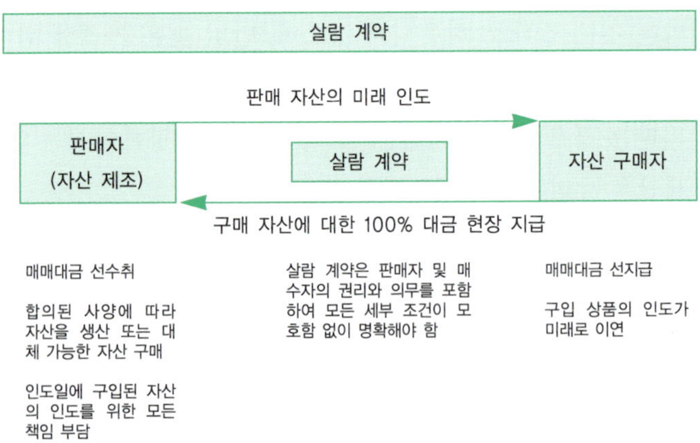

참고문헌

우스마니(Usumani, T.U.), 『이슬람 금융 소개서』(*An Introduction to Islamic Finance*), 이다라툴 마아리프(Idaratul Ma'arif), 카라치, 파키스탄, 1999.

Chapter 3

샤리아법
-샤리아법은 변호사들의 전유물이 아니다

샤리아의 법원(法源)

샤리아법의 첫 번째 법원은 성 꾸란(the Holy Qur'an)이다. 두 번째 법원은 순나(Sunnah) 또는 예언자 모하메드의 행적이며 예언자 모하메드는 다음과 같이 설명하였다.

"나는 너희에게 두 가지를 남긴다. 알라(Allah)의 책과 예언자의 순나(Sunnah), 그 두 가지를 확고히 붙잡고 있는 동안 너희들은 길을 잃지 않을 것이다."

세 번째 법원은 울레마(Ulema) 간 합의인 이즈마(Ijma)로 분류될 수 있다. 네 번째 법원은 유비 추론인 끼야스(Qiyas)이다.

샤리아법
-샤리아법은 변호사들의 전유물이 아니다

1. 샤리아란 무엇인가?

이슬람 금융에 적용되는 법체계는 샤리아법(Sharia'a law)이며, 샤리아법 원칙의 해석은 변호사들만을 위한 주제가 아니다. 당연히 샤리아법의 해석은 이슬람 금융의 원칙들을 이해하고자 하는 사람들에게 필수적이다.

샤리아(Sharia'a)는 아랍어로 "따르는 길"을 의미한다. 문자 그대로 그것은 "물이 있는 곳으로 가는 길"을 의미한다. 그것은 아랍어로 신을 의미하는 알라에게 인도되는 길뿐만 아니라 그의 사자인 예언자 모하메드를 통해 창조자 알라 그 자신이 보여준 길이라고 모든 무슬림들이 믿는 길이다. 이슬람에서 알라는 유일한 절대자이며, 인류를 인도하기 위한 길을 (미리) 정할 권리가 있다. 따라서 무슬림들은 인간이 알라 외에 다른 이로부터 노예 상태에서 해방시켜 주는 것은 오로지 샤리아를 따르는 것이라고 믿는다.

그러므로 샤리아에서 알라는 율법을 부여하였고, 전(全) 이슬람 공동체인 움마(Ummah)는 단지 그의 수탁자(trustee)에 불과하다는 사실을 분명하게 강조한다. 왜냐하면 움마는 절대적인 입법 특혜(prerogative)가 아니라 파생적인 입법 권력을 누린다는 원칙이 있기 때문이다. 이슬람 세계는 공통 목표와 운명을 가지고, 종교적이며 세속적인 모든 문제에 대하여 보편적인 이데올로기로 움직이는 하나의 거대하고 동질적인 민족들로 구성되어 있다. 무슬림 전체의 움마는 알라의 통치권과 샤리아에 따라 생활하고 제도를 운용하며, 모든 구성원들은 이에 복종해야 한다. 이러한 시스템은 국법과 병행하여 운영된다.

샤리아 문제에 관하여 심도 있는 의견을 낼 수 있는 모든 무슬림은 필요시 알라의 법을 해석할 권리가 있다. 이러한 의미에서 이슬람은 민주주의라고 할 수 있다. 그러나 알라 또는 그의 예언자의 명령이 명백하게 존재하는 경우에는 무슬림 지도자나 입법기관, 또는 종교학자라도 이를 달리하여 판단을 내릴 수 없다. 심지어 무슬림 전원이라 할지라도 이에 대하여 약간의 변경을 가할 권리가 없다.

샤리아는 알라의 성서와 순나(Sunnah)로부터 파생하는 법률의 제정 기능을 가진 법학자 위원회인 울레마(Ulema) 또는 푸카하(Fukaha)에서도 나타난다. 새로운 법들은 시대와 상황의 필요성에 따라 오직 샤리아법의 지도 원리를 배운 자들에 의해 제정된다.

그러나 이슬람 법체제의 근본적인 원리는 이슬람법이 입법을 열렬하게 찬성하는 자들의 관심에 따라 의회에서 통과되는 것이 아니라는 데 있다. 이슬람법은 샤리아에 견고한 기반을 두고 있으므로 서로 논쟁하는 정치인들이 아니라 냉철한 이슬람 법학자들의 산물이다.

다른 법체제와 샤리아의 차이점은 샤리아의 근원이 꾸란과 순나라는 점인데, 꾸란과 순나는 움마 전체에게 주어진 선물이다. 따라서 움마는 전체로서 총괄하여 정의를 구현할 책임이 있다.

이 점에서 차별화되는 중요한 핵심은 샤리아에서 정의는 알라의 이름으로 구현된다는 것이다.

2. 샤리아의 주요 법원

샤리아는 무슬림들에게 이상적인 행동 양식 내지는 순결한 삶의 방식으로 여겨지기 때문에, 대개 서구적인 개념의 법체계보다 훨씬 폭넓은 목적과 범위를 가지고 있다. 샤리아는 알라와 사람, 사람과 사람 간의 관계를 조정하는 것을 목적으로 한다. 이는 샤리아법이 이슬람 윤리와 분리될 수 없는 이유이기도 하다. 꾸란의 다양한 명령을 계시하는 과정에서 무슬림들은 사회적, 윤리적 또는 종교적으로 난제가 생기거나 무슬림들의 삶에 파급 효과가 큰 중요한 문제에 관하여 예언자들끼리 상의할 때에 그 계시가 내려진다고 믿는다.

꾸란의 학자들은 500여 개의 많은 율법 명령에 관한 구절을 연구해 왔다. 꾸란은 결혼, 일부다처제, 생활비, 배우자의 권리와 의무, 이혼, 이혼 후 칩거 기간, 양육, 계약, 대출, 예금, 도량형, 치료, 맹세 및 서약, 처벌, 유언, 상속, 평등, 박애, 자유, 정의, 이상적인 기준, 인권, 전쟁과 평화, 사법, 행정 등을 다룬다.

꾸란의 명령들(Qur'anic injunctions)은 샤리아에 기원을 두고 있으며, 순나에 의해 상세히 설명되고 실생활에 적용할 수 있게 된다. 순나는 문자 그대로 삶의 방식, 실천, 규칙을 의미하며, 예언자 모하메드의 언행뿐만 아니라 모범적인 행동이나 행동 모델을 가리킨다. 따라서 순나는 꾸란 다음으로 권위 있는 샤리아의 중요한 법원이 되었다.

샤리아에 조예가 깊은 법학자들 간의 의견 합의를 일컫는 이즈마(Ijma)는 샤리아의 발전과 재구성을 반영하는 광범위한 수단을 제공하기 때문에 샤리아법에서 중요한 역할을 한다. 끼야스(Qiyas) 또는 유비 추론은 사회의 다양한 문제를 해결하는 수단을 제공하므로, 특히 수니 무슬림들(Sunni Muslims)에게 이슬람 법체계의 한 법원(法源)으로서 인정받고

〈도표 3.1〉 **샤리아의 법원**

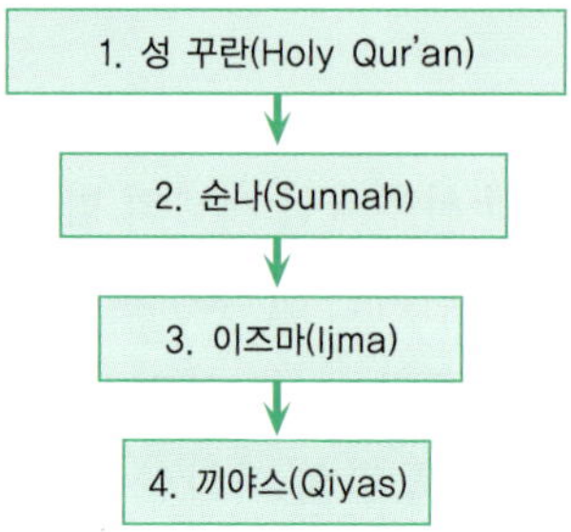

있다. 이와 같은 유추는 매우 엄격하면서 체계적인 원리에 기반을 두고 있다. 〈도표 3.1〉은 샤리아의 네 가지 법원의 체계를 보여준다.

샤리아는 위 네 가지 법원들과 함께 끼야스에 대비된 이스티흐산(Istihsan) 또는 법적 자유재량이나 형평성도 고려한다. 이는 전체 이슬람 법체계에 융통성을 제공하는 데 유용하다. 무언(無言)의 복리인 알-마살리 알 무르살라(al-Masalih al Mursalah), 즉 공공복리와 샤리아에서 구체적으로 정의되지 않는 문제들, 또한 샤리아 체계의 일부가 되었다.

샤리아의 기본 원리는 다음과 같이 요약될 수 있다.

① 사회의 이익은 개인의 이익에 우선한다.
② '고난의 제거'와 '이익의 증진'은 모두 샤리아의 주요 목적이지만 전자가 후자에 우선한다.
③ 작은 손실을 줄이기 위해 보다 더 큰 손실을 유발할 수 없으며, 거꾸로 작은 이익이 보다 큰 이익을 위해 희생될 수 없다.

1) 꾸란: 샤리아의 근본 법원

꾸란은 예언자 모하메드의 기적이자 그의 예언자적 지위에 대한 증명이며 신성한 기원에 대한 증거라고 믿어진다.

꾸란의 어원은 아랍어로 'qara'a,' 즉 '읽다'라는 동사의 명사 형태이며, 문자 그대로 독서나 낭독을 의미한다. 예언자 모하메드에게 아랍어로 계시되고 계속적인 증거에 따라 전해 내려오는, 신의 음성을 담은 책으로도 정의될 수도 있다. 그리고 모하메드의 예언에 대한 증거이자, 무슬림들에게 가장 권위적인 안내서이며, 샤리아의 첫 번째 법원이다. 울레마(Ulema)들은 꾸란에 만장일치를 표하며, 심지어 어떤 이들은 이를 유일한 법원이고 다른 모든 법원들은 꾸란을 설명하기 위한 것일 뿐이라고 주장한다. 꾸란의 핵심적인 속성 다섯 가지는 다음과 같이 요약할 수 있다.

① 예언자 모하메드에게만 계시되었다.
② 문언 기록으로 남아 있다.
③ 보편적으로 정확히 보고되었다(무타와티르(mutawatir)).
④ 모방할 수 없는 신의 음성이다.
⑤ 살라(Salah), 즉 기도에서 인용된다.

꾸란의 첫 번째 계시는 모하메드가 41세였던 라마단 15번째 밤에 시작되었다. 첫 번째 수라(Sura, 장)는 히라(Hira) 동굴에서 "한낱 핏덩이에 불과하였던 인간을 창조한 당신의 신의 이름을 불러라. 당신의 신이 가장 너그럽다고 선포하라"라는 운문으로 계시되었다.

꾸란은 약 23년에 걸쳐 천사장 가브리엘의 중재를 통해 점차 인류에게 전파되었다.

꾸란에는 길이가 균일하지 않은 114개 수라와 6,235개 아야트(ayat, 절)가 있다. 수라는 가장 짧게는 4개 아야트로, 가장 길게는 286개 아야트로 구성되어 있다. 각 단원은 독립적인 제목을 가지고 있다. 가장 긴 수라는 처음에 나오고, 본문 뒤로 갈수록 짧아진다.

앞서 언급한 바와 같이, 꾸란은 천사 가브리엘에 의하여 신의 언어로 신으로부터 예언자 모하메드에게 전해지는 소통으로서 분명한 계시로 이루어져 있다. 예언자는 각성 상태에서 계시를 받게 되므로 꾸란의 어떠한 부분도 내적 영감이나 꿈에서 비롯되지 않는다. 신이 예언자에게 영감을 주면 예언자는 자신의 말로 그 개념을 전한다. 예언자의 모든 격언, 또는 하디스(hadith)는 내적 계시로 분류되고 엄밀한 의미에서 꾸란에 포함되지 않는다.

울레마는 꾸란의 전체 본문이 무타와티르라는 데 동의하는데, 이는 꾸란의 진정성이 보편적으로 받아들여지는 증거에 따라 증명된다는 것을 의미하며 여러 세대에 걸쳐 기억과 기록문서로서 전승되었다.

꾸란은 예언자 모하메드가 살아 있는 동안 그의 기억뿐만 아니라 평평한 돌, 나무, 뼈 위에 새겨져 보존되었으며, 이는 왜 꾸란이 정장본으로 만들어지지 않았는지 설명해 준다. 첫 칼리프(Caliph)인 아부 바크르(Abu Bakr)는 야마마(Yamamah) 전투 직후 꾸란을 기억하는 사람들이 최소 70명가량 전사하자 꾸란을 모으기 시작하였다. 꾸란 기록자 자이드 이븐 타비트(Zayd ibn Thabit)는 본문을 편집하는 작업에 고용되어, AH(모하메드 기원) 11년에서 14년 사이에 이 작업을 완수하였다. 그러나 이후 꾸란의 여러 가지 변형본이 나타났고, 이에 세 번째 칼리프인 우스만(Uthman)은 다시 한 번 자이드의 편집 작업에 기반하여 꾸란의 정확성을 입증하고 이를 한 권의 책으로 엮어냈으며, 남아 있는 모든 변형본은 말소하였다. 그리하여 오늘날 오직 하나의 진본만이 남게 되었다.

꾸란의 6,200개가 넘는 아야트 중에는 법률에 관한 내용이 10분의 1

도 되지 않으며, 대부분은 신앙과 도덕, 믿음의 다섯 기둥(the five pillars of the faith)신앙고백(Shahada), 기도(Salat), 자선(Zakat), 라마단 금식(Sawm) 및 성지 순례(Hajj)를 말하는데, 무슬림으로서 정체성을 세우는 중요한 종교적 원칙이다.과 기타 다양한 주제를 다루고 있다. 법률을 포함한 경제적 · 사회적 정의는 종교에 부차적인 것이다.

2) 순나: 샤리아의 두 번째 근본 법원

순나(Shnnah)는 명백한 길, 또는 밟아 다져진 길을 뜻하지만 규범적인 관례나 정해진 행동 방침을 의미하기도 한다.

이슬람의 영향을 받기 이전 아랍인들은 순나라는 단어를 조상 대대로 내려오는 공동체의 관행들이라는 의미로 사용하였다.

꾸란에서 순나는 관행 또는 행동 방침을 의미한다.

앞서 말하였듯이 이슬람의 주요 법원은 꾸란이다. 꾸란은 모든 무슬림들에 대한 알라의 말씀이다. 꾸란은 무슬림들에게 삶의 중요 규율을 제시하였으나, 실제 삶의 지도에 있어 필수적이나 다루지 않는 문제들도 있다. 이 경우 명백한 것은 모하메드가 정한 관습 또는 관행, 즉 순나를 따르는 것이다. 이슬람 고유의 문제에 대해서는 예언자 모하메드의 동시대인(contemporaries) 내지 교우(companions)로서 예언자 모하메드가 정한 관습에 따라 행동하였던 초창기 신자들의 관습이 있었다. 이에 따라 초창기 무슬림들이 처했던 다양한 문제들과 관련하여 순나에 관한 기록들이 발생하게 된 것이다.

순나는 행동 방식, 규범, 예절 또는 생활 양식을 의미한다. 그 결과 이슬람에서는 예언자의 삶에 대해 극히 세부적인 사항까지 살피고 전하는 일을 하는 사람들이 생겨났다.

예언자 모하메드 사후, 그의 격언과 행동에 대한 기록이 회자되기 시작하였는데, 그의 격언들은 사하바(Sahaba)모하메드 생전에 고락을 함께 하면서 이슬람교의 초석을 일군 사람들로서 모하메드를 한 번이라도 접한 모든 사람을 의미하며, 그의 언행을 직접 견문하였다는 데 의미가 크다. 로부터 수집되어 늘어났고, 선택과 표준화가 이루어지게 되었다. 이러한 격언들에 관한 기록은 하디스(hadith)라고 불린다.

하디스는 꾸란 다음 가는 두 번째 기둥으로서 그 위에 모든 무슬림들의 신앙과 삶의 구조를 지지하고 있다. 보편적으로 전통을 의미하며, 사건을 보고 들어서 사람들에게 전달되는 격언을 의미하는 '하디스' 라는 단어에서 알 수 있듯이, 전통의 근간은 과거로부터 구전되어 전해졌다.

순나는 하디스의 울레마에게 예언자의 행동과 격언, 예언자가 암묵적으로 승인한 것으로부터 진술한 모든 것뿐만 아니라 예언자의 신체적 속성과 기질을 설명하는 모든 기록들을 언급한다.

울레마가 순나와 하디스를 거의 혼용해 왔다는 사실에도 불구하고, 두 개념은 각각 고유의 의미를 가지고 있다. 문자 그대로 하디스는 사건의 사실에 기반을 둔 설명을 구성하고 있는 서술, 소통 또는 소식을 의미한다. 이 단어는 꾸란에서 자주 등장(23번)하며, 모든 경우에 진술 또는 소통의 의미를 가지고 있다. 이슬람 초기에는 예언자의 사후 그의 삶과 활동과 관련된 이야기들이 모든 종류의 서술에서 지배적이었기 때문에, 하디스는 예언자의 진술 내지 격언에서 사용되기 시작하였다.

하디스는 예언자의 행동에 대한 진술로서, 이로부터 추론되는 본보기나 법률을 뜻하는 순나와 구분된다. 이러한 의미에서 하디스는 순나의 수단이나 매개체인 반면, 순나는 더 넓은 개념으로서 예언자의 하디스뿐만 아니라 공동체의 기존 관습까지 다루고 있다.

(1) 꾸란과 순나의 차이점은 무엇인가?

꾸란은 예언자의 생애 처음부터 끝까지 글로 기록되었으며, 예언자는 꾸란이 그가 받은 신성한 계시를 보존한 것임을 확인하였다. 예언자는 그 자신의 순나가 꾸란과 혼동되어서는 안 된다고 명백히 밝혔다. 이는 실제로 그가 사명의 첫 단계에서 꾸란과 혼동하지 않도록 그의 교우들이 순나를 문서로 기록하는 것을 막았던 주요 이유였다. 반면 순나는 대체적으로 예언자의 가르침에 대해 기록하지 않았던 모하메드의 교우들의 기억 속에 주로 남았으며, 관련 문헌에서는 소수의 교우들이 기록과 사적인 수집을 통해 예언자의 하디스에 대한 모음집들을 보유하고 있고 암시하기도 한다.

(2) 순나에 우선하는 꾸란

순나가 꾸란에 이은 샤리아의 두 번째 법원이므로 이슬람 율법학자는 꾸란과 순나 사이의 우선 순위를 준수할 의무가 있다. 그러므로 법학자는 특정 문제에 대한 해결책을 찾는 경우 꾸란에서 어떠한 지침도 찾지 못할 경우에만 순나를 따라야 한다. 꾸란에 명백히 나타나 있다면 반드시 꾸란을 따라야 하며, 상충 소지가 있는 경우 꾸란이 순나에 우선해야 한다. 순나에 꾸란이 우선하는 이유는, 꾸란은 완전히 명백한 계시로 구성되어 있는 반면 순나는 주로 내적인 계시로서 전해지는 것이기 때문이다.

우선 순위에 관한 또 다른 이유는 진정성과 관련이 있다. 꾸란의 진정성은 의심의 여지가 없다. 즉, 꾸란은 진정성 측면에서 결정적이므로 순나보다 우선한다.

3) 이즈마(합의): 샤리아의 제1차적 부차 법원

앞서 말하였듯이, 샤리아의 주요 법원은 꾸란과 순나이다. 부차적인 법원으로는 이즈마(Ijma), 끼야스(Qiyas), 이즈티하드(Ijtihad)가 있으며, 이들은 성 꾸란의 법률적 명령과 예언자 모하메드의 순나로부터 유래하였다. 이즈마는 예언자 모하메드의 사후에, 이슬람 공동체인 움마의 울레마 간 의견 합의를 일컫는다.

이즈마는 모하메드의 교우인 사하바(Sahaba)들의 의견 일치 또는 무프티스(Muftis, 이슬람 법학전문가)들의 다양한 이슬람 문제들에 대한 결정된 합의로 정의될 수 있다.

꾸란과 순나와 달리 이즈마는 직접적인 계시 방식을 취하지 않는다. 이즈마는 아랍어 동사 아즈마(ajma'a)의 명사적 형태로, 어떠한 것을 결정하고 합의하는 것을 의미한다. 이즈마의 두 번째 의미는 어느 것에 만장일치의 동의가 있을 때마다 그것이 결정이 된다는 것으로 이즈마의 첫 번째 의미를 포함한다.

이즈마는 예언자 모하메드의 사후 일정한 기간에 어떠한 문제에 대한 무슬림 공동체의 만장일치로 정의된다.

따라서 이즈마는 오직 예언자 모하메드의 사후에 발생하였다는 것을 분명히 알 수 있다. 생전에 그는 단독으로 샤리아에 대한 최고의 권위자였다. 따라서 다른 사람들의 동의나 반대는 그의 최우선적인 권한에 영향을 미치지 않았고, 이즈마는 메디나(Medina)에서 그의 교우들 간에 최초로 발생하였을 가능성이 높다.

예언자가 세상을 떠난 이후에, 교우들은 그들이 조우한 문제들에 대하여 서로 논의하였고, 그들의 집단적인 합의는 공동체에서 수용되었다. 교우들이 사망한 이후에는 이 리더 역할이 다음 세대 계승자, 그리고 그 다음 세대 계승자 등으로 이어졌다. 이후 계승자들이 어떠한 문제에 대해 이견이 발생할 때면 자연스럽게 모하메드의 교우들과 그 계승자들의 관점과 관행을 거론하였고, 이러한 방식으로 이즈마 이론의 발전을 위한 비옥한 여건이 마련되었다.

이즈마의 본질은 자연 발생적인 사고에 있다. 각 법학자들의 개인적인 견해로부터 시작되어, 결국 일정 기간에 걸쳐 특정 의견에 대한 보편적인 수용에 다다르게 된다. 의견의 차이는 합의에 도달할 때까지 받아들여진다.

이즈마는 권한을 나타내며, 한 번 이즈마가 성립되면 그 자체로서 권한이 되는 경향이 있다.

4) 끼야스(유추): 샤리아의 제2차적 부차 법원

끼야스(qiyas)는 어떠한 것의 길이, 무게, 품질을 측정하거나 확인하는 것을 의미한다. 끼야스는 또한 균등성 또는 유사성을 제시하는 관점을 가지고 서로 비교하는 것을 의미한다. 따라서 끼야스는 두 가지 사이의 균등성 내지 밀접한 유사성을 뜻하는데, 그 중 하나가 다른 하나를 평가하는 기준으로서 받아들여진다.

엄밀히 따지면, 끼야스는 나중에 발생한 것이 이전에 발생한 것과 동일한 실질적인 원인을 가지고 있다는 근거에 따라, 샤리아에서 새로운 문제에 적용할 수 있도록 확장시키는 것이다. 본래의 경우는 주어진 원전에 따라 규율되며, 끼야스는 원전에 그 판단이 제시된 다른 사건의 판단과 유사한 판단을 새로운 사건에 확대 적용하게 한다. 끼야스의 적용은 원래의 사건과 새로운 사건 간에 실질적 원인의 공통성 또는 일라('illah)의 덕목에 따라 정당화된다. 유추에 도움을 받는 경우는 새로운 사건의 해결책을 꾸란과 순나 또는 분명한 이즈마에서 찾을 수 없을 경우에만 정당하다.

끼야스는 이슬람의 신학 용어로 유추나 유비 추론으로 정의되며, 무슬림들의 복지와 관련된 어떠한 쟁점에 관한 법률에서 논리적인 결론에 도달하기 위하여 도입한 법리이다. 그러나 이를 이행하기 위해서는 꾸란, 순나, 이즈마에 반드시 근거를 두어야 한다.

이 법리는 이라크에서 하나피학파(Hanafi School)의 창시자인 이맘(Imam, 지도자) 아부 하나피(Abu Hanifah)에 의해 도입되었는데, 그 이유는 엄격한 이슬람 원칙들에 대한 지나친 생각 또는 탈선을 제한하려는 의도와 관련이 있다.

압바스 왕조(Abbasids) 때(기원전 750~1258) 사람들은 논리학, 철학, 어원학, 언어학에 관한 다양한 서적뿐만 아니라 문학과 마음을 부패시키고 타락시킨다는 논쟁이 있었던 외국 서적을 읽었다. 그들은 이슬람 법학에 관하여 외국 문헌에서 연구되었던 것들을 적용하고자 하였다. 멀리 타지에서 새로운 무슬림들은 현지의 철학적 세계관과 문화, 심지어 이슬람 역할에 관한 종교적인 개념들까지 적용하고 있었다. 아부 하나피는 그들의 지나친 사고 방식을 제한하고 이슬람 원칙들이 반드시 일관성 있게 유지되도록 하기 위해 끼야스를 도입하였다.

예언자 모하메드의 교우들은 생전에 유추에 관하여 다양한 결론에 도달하였다.

일례로 과도한 음주자에게 가해지는 처벌을 살펴보자. 사이드나 알리(Sayyidna Ali)는 "술을 마시는 자는 취하고, 취한 자는 헛소리를 해대며, 헛소리를 하는 자는 거짓으로 사람들을 고발하는데, 사람들을 거짓으로 고발한 자는 80대의 매를 맞아야 한다. 따라서 술을 마시는 자는 80대의 태형에 처해야 한다"는 결론을 내린 바 있다. 학자들이 꾸란의 명령이나 예언자의 순나에 반하지 않는 선에서 샤리아법에 관한 논리적인 결론을 도출하는 데 끼야스를 사용하는 것은 전적으로 허용된다.

5) 이즈티하드

아랍어로 이즈티하드(Ijtihad)는 스스로의 판단에 도달하기 위한 노력 또는 연습을 의미한다.

가장 넓은 의미로 이즈티하드는 샤리아법을 정교하게 다듬고 설명하는 데 있어 인간의 이성을 사용하는 것을 말한다. 이즈티하드는 꾸란의 구절 해석에서부터 아하디스(ahadith)hadith의 복수(예언자 무하마드의 언행에 관한 구전 전승을 기록한 언행록)의 진정성 평가까지 다양한 정신 과정을 다룬다. 끼야스 또는 유추는 이즈티하드의 특별한 유형으로서, 과거에 명시적으로 규제되지 않았던 새로운 문제점을 해결하기 위해 꾸란, 순나 및 이즈마를 확대 해석하고 응용하여 확립된 원칙에 따른 방법이다.

그러므로 이즈티하드는 법적 문제에 대해 논리적 결론에 도달하고, 이슬람 율법 계율의 유효성과 관련한 결론을 연역해 내는 추론 활동이다.

어떠한 형태의 이즈티하드라도 그 출발점을 꾸란, 순나 또는 이즈마의 원칙에 두어야 하며, 이 세 가지 근본 법원에 따라 확립된 원칙을 거스르는 결론에 도달해서는 안 된다. 새로운 사안이 등장할 때마다 만약 유효한 근거가 양쪽 사안에서 일반적이라면 꾸란, 순나 또는 이즈마에서 다루어지는 원론적 사안들을 가지고 끼야스에 따라 추론할 수 있게 된다.

Chapter 4

샤리아 위원회 –역할, 책임 및 위원 자격

샤리아 위원회는 이슬람 은행 및 금융기관에 필수적이며, 일반 금융과 차별화되는 핵심 요소 중 하나이다. 본 장에서는 샤리아 위원회의 기능, 책임 및 위원 자격을 중점적으로 다룬다.

샤리아 위원회
-역할, 책임 및 위원 자격

이슬람 금융업의 궁극적인 결정권자는 규제기관이나 은행업자나 관계자들이 아니라, 꾸란과 법학에 정통한 소수의 선택된 금융적인 학자들이다.
이는 2008년에 샤리아에 부합하는 금융을 선도하는 학자인 셰이크 토끼 우스마니(Sheikh Toqi Usmani)가 많은 이슬람 채권 또는 수쿡(Sukuk)이 일반 채권을 모방하는 정도가 지나치다고 발표하여 금융시장에 파장을 주었을 때 분명해졌다.

출처: 2009년 5월 4일자 타임즈(*The Times*).

나는 알라의 사자가 할랄(Halal, 허용되는)과 하람(Haram, 금지되는)을 명백히 하라는 것을 들었다. 그러나 양자 사이는 명확하지 않고 불확실하다는 점이 문제이다. 대부분의 사람들은 어느 것이 할랄 또는 하람으로부터 비롯되었는지 알지 못한다. 그래서 그는 그의 종교를 수호하기 위하여 그와 같은 문제들에 대해 남겨두었으며, 그의 완전성은 진정 그 자신을 구원하였다. 남의 영토에 있는 동물을 탐하는 자가 그곳에 들어갈 가능성이 있는 것과 같이 어느 정도 의문스러운 문제에 개입한 자는 곧 하람과 연관되게 될 것이다. 주의하라! 왕은 각자 영토를 가지고 있다. 조심하라! 그렇다면 알라의 (금지된) 영토는 곧 금지인 것이다.

출처: 바히르(R. A. Bahir)가 서술한 하디스(Hadith).

1. 샤리아의 목적

샤리아는 이미 제3장에서 다루었으나, 이슬람 금융에 대한 이해에 있어 매우 중요하기 때문에 되풀이해볼 필요가 있다.

샤리아법의 밑바탕이 되는 원리의 이해는 다음의 아하디스(ahadith, hadith의 복수형)에서 볼 수 있다.

"샤리아의 근본은 내세뿐만 아니라 현세에서 사람들의 지혜와 행복에 있다. 이 행복은 완전한 정의, 자비, 복지와 지혜 속에 있다. 정의를 억압으로, 자비를 무자비로, 행복을 불행으로 만드는 그 어느 것도 샤리아와 관련이 없다"(이븐 알-카임(Ibn Al-Qayyim)).

"샤리아의 가장 큰 목적은 신뢰, 삶, 지적 능력, 그리고 번영과 재산을 지키려는 사람들의 복지를 향상시키는 것이다. 이러한 목적을 보장하는 모든 것들은 공공의 이익을 제공하므로 바람직하다고 볼 수 있다."

1) 샤리아: 이슬람 금융의 핵심

이슬람 은행업의 기원은 샤리아, 즉 이슬람 율법이다. 참고 4.1은 이슬람 은행업에서 사용되는 샤리아의 주요 개념들에 대한 정의를 보여준다.

무슬림의 신앙과 믿음에 따르면, 이슬람교는 알라의 예언자, 모하메드에 의해 만들어진 종교이며, 현세의 일상적인 활동과 사후세계에 이르기까지 모든 면을 두루 포함하는 종교이다.

이슬람교의 가르침은 개인, 가족, 사회, 국가를 넘어 움마(Ummah) 수

참고 4.1 샤리아 용어

샤리아(Sharia'a): 샤리아 금융상품은 이슬람 율법의 모든 조건을 충족해야 한다. 이를 위해 금융기관은 일반적으로 샤리아 위원회를 둔다. 이 위원회는 대개 샤리아를 준수하는 상품 개발을 지도하고 감독할 수 있는 이슬람 학자들로 구성되어 있다.

샤리아 학자(Sharia'a scholar): 독립적인 전문가이자 전통적인 정규 교육을 받은 이슬람 법학자로서, 이슬람 금융기관이 금융상품 및 서비스의 샤리아 적합성을 자문하기 위하여 임명한다. 어떤 조직에서는 샤리아 학자들에게 개인별로 자문을 구하지만, 대부분 조직에서는 샤리아 학자들로 구성된 위원회를 설치한다.

샤리아 적격성(Sharia'a compliant): 샤리아법이 준수되는지 보장하는 활동. 이 개념은 종종 이슬람 은행업에서 'Islamic'과 동의어로 사용되며, 그 예로 샤리아에 부합하는 금융 또는 투자가 있다.

〈도표 4.1〉 이슬람, 샤리아, 무아말라트 및 은행과 금융

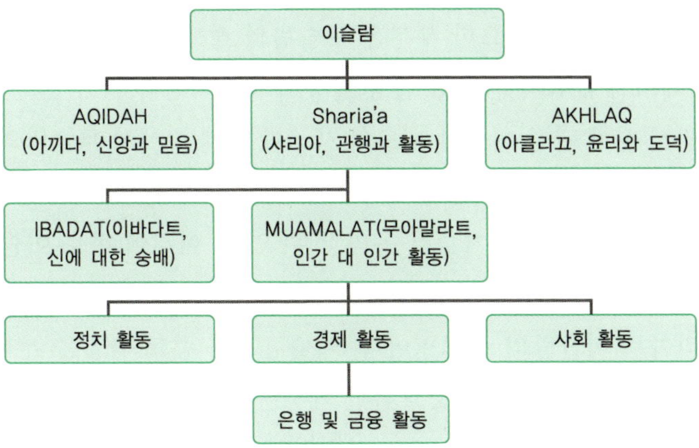

준에서 무슬림의 경제적 복지와 발전의 핵심을 담고 있다. 〈도표 4.1〉은 무슬림의 삶에 대한 관점과 그 틀 안에서 경제 활동과 은행 및 금융 활동이 이루어지는 영역을 설명하고 있다.

〈도표 4.1〉에서 볼 수 있듯이, 이슬람교는 세 가지 기본 요소로 구성되어 있다. 첫 번째 요소는 아끼다(Aqidah)로서 알라의 존재에 대한 근본적인 신앙에서부터 행동 규범인 아흐캄(Ahkam)에 대한 일반적인 믿음, 즉 알라와 그의 뜻에 대한 모든 형태의 신앙과 믿음에 관련되어 있다. 두 번째 요소는 샤리아로서 무슬림이 신앙과 믿음을 보이는 모든 형태의 실질적인 행위를 말한다. 마지막 요소는 아클라끄(Akhlaq), 즉 무슬림이 일상생활을 수행할 때의 태도 및 윤리를 말한다.

무슬림의 일상생활에 대하여 샤리아는 이바다트(Ibadat)와 무아말라트(Muamalat)로 대별할 수 있다.알라에 대한 숭배 행위는 이바다트이며, 일상생활의 인간 관계, 예를 들어 혼인 · 상속 · 계약 · 매매 · 재판 · 형벌 등을 규제하는 인간 사회의 의무 관계가 무아말라트이다. 여기서 이바다트는 알라 대 인간의 관계에서 알라에 대한 예배의 실제 행위와 관련이 있다. 그러나 무아말라트는 인간 대 인간의 다양한 관계 속에서 실제 일상생활과 연관되어 있다.

무아말라트에서 중요한 부분은 무슬림의 경제 활동 행위이다. 경제 체제 내에서 무슬림의 은행 및 금융 활동이 이루어진다.

따라서 삶에 관한 이슬람 제도와 샤리아 체계 속에서 무슬림의 은행 및 금융 활동은 경제 활동을 통해 무아말라트, 샤리아, 이슬람교, 그리고 최종적으로 알라에게로 거슬러 올라갈 수 있다. 이것이 바로 이슬람 은행과 금융의 기원이다.

샤리아는 이슬람의 종교법이다. 이슬람교가 종교와 삶을 분리하지 않기 때문에 샤리아법 또한 종교적인 의식뿐만 아니라 삶의 모든 문제를 다루고 있다. 전통법(canonic law)의 실질적인 집대성(codification)은 엄밀한 의미의 법학과 소위 법학의 근본(우술 알-피끄(usul al-fiqh))앞 장에서 살펴보았듯이 이슬람 고전 이론에서 네 가지 법의 근원은 꾸란 · 순나 · 이즈마 · 끼야스다.이 동시에 진화한 결과이다.

이슬람교가 형식을 갖추어 가는 과정에서 다음 네 가지 근원의 권위에 대한 일반적인 합의가 갖추어졌다. 네 가지 근원에는 입법 부분의 꾸란, 하디스와 관련된 예언자의 예시, 이슬람교도들의 합의(이즈마(Ijma)), "우리 공동체는 잘못된 판단에 대해서는 동의할 수 없다"(My nation cannot agree on an error)라고 규정한 모하메드의 격언에 기반한 전제, 그리고 끼야스가 있다. 이러한 개념들에 대해서는 제3장에서 다루었다.

다른 중요한 원리는 이즈티하드(Ijthad)이며, 샤리아에 전례가 없고 끼야스로도 설명되지 않은 상황들까지 확장되는 것이다.

이러한 근원들은 행동 양식을 확립하고 개인과 사회적 행동에 대한 평가 수단을 제공한다.

모든 행동에 대한 기본적인 규율은 다섯 가지로 구분되는데, 여기에는 의무적인(obligatory), 칭찬할 만한(meritorious), 허용되는(permissible), 부끄러울 만한(reprehensible), 그리고 금지된(forbidden) 이슬람교의 행동 방식이 해당된다.

이슬람 역사 속에서 많은 율법학파들이 생겨났는데, 오늘날 수니 이슬람교에는 4개의 학파가 특정 지역에서 독점 지역을 형성하며 공존하고 있다. 북서 아프리카의 말리키학파(Maliki), 터키 지방의 하나피학파(Hanafi), 이집트 · 동아프리카 · 동남아시아 등지의 샤피이학파(Shafii) 및 사우디아라비아의 한발리학파(Hanbali)가 그 예이다.

시아파 법학(Shiite jurisprudence)은 흔히 자파리(Jafari)라고 불리며, 이들은 특정 의식과 관행에 따라 차이를 보이지만, 서로 배타적이라기보다는 상호 보완적으로 존재한다고 여겨진다.

2) 샤리아법 제도의 준수

이슬람교는 삶을 규율하면서 아흐캄(ahkam), 즉 규범이나 가치를 신자들에게 부과한다. 이러한 법률이나 가치는 인간이 만든 것이 아니라, 알라가 정한 것으로 샤리아의 법원에서 기원한다.

샤리아의 두 가지 근본 법원은 꾸란(Qur'an)과 순나(Sunnah)이다.

샤리아법은 무슬림의 행동 방식에 대하여 다음 다섯 가지로 정리하였다. 이 다섯 가지 인간 행위의 분류로 샤리아법 체계가 형성된다.

① 파르드(Fard) 또는 와지브(Wajib): 강제적인 의무로서 이행하지 않으면 처벌의 대상이 된다.
② 만두브(Mandub) 또는 무스타하브(Mustahab): 이슬람에서 포상받는 행위이며, 이행하지 않아도 처벌되지는 않는다(일종의 권장 행위).
③ 조이즈(Joiz) 또는 무바(Mubah): 법률의 무관심 영역에서 허용되는 행위알라의 관심이 결여된 행위로 '무관심'이라고 하며, 칭찬하나 보상하지 않고 꾸짖으나 벌하지 않는 행위를 말한다.이다.
④ 마크루(Makruh): 이슬람에서 반감을 사지만 처벌받지 않는 행동으로 회피할 경우에는 보상을 받는다.
⑤ 하람(Haram): 절대적으로 금지되고, 이를 행할 경우 처벌을 받는다.

이슬람 금융 활동은 무아말라트의 한 부분에 속하므로 샤리아법의 적용을 받는다.

2. 샤리아 감독위원회

이슬람 금융 활동의 샤리아법 준수를 보장하기 위해서는 샤리아 감독위원회(The Sharia'a Supervisory Board: SSB)가 이슬람 은행 및 금융기관에 필수적이다. 샤리아 감독위원회는 이슬람교의 믿음이 이행되고 있는지 보장하기 위하여 금융계약과 거래 관계를 면밀히 검토한다.

샤리아 감독위원회는 금융 활동이 할랄(halal), 즉 허용되는지 확인하고 증명하는 곳이다. 샤리아 감독위원회는 은행 활동의 인허가 문제까지 위임받을 만큼 권위 있는 기능을 보유하고 있다.

샤리아 감독위원회의 네 가지 중요한 책임은 다음과 같다.

① 금융기관 및 금융 서비스가 이슬람교에 부합하는지 확인하는 것
② 은행의 프로젝트에 대한 투자 및 관여가 샤리아에 부합하는지 보장하는 것
③ 은행이 이슬람 가치에 부합되게 운영되는지 확인하는 것
④ 파타와(fatawa)파트와(fatwa)의 복수형. 파트와는 어떤 사안이 샤리아법에 저촉되는지를 해석하는 권위 있는 이슬람 판결을 의미한다.를 공표하는 것

이집트의 파이살 은행(Faisal Bank)은 "종교 감독위원회(Religious Supervisory Board)는 은행 내부의 거래 및 행위가 샤리아 원칙에 부합하는지 감독할 수 있도록 구성된다"라고 관련 규정에 명시하였다.

국제 이슬람 은행 연합(International Association of Islamic Bank: IAIB)은 샤리아 감독위원회에 부과된 의무들에 대하여 다음과 같이 상세히 정의하였다.

① 이전에 공표하였던 파타와를 연구하고 샤리아에 부합하는지 평가하며, 적합한 경우 이를 자체적인 판정 기준으로 삼을 것
② 이슬람 율법을 따르는지 보장하기 위하여 은행의 활동을 감독하는 것
③ 은행 활동에 관한 문제에 대해 종교적인 의견을 제시하는 것
④ 새로운 경제적 이슈에 대하여 합법적인 종교적 결정이 명확하게 내려지도록 하는 것

3. 샤리아 위원회(Sharia'a Board)

1) 역할 및 책임의 범위

샤리아 학자들은 감독 기능과 자문 기능을 모두 가지고 있다.

샤리아 학자들이 샤리아를 적용할 때에는 두 가지 목적이 있다.

우선, 샤리아 학자들은 이슬람 금융시장에 참여하는 금융기관들이 샤리아의 요건에 따라 운영되는지 검토한다.

두 번째로, 현대의 역동적인 이슬람 경제가 점점 복잡해지면서 샤리아 학자들은 특정 거래나 상품이 샤리아에 부합하는지에 대해 답변하기 위해 노력하고, 필요한 경우에는 건설적이고 창의적이며 대안적인 권고를 하기도 한다.

이슬람 금융시장에 참여하는 금융기관들은 금융기관의 활동, 투자 또는 운영이 샤리아의 요건에 따라 시행되는지 확인할 수 있는 실행 방침과 절차를 수립해야 한다.

샤리아 학자들은 샤리아 안건을 적극적으로 심사하여야 하며, 이슬

람 금융시장에서 샤리아 학자들의 의무와 책임은 다음과 같다.

① 상품 및 서비스의 샤리아 적격성 검토

샤리아 학자들은 이슬람 투자를 위한 펀드가 샤리아 원칙에 맞게 운용되는지 확인할 책임이 있다. 또한 투자관리회사 및 펀드 매니저에게 샤리아 원칙과 관련한 전문 지식을 제공하고 안내할 책임도 있다. 신탁증서(trust deed), 투자설명서(prospectus), 펀드와 관련한 기타 다른 행정 사항에 대한 투자 문제가 이에 해당된다.

② 관련 문서들의 검토 및 보증

이슬람 금융시장의 상품과 서비스는 샤리아를 준수하도록 하기 위하여, 샤리아학파가 미리 정한 심사 및 보증 과정을 거쳐야 한다. 샤리아 학자들의 역할은 문서화, 구조화 및 투자뿐만 아니라 기타 관리 운영에 필요한 문제들을 포함하여 이슬람 유가증권에 관한 모든 부분을 조언하고, 해당되는 샤리아 원칙을 따르는지 확인하는 것이다.

문서를 검토하고 보증하는 과정에서 반드시 지켜야 하는 기본 원칙이 있는데, 샤리아 학자들만이 문서나 거래가 샤리아에 부합하는지 보장할 수 있는 권한이 있다는 것이다.

③ 이슬람 금융시장에서 기관투자가들의 투자를 감시

샤리아 학자들의 또 다른 임무는 기관투자가가 샤리아를 준수하는지 감독하고 확인하는 것이다. 이 경우 샤리아 학자들은 펀드 매니저들이 샤리아 위원회가 승인한 유가증권에만 투자하는지 살펴보아야 한다.

④ 금융기관의 일상 업무를 다루는 샤리아 안건에 대한 신중한 논의 및 조언

금융기관의 일상 업무에는 금융거래의 관행과 관련한 다양한 샤리아 안건들이 존재한다.

이 안건들은 대부분 교과서나 특정 거래에 관한 이론상의 체제에서 다루어지지 않으므로, 샤리아 학자들이 이를 해결할 수밖에 없다. 샤리아 학자들은 이러한 안건들에 대하여 포괄적이고 심도 있게 이해할 필요가 있어 실무 관행과 업무 수행에 밀접하게 관여한다.

⑤ 새로운 상품들의 개발

금융제도가 발전하면서 이슬람 금융기관들은 기존 상품뿐만 아니라 출시가 예정된 일반 금융상품과 경쟁할 필요성이 생겼다. 따라서 샤리아 학자들은 경쟁력이 있으면서 모두가 수용할 수 있는 혁신적인 신상품을 개발하거나 승인하여야 한다.

금융 혁신이 필요한 복잡한 분야로는, 위험 관리, 헷징, 파생상품 및 복합 자금 조달(hybrid financing facilities)이 있다. 샤리아 학자들은 특히 자본과 자산관리 원칙에 관련된 피끄와 무아말라트의 근본에 대한 지식을 갖추고 이슬람에서 허용되는 금융상품을 개발하는 것을 목표로 하여야 한다.

⑥ 샤리아 계약에 기초한 무아말라트 교육과 훈련 제공

이슬람 금융 종사자들은 점차 확대되고 있는 이슬람 금융에 대한 필수 지식을 두루 갖추어야 하고 체계적으로 교육을 받아야 한다.

샤리아 학자들은 무아말라트에 대한 지식을 갖추었기 때문에 금융 종사자뿐만 아니라 사회에 널리 지식을 전파하는 데 앞장서는 것이 중요하다. 이를 통해 샤리아에 대한 정확하고 진정한 이해를 하게 되며, 이는 무아말라트에서 전형적인 계약을 적용하는 데 필수적이다.

⑦ 샤리아 문제와 관련된 당사자들의 지원 및 조언

이슬람 금융시장에서 (금융기관에 소속된) 변호사, 회계사 및 자문위원들은 샤리아 학자들에게 샤리아 문제에 대한 의견을 구하며, 샤리아 학자들은 샤리아 원칙에 완전히 부합되도록 도움을 줄 것으로 기대된다.

아울러 샤리아 학자들은 샤리아 안건들과 특정 결정에 제공된 권고 사항들을 설명해야 하며, 이는 샤리아의 법률 문헌에 근거를 두어야 한다.

2) 샤리아 학자들

최근 정부의 지원, 막대한 오일 달러, 상당수의 호의적인 이슬람 고객층에 힘입어 이슬람 은행들이 크게 성장하는 모습을 보이고 있다.

그러나 은행에 대해 판단할 자격이 있는 샤리아 학자들은 삼사십 명에 불과하다.

샤리아 학자들은 샤리아와 이슬람 법학에 대해 완벽한 지식을 갖추어야 할 뿐만 아니라, 금융 지식도 풍부해야 하며, 금융 · 법률 문서의 표준언어인 영어를 능숙하게 구사할 수 있어야 한다.

이슬람 은행들은 일반적으로 샤리아 위원회 의장을 맡고 있는 저명한 학자들 또는 십수 명 정도 되는 좁은 인력 풀에 의존하고 있다. 이 학자들은 그들의 명성이 부여하는 이슬람 정통성 때문에 국제 은행과 지역 은행으로부터 대단히 각광받고 있다.

이슬람 금융기관의 회계감사 조직위원장인 모하메드 네달 알차르(Mohamed Nedal Alchaar)는 "샤리아 위원회의 일원이 되기 위해서는 훌륭한 자격을 갖추어야 한다. 샤리아 위원회는 하나의 브랜드이므로, 이름 있고 훌륭한 샤리아 학자와 함께 한다면 은행에 보다 나은 일이 된다"고 하였다.

최근 부상하고 있는 이슬람 금융업과 금융 서비스의 개발 필요성은 일류 이슬람 학자들에게 엄청난 업무량을 안겨주었다.

3) 두바이 이슬람 은행의 샤리아 위원회

두바이 이슬람 은행(Dubai Islamic Bank: DIB)의 샤리아 감독위원회는 모든 금융거래가 샤리아 원칙을 철저하게 준수하도록 감독하고 보장한다. 아울러 어떠한 절차든 샤리아 원칙 위반이 발견되는 즉시 문제를 제기할 수 있는 권한을 부여받았다.

위원회 위원들은 만장일치 또는 다수결 합의에 따른 결정 여부와 상관없이 파타와(Fatawas)에 따라야 한다(은행의 기본 및 부속정관 제78조, clause 78 of the Bank's memorandum and Articles of Association).

샤리아 위원회는 정기적으로 회의를 개최하며, 필요에 따라 임시 회의를 개최한다. 이사회의 권한은 기본 및 부속 정관 제7장 제74-84조에 규정되어 있다. 참고 4.2는 두바이 이슬람 은행의 샤리아 위원회 기능에 대해 상세하게 설명하고 있다.

참고 4.2 두바이 이슬람 은행의 샤리아 위원회 직무

- 위원회는 파타와(fatawa)를 포함한 이슬람 원칙에 대한 전문가적 시각으로 위원회 의장을 통하여 은행에서 발생하는 모든 거래가 샤리아를 준수하는지 감독한다.
- 예금, 투자 및 은행 서비스를 이용하는 데 있어 은행이 지속적으로 경쟁우위를 차지하면서 시장 추세에 적응할 수 있도록 거래 절차와 금융상품의 샤리아 부합을 위하여 노력한다. 아울러 위원회는 새로운 상품과 금융거래에 대한 의견을 제시한다.
- 은행 또는 은행 고객들로부터 보고된 것으로서 파타와에서 다루지 않은 전례 없는 상황들을 분석한다. 이를 통해 은행이 신상품을 개발하거나 새로운 절차를 시행하기 전에 샤리아에 부합하는지 확인하고 보장한다.
- 샤리아 준수 여부를 평가하고 지속적으로 샤리아를 준수할 수 있도록 은행이 제출하거나 위원회가 요청하여 제출받은 은행거래 관련 계약과 합의들을 분석한다.
- 금융거래를 실행하고 위반 사항을 시정할 때 반드시 샤리아를 준수하도록 한다.
- 위원회의 승인이 필요한 관리상 결정, 쟁점 사항, 문제점들을 분석한다.
- 은행 직원들을 위한 샤리아 교육 프로그램들을 감독한다.
- 샤리아 준수 여부와 관련하여 연차보고서를 준비한다.

샤리아 위원회는 위원회 의장에게 은행의 거래 절차들에 관한 의견뿐만 아니라 위원회에서 거론된 모든 문제들을 요약한 완벽한 연차보고서를 제출해야 한다.

출처: 두바이 이슬람 은행.

4) 샤리아 위원회 학자가 되기 위한 필수 조건

샤리아 위원회 학자가 되기 위해 필요한 조건들은 중앙 기관에 의해 공식적으로 정해진 것은 아니다. 그러나 아래에 제시된 저명한 학자 9인의 이력 사항을 살펴보면 어떠한 자격이 필요한지 가늠할 수 있다. 여기에는 파키스탄 국영 은행에서 일하기 위해서 요구되는 학자들의 자격 요건도 포함되어 있다.

(1) 저명한 샤리아 위원회 학자들의 이력

① 후세인 하미드 핫산 박사(Dr. Hussain Hamid Hassan)

핫산 박사는 1965년 이집트 카이로에 있는 알 아자르(Al Azhar) 대학의 샤리아 학부에서 박사 학위를 취득하였다. 또한 뉴욕 대학의 국제 비교법학 대학원에서 2개의 법학 학위를 취득하였으며, 카이로 대학에서도 법학과 경제학에 대한 이중 학위를 취득하였다. 그는 1960년부터 2002년까지 카이로 대학에서 법학부와 경제학부에서 조교수, 부교수 그리고 샤리아 교수를 역임하였다.

핫산 박사는 다수의 이슬람 금융기관을 감독하는 샤리아 감독위원회의 구성원이었다. 그가 몸담은 금융기관으로는 에미리트 이슬람 은행, 두바이 이슬람 은행, 샤르자(Sharjah) 국립은행, 이슬람 개발은행, 두바이 보험회사 및 재보험회사(Aman), 탐윌(Tamweel),두바이 최대 모기지 업체 암락(AMLAK), 유동화 관리 센터(Liquidity Management Centre), 이슬람 금융기관 회계감사기구(Accounting and Auditing Organization for Islamic Financial Institutions: AAOIFI)가 있다.

핫산 박사는 이슬람법, 금융, 경제, 사회 연구 및 예술에 관한 저서 21권을 저술하였으며, 이러한 주제에 대해 400여 편의 연구 논문을 발표하였다.

② 알리 알까라다기 박사(Dr. Ali AlQaradaghi)

알까라다기 박사는 1985년 이집트 카이로에 있는 알 아자르 대학에서 계약 및 금융거래 분야의 박사 학위를 취득하였다. 그는 현재 이슬람 금융계약을 가르치는 교수로 재직하고 있으며, 샤리아 대학의 이슬람 법학부와 카타르 대학의 이슬람 연구학을 이끌고 있다.

알까라다기 박사는 현재 에미리트 이슬람 은행, 아랍에미리트의 두바이 이슬람 은행 및 투자신탁회사, 바레인에 있는 투자은행, 쿠웨이트의 퍼스트 인베스트먼트사(First Investment)를 포함한 많은 이슬람 금융기관들의 샤리아 위원회에서 활동하고 있다.

또한 많은 자선단체와 국제 이슬람 법학기관의 창립 멤버이며, 이슬람 금융의 현 쟁점들을 다룬 많은 연구 논문을 저술하기도 하였다. 이슬람 법학과 이슬람 사고 방식을 포함한 주제로 8권 이상의 저서를 출간하였다.

③ 모하메드 엘가리 박사(Dr. Mohamed Elgari)

엘가리 박사는 미국 캘리포니아 대학에서 경제학 박사 학위를 취득하였으며, 현재 사우디아라비아 킹 압둘아지즈(King Abudulaziz) 대학에서 이슬람 경제학 교수로 재직하고 있다.

그는 HSBC Amanah,무슬림 고객들이 종교적 신념과 상충하지 않으면서 금융 서비스를 이용할 수 있도록 HSBC가 별도의 브랜드를 도입하여 차별적으로 운영하는 이슬람 은행으로, 2010년 2월 *EUROMONEY*지로부터 최고 국제 이슬람 금융기관으로 선정되었다. 아부다비 이슬람 은행, 바레인 이슬람 은행, 다우존스 이슬람 인덱스(Dow Jones Islamic Index), 내셔널 상업은행, 사우디 아메리칸(Saudi American) 은행 및 사우디 프란시(Saudi Fransi) 은행을 포함한 다수의 이슬람 금융기관에서 샤리아 위원으로 활동하고 있다.

그는 왕성한 집필 활동으로 많은 학술지에 기고하였고, 여러 저서를 출간하였다.

④ 모하메드 다우드 바카르 박사(Dr. Mohd. Daud Bakar)

바카르 박사는 영국 세인트 앤드류(St. Andrews) 대학에서 박사 학위를 취득하였다. 그는 말레이시아 국제 이슬람 대학(International Islamic University Malaysia)의 이슬람법과 대리 교구(Deputy Rector) 분야의 전(前) 부교수였으며, 현재 이슬람 금융 국제기관의 최고 경영자(CEO)이다. 그의 전문 분야는 이슬람법, 은행과 금융, 자카트(Zakat)법과 중세법(medieval law)이다.

바카르 박사는 말레이시아를 포함한 세계 유수의 금융기관에 있는 샤리아 감독위원회의 위원으로서 말레이시아 중앙은행, 말레이시아 증권위원회, 국제 이슬람 금융시장, 이슬람 금융기관 회계감사기구(Accounting and Auditing Organization for Islamic Financial Institutions: AAOIFI) 등 다양한 금융기관에 몸담고 있다.

그는 학술 잡지에 30편 이상의 논문을 기고하였으며, 다양한 학술대회에서 120편 이상의 논문을 발표한 바 있다.

⑤ 셰이크부족 지도자, 왕에 대한 호칭이며, 아랍어로 '나이든 남자'를 의미한다. 통상 부친의 뒤를 이어 수장에 지명된 후계자 또는 이슬람 학교를 졸업한 이슬람 학자를 말한다. sheikh, shaikh, sheik, shekh 등 표기방법이 다양하며, 여성형은 셰이카(sheika)이다. **니잠 야꾸비 (Sheikh Nizam M.S. Yaquby)**

학력

- 영국 웨일즈 대학 박사 과정(이슬람 법학)
- 캐나다 맥길(McGill) 대학 학사(경제학 및 비교종교학)
- 셰이크 압둘라 알-파라시(Sheikh Abdulla al-Farisi), 셰이크 유수팔-시디끼(Sheikh Yusufal-Siddiqi), 셰이크 무하메드 살레 알-압바시(Sheikh Muhammed Saleh al-Abbasi), 셰이크 무하메드 야신 알 파다니(Sheikh Muhamed Yasin al Fadani, 메카), 셰이크 하비브-우르-라만 자이니

(Sheikh Habib-ur-Rahman A. Zaini, 인도), 셰이크 압둘라 빈 알-시디끄 알-구마르(Sheikh Abdulla bin Al-Siddiq Al-Ghumar, 모로코) 등 저명한 이슬람 학자들의 지도 아래 전통 이슬람 연구

경력

- 바레인 회교 사원의 카티브(Khatib): 1981~1990
- 바레인에서 타프시르(Tafsir), 꾸란 주석서 하디스(Hadith), 피끄(Fiqh) 지도
- 영국 아흘리 유나이티드(Ahli United) 은행의 이슬람 투자금융 부문, 아부다비 이슬람 은행 등 많은 은행 및 기관들에서 샤리아 감독위원회 위원으로 활동
- 이슬람 다와(Da'wah) 및 피끄 국제회의 참석 경험 다수

저작

- Risalah fi al Tawbah(아랍어)
- Qurrat al-Ainayn fi Fada il Birr al-Walidayn(아랍어)
- Irshad al-Uqala ila Hukm al Qira h min al-Mushaf fi al-Salah
- Tahqiq al Amal fi Ikhraj Zkat Al-Fitr Bil-Mal(편집)
- 500여 회 강의, 설교, 교육 과정 그리고 오디오 카세트 제작

언어

- 아랍어, 영어, 페르시아어

⑥ 셰이크 무하메드 타끼 우스마니(Sheikh Muhammed Taqi Usmani)

학력

- 펀잡(Punjab) 대학 M.A(아랍어) 우수 졸업(1970)
- 카라치(Karachi) 대학 LLB 우수 졸업(1967)

- 카라치 대학 학사 취득(1964)
- 다룰 울룸 카라치(Darul Uloom Karachi) 신학대학에서 이프타(Ifta),권위 있는 자문위원이 법률 문제에서 파트와를 제시하는 활동 타카수스(Takhassus)박사에 준하는 학위 취득(1961)(1381AH)
- 다룰 울룸 카라치 신학대학에서 '알리미야'(Alimiyyah)여러 학문 분야에 걸친 종합적인 이슬람학(1959)(1379AH) 연구
- 펀잡(Punjab) 대학 아랍어 시험(Fazil-e-Arabi)에서 뛰어난 성적을 거둠(1958)

경력

- 최근 파키스탄 대법원(Sharia'at Appellate Bench) 판사 은퇴(1982)
- 국제 이슬람 피끄 학회(International Islamic Fiqh Academy) 회장/상임위원
- 다룰 울룸 카라치 신학대학(Darul Uloom Karachi) 부총장
- 파키스탄 이슬람 경제 연구 센터(Centre for Islamic Economics Pakistan) 회장(1991)
- 제다(Jeddah)사우디아라비아 남서부에 위치한 도시의 사우디 아메리칸 은행(Saudi American Bank), 룩셈부르크의 로버트 플레밍 오아시스 펀드(Robert Fleming Oasis Fund), 바레인의 씨티 이슬람 투자은행 샤리아 위원회 회장
- 아부다비(Abu Dhabi)의 아부다비 이슬람 은행 샤리아 위원회 부의장
- 영국의 아흘리 유나이티드(Ahli United) 은행, 제다의 알-바라카(Al-Baraka) 그룹, 바레인의 퍼스트 이슬람 투자은행(First Islamic Investment) 샤리아 위원회 위원
- 파키스탄 정부 산하 경제 이슬람화 위원회(Commission for Islamization of the Economy) 위원
- 39년 간 여러 이슬람 연구회 지도

저작

- 영어, 아랍어, 우르두어로 번역된 50여 편의 저서

언어

- 아랍어, 영어, 우르두어, 페르시아어

⑦ 셰이크 압둘라 빈 술레이만 알-마니야(Sheikh Abdullah Bin Suleiman Al-Maniya)

- 상임 울레마 위원회(Senior Ulema Board) 위원(1971~)
- 메카(Mekkah) 상급 법원 전 판사
- 수많은 박사 학위 논문 지도 및 문학 석사 · 박사 논문 심사 참여
- 메카(Mekkah) 법원장

⑧ 셰이크 압둘라 빈 압둘아지즈 알 무슬레 박사(Dr Sheikh Abdullah bin Abdulaziz Al Musleh)

- 아브하(Abha)사우디아라비아 남서부에 위치한 도시에 이맘 무하마드 빈 사우드(Imam Muhammad bin Saud) 이슬람 대학을 설립하였고, 1976년부터 1994년까지 총장으로 재직
- 이맘 무하마드 빈 사우드 이슬람 대학에서 샤리아 및 종교 원칙 학부의 학장, 사우디아라비아의 아브하에 있는 분교의 총장 역임
- 이슬람 경제학부 창설
- 꾸란과 순나에 대한 과학 기적 패널(Panel of Scientific Miracles)꾸란이 과학적 이론과 발견을 예언했다는 강한 믿음이 동시대 이슬람 세계에 자리잡은 것으로 이러한 예언은 꾸란의 신성 기원의 증거로 제시된다.의 심의관
- 여러 연구 발행물과 저서 편찬:
    - 현대 트렌드와 비교한 샤리아 하에서의 사유제(Private Ownership

under Islamic Sharia'a compared with Contemporary Trends)

- 샤리아 하에서 사유제에 대한 제한(Restriction on Private Ownership under Islamic Sharia'a)
- 피끄의 무라바하(Murabaha from Fiqh)
- 리스 및 샤리카 법문에 대한 개론(Compendium of Provisions of Leasing and Sharikah Provisions)

⑨ 셰이크 무하메드 알-알리 알 카리 빈 에이드 박사(Dr Sheikh Muhammed Al-Ali Al Qari bin Eid)

- 킹 압둘아지즈(King Abdulaziz) 대학 이슬람 경제학 교수
- 이슬람 컨퍼런스 피끄 아카데미(Fiqh Academy of the Organization of Islamic Conference) 전문가
- 국가 행정 자문 센터 책임자(National Administrative Consultancy Centre)
- 여러 연구 발행물과 저서 편찬:
  - 금융 시장/계약과 거래(Financial Market/Contracts and Transactions)
  - 샤리아에 부합하는 신용카드 및 신용카드 거래(Credit in the Form of a Card and a Proposed Formula for a Credit Card with no Sharia'a Violations)
  - 과세 표준과 확인, 이에 대한 경제학자들의 견해(Standard Assessment, its Checks and the Opinions of Economists in Regard Thereto)
  - 주식, 옵션 및 선물: 거래 유형 및 거래 행위(Shares, Options and Futures: Types and Transactions Carried Out on the Basis Thereof)
  - 신용장, 이슬람 피끄 아카데미의 경제 피끄 장(章)(Letters of Credit, a Chapter in the Economic Fiqh Encyclopedia of the Islamic Fiqh Academy)

(2) 파키스탄 국영은행(State Bank of Pakistan: SBP): 샤리아 자문위원 임명에 대한 적격 기준

(가) 최소한의 자격과 경력

① 샤리아 자문위원은 파타와를 제시한 경력이 최소 5년 이상이어야 한다.

② 금융업에 정통한 지식(최소한 익숙한 수준)을 가지고 있어야 한다.

③ 최소한의 자격 요건은 이슬람 종교대학 학사(다르스-에-니자미(Dars-e-Nizami))이다. 이슬람 종교학(Islamiat), 경제학 또는 금융 및 재무 분야 학과에서 석사를 취득하는 등 그 이상의 학위는 부가적 자격 요건이다.

④ 수년 간 안식 기간이 있어도 금융기관 외 저명한 기관에서 이슬람 법학을 강의한 경우에는 3년을 초과하지 않는 범위에서 활동한 것으로 고려될 수 있다.

(나) 실적

① 샤리아 자문위원은 직원, 이사 및 주요 간부 또는 사장으로서 과거에 일했던 회사에서 흠잡을 데 없는 경력을 갖추어야 한다.

② 회사의 직원, 이사 및 사장으로서 해고된 적이 없어야 한다.

(다) 재정 능력과 재정 정직성

① 은행 영업과 관련된 불법 행위에 연루된 적이 없어야 한다.

② 개인 자격으로 금융기관에 대출 채무를 불이행했거나 세금을 미납한 적이 없어야 한다.

③ 부채를 감당할 수 있는 충분한 재정 능력이 있어야 한다.

(라) 진정성, 정직, 평판

① 사기 및 위조, 금융 범죄 등과 관련된 형사법으로 유죄 판결을 받은 적이 없어야 한다.

② 투자, 금융/사업, 위법 행위, 사기, 법인의 설립 및 경영에 관한 민 · 형사상 절차에서 불리한 판결이나 합의를 받은 적이 없어야 한다.

③ 규제 장치나 규제 당국에서 정한 기준이나 요건을 위반하지 않아야 한다.

④ 무역, 사업을 수행할 때 등록 및 면허가 거부된 회사나 조직에 관여한 적이 없어야 한다.

⑤ 등록 및 면허가 폐지 또는 취소되거나 파산한 회사에 관여한 적이 없어야 한다.

⑥ 종교 단체나 교단에 의해 종교적 견해를 내는 것을 금지당한 적이 없어야 한다.

(마) 이해 상충

① 일정 금융기관 이외에 소속된 샤리아 자문위원은 이해 상충으로 파키스탄 국영은행(SBP)의 샤리아 자문위원이 될 수 없다. 금융기관의 범위는 은행, 투자금융기관, 비은행권 금융기관, 벤처 캐피털 회사, 주택금융기관, 리스회사, 무다라바 회사에 한정된다.

② 만약 파키스탄 국영은행(SBP)이 샤리아 자문위원을 해당 샤리아 위원회에 임명하였다면 이해 상충은 발생하지 않는다.

4. 샤리아 원칙의 적용

이슬람 투자로부터 얻은 이익은 할랄(halal)에 따라야 한다. 이슬람 공동체(Ummah)에 판매되는 상품들은 정해진 이슬람의 금지 사항을 준수해야 한다. 따라서 이슬람교도들이 매매하거나 투자하는 상품은 절대로 샤리아에서 금지하는 것(haram)이 아니어야 한다.

1) 이자 사용에 대한 하디스(hadith)

이븐 마수드(R. A. Ibn Mas' ud)는 알라의 사자인 S.A.W.[알라의 예언자를 나타내는 두 문자어(Sallalahu Alaihi Wa-salam)]가 이자를 먹는 자, 이자를 남에게 먹이는 자, 이에 대한 두 명의 목격자와 그것을 기록한 자를 저주하였다고 전하였다.

출처: 티르미드히(Tirmidhi)의 해설

꾸란 관련 문학 작품과 예언에서 나타나는 단어들은 종종 비유적인 의미를 갖기도 하는데, 이러한 의미를 곡해하지 않도록 주의를 기울여야 한다. 왜냐하면 문자 그대로의 의미를 가지고 있거나, 어떠한 경우에는 비유적인 의미로 사용되었기 때문이다.

그러므로 이자를 먹는다는 것은 실제로 먹는다는 것이 아니라, 다양한 재정 수요를 충족시키기 위하여 이자를 사용한다는 것이다. 여기에서 명사 '먹기'(eating)는 사용(usage) 대신 쓰여진 것이다. 어떠한 형태이든 사용(usage)은 아하디스에서 육체적인 식사 행위와 동일시되는데 이자의 사용이 외관상 다른 형태로 나타날지라도 이자를 사용함에 따라 내적으로 종교적 손상이나 신의 처벌이 남아 있기 때문이다.

꾸란은 리바(riba)를 금기시한다. 리바는 고리대금업에만 관련된 것이 아니다. 금액이 적정하든 과도하든 간에 채권자가 대출 원금을 초과하여 상환받는 것을 명시하는 것이 바로 리바이다.

아래에서 논의되고 이미 제1장에서 다루었듯이, 리바의 다른 형태는 대출로 확장되는 원금 초과분에 국한되지 않는다.

외환거래의 경우, 계약상 다른 통화로 상호간의 가치를 완전히 교환하지 못해 발생하는 실패조차 리바의 형태로 여겨진다. 왜냐하면 상호 화폐 교환 없이 먼저 화폐를 받은 당사자가 상호 결제를 하기 전에 정당하지 않게 외환 차익을 얻을 수 있도록 허용하고 있기 때문이다.

자본 소유자들은 이슬람에서 허용된 투자에 동업자의 형태 등으로 자본을 직접적으로 거래하도록 교육받았다. 이슬람은 화폐의 시간 가치라는 개념을 부인한다. 비록 화폐가 시간 가치를 가지고 있지만 시간의 흐름이 항상 자본 제공자에게 수익을 준다고 단언할 수는 없는 것이다.

이자에 대한 이슬람의 금기는 너무나도 엄중해서 하디스에서는 심지어 이자거래를 목격하고 이것을 기록하는 자들도 죄가 있다고 경고한다. 하디스가 문자 그대로 목격자 2명을 언급하였지만, 그 수가 한정된 것은 아니다. 따라서 100명이 넘는 사람들이 이자거래를 목격하였다고 가정하면, 그들 모두에게 죄가 있는 것이다.

이슬람교는 알라에 대한 예배에서, 금지된 것으로부터 소득을 얻는 것이 용납될 수 없다고 명백하게 선언한다.

이슬람 은행과 금융기관에 부과된 샤리아의 제약(Sharia'a constraints)을 제대로 이해하기 위하여, 이슬람 투자에 대한 샤리아 위원회의 규제를 면밀히 살펴볼 필요가 있다.

2) 샤리아 투자 원칙

이슬람 기관이나 투자 기금은 다음과 같은 상품을 다루는 것이 금지된다.

① 알코올 음료 및 관련 사업들
② 돼지고기, 햄, 베이컨 그리고 관련 부산물
③ 죽은 동물(샤리아 원칙에 따라 도살되지 않은 동물들)
④ 겜블링 머신 등 도박 관련 제품
⑤ 담배, 마약 등
⑥ 포르노물과 관련된 사업들
⑦ 현금을 제외한 금과 은
⑧ 무기 및 파괴적인 병기

이슬람 법학의 원칙에 따르면 이자의 지급과 수취는 무거운 죄이며, 따라서 이에 가담한 자들에게도 책임이 있다.

많은 기업이 어떠한 형태로든 이자나 기타 금지된 활동들과 연관이 되기 때문에 일부 샤리아 자문위원회의 경우에는 이자 또는 그와 같은 활동을 통해 회사가 수익을 얻은 비중에 대하여 상한선을 정하였고, 이 상한선을 초과하는 회사에는 투자하면 안 된다. 이 상한선은 계속해서 개선되었고 점차적으로 보다 섬세해졌다.

몇 년 전 지나치게 단순한 모델을 따랐을 때 배제되었던 회사들(예를 들어, 다량의 현금 자산 보유)은 지금은 새로운 모델에 따라 규제가 해제되었을 수 있다.

3) 주식 투자에 대한 샤리아 조건

우스마니(Usmani, 1990)에 따르면, 주식거래는 다음의 조건에 따라 허용될 수 있다.

① 회사의 주요 사업이 샤리아에 위배되지 않아야 한다. 이는 일반 은행이나 보험회사와 같이 이자와 관련된 금융 서비스를 제공하는 회사들의 지분을 취득하는 것이 허용되지 않는다는 것을 의미한다. 샤리아에서 허용하지 않는 사업, 예를 들어 알코올, 돼지고기, 하람(haram) 육류를 제조 · 판매 또는 제공하거나 도박, 나이트 클럽, 포르노 산업 등에 관련된 회사들에 대한 투자도 금지된다.

② 회사의 주요 사업이 컴퓨터, 자동차, 휴대폰 등 할랄(halal)에 해당하지만 잉여금을 이자가 발생되는 계좌에 예치하거나 이자를 수취하며 금전을 대여한다면, 무슬림 주주는 이러한 거래를 승인해서는 안 된다. 회사의 연례 주주총회에서 이러한 거래에 대해 목소리를 내야 한다.

③ 만약 이자가 발생하는 예금으로부터 나온 수익이 회사 수익에 포함된다면, 주주에게 돌아가는 배당금에서 이자가 차지하는 부분은 투자자가 소유하는 것이 아니라 자선단체에 기부되어야 한다. 예를 들어, 회사 총수익의 5%가 이자를 받는 예금에서 나왔다면, 배당금의 5%는 자선단체의 몫이어야 한다.

다시 말해, 배당금을 통해 얻은 수익, 즉 배당 수익의 일정 비율은 회사가 받은 이자의 비율과 일치시키고, 이를 반드시 자선단체에 기부하여야 한다. 이슬람 학자들은 이 절차를 '종교적 재계'(purification)라고 정의내렸다.

샤리아 학자들은 자본이익(주식의 저가 매수 및 고가 매도에 따른 이익)을 통해 수익이 창출된 경우 '종교적 재계'가 필요한지에 대해 서로 다른 견해를 가지고 있다. 어떤 학자들은 주식의 시장 가격이 회사의 자산에 포함된 이자 요소를 반영할 수 있기 때문에 '종교적 재계' 과정이 필요하다고 여긴다. 다른 학자들은 자본이익이 발생하더라도 '종교적 재계'가 필요하지 않다고 주장한다.

④ 회사의 주식은 회사가 비유동성 자산을 가지고 있는 경우에 자유롭게 투자될 수 있다.

주식거래가 가능한 회사의 비유동성 자산의 비율이 정확히 얼마이어야 하는지는 학자들 간에 지속적으로 생각해 보아야 할 문제이다. 현대 학자들은 이 문제에 대하여 서로 다른 견해를 가지고 있다. 어떤 학자들은 비유동성 자산 비율이 최소한 51%가 되어야 한다고 보는데, 만약 그러한 자산이 50% 미만이라면 대부분의 자산이 유동적인 형태이므로, "다수는 전체로서 취급받을 만하다"(The majority deserves to be treated as the whole of a thing)는 이슬람 법학 원칙에 입각하여 모든 자산이 유동적으로 간주된다고 주장한다.

그러나 다른 학자들은 비록 한 회사의 비유동 자산이 33%일지라도 그 주식에 투자할 수 있다고 주장한다.

4) 기타 복잡한 문제들

이슬람에서 특정 제품의 거래에 의문이 생긴다면, 그 제품을 구매하거나 투자하는 것을 자제하는 것이 현명한 판단일 것이다.

예를 들어, 젤라틴은 소와 돼지로부터 만들어진다. 참고 4.3은 젤라틴의 광범위한 용도를 설명하고 있다. 어떤 소가 샤리아에 따라 도축되지 않았다면 그 소는 하람으로 분류될 뿐만 아니라 그 살, 뼈, 지방으로

참고 4.3 젤라틴의 용도

젤라틴은 아마 요리할 때 사용되는 겔화제로 가장 잘 알려져 있겠지만, 다양한 유형과 품질의 젤라틴이 광범위한 식품 및 비식품에 사용된다.
젤라틴이 포함된 일반적인 예로는 디저트, 젤리, 트라이플, 아스픽(육즙으로 만든 투명한 젤리), 마시멜로와 과자류가 있다. 아이스크림, 잼, 요거트, 크림치즈, 마가린과 같은 음식에서 분해를 막고 걸죽하게 하거나 질감을 좋게 하기 위해 젤라틴을 사용한다. 또한 지방에 대한 식감을 느낄 수 있도록 저지방 식품에 사용하기도 한다.
젤라틴은 주스 및 식초의 정화제로도 쓰인다. 가죽 아교와 같은 동물성 접착제는 정제되지 않은 젤라틴이다. 또한 사진 필름과 인화지에서 유화제로 결정체를 유지하는 데 사용된다.

출처: Usmani, T.U.(1999), *An Introduction to Islamic Finance*, Idaratul Ma'arif. Karachi, Pakistan.

부터 얻어진 제품 또한 무슬림의 소비 경제에서 허용되지 않는다. 그러므로 그 소에서 생산된 젤라틴은 하람이 되는 것이다.

그러나 젤라틴의 대체물이 없다는 점을 고려하면, 샤리아 학자들에게 이와 관련한 이슬람적 문제를 어떻게 처리할지에 대해 문제를 던져준다.

이 규제는 젤라틴을 포함한 어떠한 제품이라도 역시 하람이 된다는 것을 의미한다. 따라서 어떤 당류 회사가 다양한 당류 제품을 만드는 데 젤라틴을 사용한다면, 무슬림들은 그 제품을 구매하거나 여기에 투자하는 것이 허용되지 않는다.

과거 예언의 시대에는 젤라틴이 존재하지 않았다. 그러므로 현대의 법학자들 간에는 할랄이 아닌 소 제품과 (하람인) 돼지로부터 만들어지는 젤라틴이 할랄인지 하람인지 의견이 분분하다.

이슬람 투자자들은 이와 같은 '회색지대'(grey areas)가 많이 존재한다는 것을 분명하게 알아야 한다. 이 경우 이슬람 금융기관이 채택하는 경계의 방법은, 어떤 당류나 기타 제품이 할랄로 분류된 축산물로부터 엄격하게 만들어지지 않은 젤라틴을 포함한다면 여기에 자금을 조달하거나 투자하는 것을 삼가해야 한다는 것이다.

Chapter 5

이슬람 은행의 재무제표 분석

이슬람 은행의 재무제표 분석

앞서 언급되었듯이 일반 금융기관들은 금융중개 기능을 수행하며, 차입한 자금은 재무상태표의 부채로, 대여한 자금은 재무상태표의 자산으로 기록한다. 차입과 대여에 있어 이자는 핵심적인 역할을 한다. 본 장에서는 리바가 금지된 이슬람 금융기관들이 어떻게 금융중개 기능을 하는지 재무제표 측면에서 보여준다.

본 장의 부록은 실제 사용되는 이슬람 재무제표를 이용하여 독자들에게 일반 재무제표와의 차이점을 보여준다.

1. 이슬람 금융의 배경

앞서 살펴보았듯이, 이슬람 금융의 존재 이유는 리바 금지로부터 비롯되었다. 이슬람은 그 성격이나 목적에 관계없이 대출에 대해 이자를 지급하는 것을 금지한다.

이자에 기반한 일반 은행과 달리, 이슬람 은행은 투자 자본에 사전에 정해진 수익률을 적용하는 개념을 따르지 않는다. 그러나 이슬람의 이자 금지가 어떤 경우라도 자본이 공짜로 제공되거나 아무런 비용도 들이지 않고 사용할 수 있다는 것을 의미하는 것은 아니다. 또한 투자 자본에 수익이 없어야 한다는 것을 뜻하지도 않는다. 실제로 이슬람은 투자

자본이 생산적인 과정에 사용되고 비즈니스 위험에 노출되어 있다면 수익을 허용한다.

꾸란의 지침에 따라 무슬림들은, 상업은행이 제2장에서 자세히 살펴본 무다라바(Mudaraba)와 무샤라카(Musharaka)로 대표되는 일종의 이익-손실 공유제에 기초하여야 한다고 믿는다.

넓게 보면, 이익-손실 공유제는 복수의 계약 상대방 간에 이익과 손실을 공유하기 위하여, 갖고 있는 자원들을 공동 출자하여 프로젝트에 투자하는 계약 방식이다.

1) 무다라바

제2장에서 자세히 설명된 무다라바 계약은 두 당사자 간 계약으로서, 라브-울-마알(Rabb-ul-Maal, 투자자)이라 불리는 일방이 무다리브(Mudarib, 노무출자자)라 불리는 상대방에게 자금을 맡기고 위탁하는 것이다. 무다리브는 그 자금을 사전에 동의한 방식으로 활용하고 라브-울-마알에게 원금과 사전에 합의된 이익의 몫을 돌려준다. 무다리브는 합의된 이익을 통해 보상받는다.

무다라바의 특성을 나열해 보면 아래와 같다.

① 두 당사자 간 이익의 배분은 반드시 비율을 기준으로 하고, 일시불이나 보장된 수익으로 할 수 없다.
② 투자자는 제공한 자금 이상의 손실에 대해 책임이 없다.
③ 무다리브는 자신의 시간이나 노력의 투입에 따른 손해를 제외하고 손실을 부담하지 않는다.
④ 무다라바는 일반 목적이나 특수 목적으로 사용될 수 있다.

2) 무샤라카

또 다른 형태의 이익 공유 사업은 특정 프로젝트 수행을 위하여 제한된 기간 동안 구성될 수 있다. 제2장에서 자세히 다루어진 무샤라카는 서구식의 합작투자(joint venture)와 유사하다. 무샤라카는 가장 순수한 형태의 이슬람 금융기법으로 여겨지는데, 이는 위험을 공유하고 위험으로부터 수익을 만들어내는 파트너십(partnership)의 근본 원칙에 부합하기 때문이다. 무샤라카 참여는 신규 사업을 함께 시작하거나 또는 기존 사업에 추가 자본을 제공하는 것일 수 있다.

이익은 사전에 정해진 기준에 따라 분배하고, 손실은 자본 투자 비율에 따라 공유한다. 무샤라카를 통해 은행은 동업자 관계를 시작하며, 양 당사자는 프로젝트나 거래의 자본금 또는 경영진까지 공유하고 지분 비율에 따라 사전에 정해진 기준으로 이익과 손실을 공유한다.

이슬람 경제학자들이 발전시킨 이론적 모델에 따르면, 무다라바 원칙에 근거한 이슬람 금융은 이자에 기반한 상업 금융보다 자본, 효율성, 안정성 및 성장성 측면에서 탁월하다. 다른 금융 시스템과 비교할 때, 이슬람 금융의 지지자들은 무다라바 계약이 정의와 공정성(equity)의 원칙에 기반하기 때문에 더 효율적이라고 주장한다. 또한 이슬람 금융은 서로 경쟁하는 프로젝트들 간에 금융 자원이 더욱 합리적이고 균형 있게 배분되도록 돕기 때문에 보다 효율적이라고 하는데, 이는 이슬람 금융에서 자금 분배의 주요 고려 사항이 일반 금융에서처럼 원금의 안전한 회수가 아니라 관련 프로젝트의 수익성에 있기 때문이다.

바꿔 말하면, 은행은 신용도가 아닌 수익성을 기준으로 투자 활동을 정한다. 또한 이슬람 금융은 경제의 생산적인 면과 연계될 잠재력이 크기 때문에 사업 변동성을 예방할 것이라고 주장하는 사람들도 있다. 따라서 초기 투자 자본을 포함한 자본 비용이 경영 환경의 변화에 따라 스스로 조정되며 투자를 위한 위험 자본의 공급을 잠재적으로 증가시켜 성장을 촉진한다.

일반 재무 및 회계에서와 같이, 이슬람 계약들이 의미 있는 재무제표로 전환되기 위해서는 회계사 입장에서 살피듯이 이슬람 은행의 자금 재원 및 사용을 자세히 살펴보아야 한다.

2. 이슬람 은행의 자금 재원

이슬람 은행을 위한 자금 재원은 다음과 같다.

1) 당좌예금

모든 이슬람 은행은 고객들을 대신하여 당좌예금을 운영한다. 당좌예금은 때때로 재무상태표에서 '기타 예금'으로 분류된다. 이 계좌는 예금의 안전한 보관과 고객의 편의를 위해 운영된다.

주요 특징은 아래와 같다.

① 당좌예금은 요구불 예금의 대부분을 차지하며, 개인 또는 기업, 자국 통화 또는 외국 통화로 계좌를 개설할 수 있다.
② 은행은 예금자가 요구하면 예금의 전액 인출을 보장하고, 예금자는 어떠한 몫의 이익이나 이자 또는 어떤 형태의 보상을 받지 않는다.
③ 예금자들은 은행이 은행 자체의 위험으로 예금을 활용하는 것을

승인한다. 따라서 그 사용으로 이익이 발생하면 이는 은행에 계상되고 손실이 발생하면 은행이 부담한다.

④ 예금의 입출금에 대하여 아무런 조건이 없다.

⑤ 일반적으로 예금자는 자신의 당좌예금 계좌에서 수표를 발행할 수 있는 권한이 있다.

이슬람 금융에서 당좌예금에 대한 지배적인 관점은 크게 두 가지가 있다. 하나는 요구불 예금을 아마나(Amanah, 신탁) 예금으로 취급하는 것이다. 당좌예금 대신 '신탁예금'을 운영하는 요르단 이슬람 은행이 이러한 관점을 도입하였다. 요르단 이슬람 은행은 신탁예금을 다음과 같이 정의하였다. 은행은 수취한 예금으로 이익 또는 손실에 대해 자신의 위험 부담과 책임에 따라 해당 예금을 사용할 수 있고, 해당 예금 계좌는 입출금에 있어 어떠한 제약도 받지 않는다.

또 다른 관점은 요구불 예금을 까르드 하산(qard hasan, 무이자 대출)으로 취급하는 것이다. 당좌예금을 까르드 하산 당좌예금이라 부르는 이란 이슬람 은행이 이러한 관점을 도입하였는데, 이에 따르면 당좌예금은 예금자의 은행에 대한 자선(또는 무이자) 대출금이며, 은행은 스스로 위험을 부담하고 이 자금을 자유롭게 사용할 수 있다.

까르드 하산의 경우, 채무자는 대여자금을 사용하는데 채권자의 특별한 승인이 필요하지 않다. 채무자는 대여자금의 원금에 대해서만 채권자에게 채무를 부담한다. 이러한 조건은 은행이 해당 계좌에 예치된 금액을 완전히 인수할 때 성립한다.

2) 저축예금

비록 모든 이슬람 은행이 저축예금을 운영하지만, 그 운영에 상당한 차이가 있다. 대표적인 예로 말레이시아 이슬람 은행의 저축예금이 있는데, 다음과 같이 정의한다.

"은행은 알 와디아(Al Wadia) 원칙에 따라 저축예금의 형태로 어느 정도 수익의 가능성과 더불어 자금의 안전한 보관과 편리한 사용을 원하는 고객으로부터 예금을 수취한다. 은행은 해당 자금을 보관하는 동안 이 자금을 사용할 수 있도록 요청한다. 예금자는 언제든 원하는 때에 예금을 인출할 수 있고, 은행은 예금 잔액의 지급을 보장한다. 해당 자금의 사용으로부터 발생한 모든 수익은 은행에 귀속된다. 그러나 당좌예금과 달리 은행은 이따금 자금의 사용으로부터 발생한 수익의 일부분을 재량으로 고객에게 제공하여 보상할 수 있다."

반드시 주의해야 할 점은 이슬람에서 허용하는 자본에 대한 수익은 오직 그 자금이 사업 위험에 노출되는 방식으로 사용되어야 한다는 것이다. 만일 일반 은행처럼 저축 계좌의 예금이 보장되고 예금자가 원하는 경우 전액 인출할 수 있다면, 이는 사업 위험을 함께 하는 것이 아니다.

이러한 상황에서 명확히 해야 할 점은, 이슬람에서는 예금자가 어떠한 수익을 받을 자격이 있다고 보지 않는다는 것이다. 만일 이슬람 은행이 저축예금의 사용으로 발생한 수익의 일부를 예금자에게 돌려주게 되면, 이는 해당 은행의 결정이며 선물(gift)로 취급된다.

위 인용에서 볼 수 있듯이, 이는 말레이시아 이슬람 은행에서 도입한 일련의 절차이다.

이와 대조적으로, 바레인 이슬람 은행(Bahrain Islamic Bank)은 저축예금을 '투자 승인 저축예금'이라고 부른다. 여기서 예금자는 은행이 자금을 투자할 수 있도록 승인한다. 예금자는 출금 권한이 있으나 수익은 한 달간 유지된 최소 잔액을 기준으로 계산된다.

두바이 이슬람 은행(Dubai Islamic Bank)의 저축예금도 이와 유사한 방식으로 아래와 같이 운영된다.

① 저축예금 계좌는 예금자가 은행에게 투자를 승인하는 조건으로 개설된다.
② 예금자는 예금의 입출금 권리를 갖는다.
③ 저축예금의 수익은 해당 월에 유지된 최소 잔액을 기준으로 계산한다. 예금자는 예치 후 익월 초부터 저축예금의 수익에 참여한다.
④ 최소 잔액이 유지되어야 이익 공유의 자격이 생긴다.

이란 이슬람 은행들은 까르드 하산(Qard Hasan) 예금에 저축예금을 포함하고 이를 까르드 하산 예금이라고 부른다. 이 계좌의 운영은 입출금 측면에서 일반 금융 시스템의 저축예금과 유사하다. 비록 배당 의무는 없지만, 까르드 하산 예금자의 경우 이란 이슬람 은행은 예금 유치를 위하여 예금자에게 다음과 같은 인센티브를 부여하는 판촉 방식을 활용한다.

① 현금 또는 현금 유사 형태의 비확정 보너스
② 수수료 면제나 할인
③ 은행 시설 이용시 까르드 하산 고객에게 우선 순위 부여

요르단 이슬람 은행(Jordan Islamic Bank)은 저축 계좌 운영을 위해 또 다른 방식을 도입하였는데, 이는 합작투자예금(joint investment accounts)이라고 불리는 투자 풀(pool)에 저축 계좌를 포함하는 것이다.

요약하면, 이슬람 은행들은 저축예금 운영에 있어 다음 중 하나 또는 그 이상의 방식을 도입하고 있다.

① 알 와디아(Al Wadia, 신탁)의 원금에 대한 저축예금을 수취하면서 예금자로부터 그 자금을 은행이 스스로 위험을 부담하며 사용할 수 있도록 승인받고, 대신 자발적으로 예금의 전액 환급을 보장하고 이익을 공유
② 사전에 합의된 방식으로 최소 잔액이 유지되는 기간 동안 투자에 대한 승인과 이익을 공유하는 방식으로 저축예금을 수취
③ 저축예금을 예금자가 은행에게 까르드 하산, 즉 무이자 대출하는 것으로 취급하고 금전적 또는 비금전적 혜택을 예금자에게 제공
④ 저축예금을 투자 풀의 일부로 수취하고 투자예금으로 취급

3) 투자예금

투자예금은 일반 은행 시스템의 정기예금에 해당하는 이슬람 은행의 예금이다. 이는 또한 이익-손실 공유 예금 또는 참여예금이라고도 불린다.

투자예금은 다음과 같이 일반 정기예금과 구별된다.

① 일반 금융 시스템 하에서 정기예금은 이자를 기준으로 운영되는 반면, 이슬람 은행의 투자예금은 이익 공유 기준으로 운영된다. 은행은 예금자에게 사전에 정해진 고정 수익률을 약속하는 대신에 수익을 공유하는 비율만을 예금자에게 알려준다. 예금자별 수익은 은행 자체 투자의 최종 결과에 좌우된다.
② 정기예금은 만기를 기준으로 구별되지만, 투자예금은 만기뿐만 아니라 다른 목적들에 따라 구별되는데, 이는 은행에게 특정 프로젝트나 거래를 위해 투자하도록 특별한 지침을 주는 것이 가능하기 때문이다.

투자예금의 주요 특성은 다음과 같다.

① 투자예금 계좌는 개인이나 법인에 의해 국내 통화로, 또는 은행이 외환거래가 허용된 경우 외국 통화로 개설된다.
② 예금자는 이자를 받지 않는 대신 이익 또는 손실을 공유한다.
③ 투자예금 계좌는 일반적으로 3개월, 6개월, 1년 또는 그 이상 등 특정 기간 동안 개설된다.
④ 투자예금에 대한 수익은 은행의 투자 활동에서 발생한 실제 수익에 따라 결정되고, 예치 금액과 은행 예치 기간에 따라 합의된 비율로 예금자에게 공유된다.
⑤ 일반적으로, 투자예금의 예금자는 일반 은행의 정기예금과 같이 출금할 수 있는 권리가 없다. 그러나 특별한 상황에서는 출금이 가능하다.

(1) 제한 기간(Limited period) 투자예금

이 예금은 바레인 이슬람 은행(Bahrain Islamic Bank), 쿠웨이트 금융회사(Kuwait Finance House) 및 다른 많은 이슬람 은행에서 운영된다. 이 제도 하에서 투자예금은 예금자와 은행이 정한 특정 기간 동안 운영된다. 이 계약은 해당 기간의 만료시 종료되고 수익은 회계연도 말에 계산되고 배분된다. 이 계좌는 흔히 비제한적 투자예금(Unrestricted Investment Account)이라고 불린다.

(2) 비제한 기간(Unlimited period) 투자예금

이 투자예금은 기간이 정해져 있지 않다는 점에서 제한 기간 투자예금과 차이가 있다. 이 계좌는 3개월 전 계약 종료 통보가 없는 한 자동적으로 갱신된다. 이 계약은 출금이나 추가 입금은 허용하지 않으며, 고객들은 한 개 이상의 계좌를 개설할 수 있다. 수익은 회계연도 종료시 계산하여 분배한다.

(3) 특정(Specified) 투자예금

대부분의 이슬람 은행은 특정 프로젝트나 사업에 투자하도록 지정된 투자예금제도를 개발해 왔다. 이 경우, 해당 프로젝트의 수익만이 은행과 고객 간에 상호 합의한 조건에 따라 분배된다. 이 계좌는 흔히 제한적 투자 계좌(Restricted Investment Account)라고 불린다.

특정 투자예금의 경우, 이슬람 은행은 예금자를 대신하는 대리인 역할을 한다. 예를 들면, 요르단 이슬람은행의 규정은 은행이 예금을 "지정 프로젝트나 또는 지정 방식으로 해당 예금의 투자를 위해 은행을 대리인으로 지정하도록 희망하는 사람으로부터, 은행이 실현된 순이익의 일부를 받고 은행의 파산이나 규정 위반을 제외하고는 어떠한 손실로부터도 채무를 부담하지 않는 조건으로" 특정 투자예금 계좌에 수취하도록 명시하고 있다.

4) 이슬람 은행의 당좌, 저축, 투자예금

일반 은행의 예금과 차이를 보여주기 위하여 RHB 이슬람 예금(RHB Islamic accounts)의 세부 운영 내용을 아래에서 설명하였다.

(1) 이슬람 당좌예금

(가) 와디아 당좌예금

와디아 당좌예금 (i)(Wadiah Current Account-I: WCA-i)은 예금자와 은행 간 합의에 따라 은행이 고객의 예금을 보관한다. 은행은 예금자의 승인에 따라 고객의 예금을 샤리아 요건에 맞추어 사용한다. 은행은 재량으로 고객에게 일부 히바(hibah, 상품권/선물)를 지급할 수 있다.

RHB 이슬람 WCA-i의 혜택은 다음과 같다.

① 샤리아 원칙에 따라 자금이 투자된다.
② 수표책을 이용하여 계좌가 거래된다.

(나) 무다라바 당좌예금

무다라바는 두 당사자인, 자금 제공자와 (전문 지식을 제공하는) 기업가 간에, 기업가가 사업 프로젝트를 수행할 수 있도록 이루어진 계약이다. 이익 공유 비율은 합의 기간 중 사전에 정해질 필요가 있다. 손실은 자금 제공자가 부담하며, 기업가의 고의 과실이나 횡령에 의해 발생한 손실이 아닌 경우에 한한다.

무다라바 당좌예금 (i)(Mudaraba Current Account-I: MudhCA-i)은 무다라바의 이익 공유 개념에 기반한 당좌예금이다.

이러한 개념 하에서, 예금자는 예금을 샤리아에 부합하는 활동에 투자하기 위하여 은행에게 제공한다. 이러한 투자 활동에서 발생한 이익은 예금자와 은행 간에 상호 합의된 이익 공유 비율에 따라 분배된다. 참고 5.1은 무다라바 당좌예금 지급 원칙의 세부 절차를 보여준다.

참고 5.1 무다라바 당좌예금에 지급되는 요율

(기준: 2005. 10. 16 – 2005. 11. 15)

금액	이익 공유(고객:은행)	요율(%)
0–RM1,999	0:100	0
RM2,000–RM49,999	30:70	1.05
RM50,000–RM99,999	45:55	1.56
RM100,000 이상	55:45	2.00

RM: 말레이시아 링깃.

위 이익 공유 비율은 은행이 주기적으로 검토하고 조정한다.

(2) 이슬람 저축예금

(가) 와디아 야드 다마나

와디아 야드 다마나(Wadi ah Yad Dhamanah, 담보부 저축)는 보증 신탁으로서, 안전한 보관을 위하여 소유자가 아닌 자에게 상품이나 예금을 예치하는 것을 말한다. 예치기관은 보증자가 되고 따라서 필요한 경우, 예금자 계좌의 전액 또는 잔액 인출을 보장한다. 예금자는 이익에 대한 지분권이 없으나, 예치기관은 감사의 표시로 예금자에게 수익을 제공할 수 있다.

와디아 저축 계좌(Wadiah Savings Account: WSA-i)는 예금자와 은행 간 합의로서, 은행은 예금자의 승인에 따라 예금자가 예탁한 자금을 샤리아 요건에 부합하도록 사용할 수 있다. 은행은 재량으로 예금자에게 히바, 즉 선물을 제공할 수 있다.

RHB 이슬람은행 WSA-i의 혜택은 히바가 매달 계좌에 예치되는 것이며, 히바 요율은 여러 단계로 구성된다.

와디아 저축예금(Wadiah Savings Account: WSA-i)의 특성은 다음과 같다.

① RM10,000까지의 예금은 일반적인 WSA-i 요율이 적용된다.
② RM10,000을 초과하는 예금은 일반적인 WSA-i 요율에 0.5%가 가산된다.

참고 5.2는 이 계좌의 요율 구조에 대한 예를 보여준다.

참고 5.2 와디아 저축예금에 지급되는 요율

(기준: 2005. 10. 16 – 2005. 11. 15)

단계	범위	요율(%)
1단계	RM1,000까지	0.10
2단계	RM5,000까지	0.80
3단계	RM20,000까지	0.80
4단계	RM20,000 이상	1.25

(3) 이슬람 투자예금

(가) 무다라바 일반 투자 계좌(General Investment Account: GIA)

이 계좌는 이익 공유 원칙에 기반한다. 은행은 이 계좌의 예치금을 이슬람적으로 투자하는 데 사용한다. 이 투자로부터 발생된 수익은 투자자와 은행 간에 배당의 형태로 공유되며, 계좌 규모에 따라 1단계(Tier 1) 또는 2단계(Tier 2) 계좌에 투자되고, 샤리아 원칙에 따른다. 참고 5.3은 이 계좌의 구조를 보여준다.

참고 5.3 무다라바 일반 투자 계좌

(2005년 10월 16일 만기 MGIA-I 예금)

1단계(RM500,000 이하)			1단계(RM500,000 초과)		
개월	이익 공유 비율	요율(%)	개월	이익 공유 비율	요율(%)
1	75:25	2.60	1	60:40	2.08
2	75:25	2.67	2	60:40	2.14
3	75:25	2.74	3	60:40	2.19
4	75:25	2.81	4	60:40	2.25
5	75:25	2.88	5	60:40	2.30
6	75:25	3.01	6	60:40	2.41
7	75:25	3.08	7	60:40	2.47
8	75:25	3.16	8	60:40	2.53
9	75:25	3.24	9	60:40	2.59
10	75:25	3.31	10	60:40	2.65
11	75:25	3.39	11	60:40	2.71
12-14	75:25	3.46	12-14	60:40	2.77
15-17	75:25	3.58	15-17	60:40	2.86
18-23	75:25	3.67	18-23	60:40	2.94
24	75:25	3.85	24	60:40	3.08
25-36	75:25	4.02	25-36	60:40	3.22
37-48	75:25	4.19	37-48	60:40	3.35
49-60	75:25	4.32	49-60	60:40	3.46

(나) 무다라바 특별 투자 계좌(Special Investment Account: SIA)

이 계좌는 이익 공유 원칙에 기반한다. 예금자는 은행에 투자자금을 제공하며, 투자에서 발생한 이익을 상호 배당으로 공유한다. 이익 공유 비율은 협상할 수 있으며, 샤리아 원칙에 따른다.

부록 5-1은 일부 대형 이슬람 은행의 재무제표를 보여준다. 이슬람 은행의 재무상태표에 있는 주요 항목은 다음과 같다.

자산

현금 및 현금등가물

지분(participations)

무라바하 외상 매출금(Murabaha receivables)

무다라바

무샤라카

투자

1. 이슬람 증권
2. 제한적 투자예금
3. 리스 자산
4. 기타 투자

상품 투자

증권 투자

까르드 알 하산(Qard al Hasan)

기타 자산

고정 자산

총자산

부채

당좌예금

금융기관 항목

제한적 투자예금

기타 부채

총부채

비제한적 투자예금

자본
주식 자본
준비금
이익 유보금
총부채 및 자본
총부채, 자본, 비제한적 투자예금

3. 걸프 협력회의(GCC) 지역 이슬람 금융

이슬람 금융은 걸프 협력회의(GCC) 지역이 오랜 기간 동안 안정적으로 유지됨에 따라, 그 지역에 설립된 은행들을 중심으로 발전하였다. 최근에는 외국 은행들이 이슬람 금융에 합류하고 있으며, 바클레이즈 캐피탈(Barclays Capital), 도이치 방크(Deutsche Bank), 시티 그룹(Citi group), BNP 파리바(BNP Paribas), HSBC 같은 은행들이 중동에서 운영되는 특별 이슬람 창구(windows)나 지점을 설치하였고, 샤리아 기준을 준수하여 운영하고 있다(〈표 5.1〉 참조).

2007년 말 기준으로, 걸프 협력회의(GCC) 지역에 15개의 이슬람 은행이 상장되어 있고, 상장 은행 자산 총액의 23%를 차지하고 있다. 은행업 규제로 GCC 지역 중 유일하게 오만에만 이슬람 은행이 존재하지 않는다. 2013년 니즈와 은행(Bank Nizwa)을 필두로 오만에도 이슬람 은행이 개설되기 시작하였다.

규모가 큰 이슬람 금융기관의 세부 재무제표는 부록 5.1에서 5.5에 수록되었다.

부록 5.1에서 5.5는 다양한 이슬람 금융기관의 손익계산서와 재무상태표를 보여준다. 재무상태표의 자산은 제2장에서 상세히 다루었다.

〈표 5.1〉 걸프 협력회의(GCC) 지역에 상장된 이슬람 은행(2007년)

	자산 (미화 1천 달러)	설립연도	국가
알 라즈히 은행 (Al Rajhi Bank)	28,055,665	1987	사우디아라비아
쿠웨이트 금융회사 (Kuwait Finance House)	21,840,226	1977	쿠웨이트
알 바라카 은행 그룹 (Al Baraka Banking Group)	20,227,658	2002	바레인
두바이 이슬람 은행 (Dubai Islamic Bank)	17,750,396	1975	아랍에미리트
아부다비 이슬람 은행 (Abu Dhabi Islamic Bank)	9,997,364	1997	아랍에미리트
샤밀 은행 (Shamil Bank)	4,491,406	1982	바레인
알 자지라 은행 (Bank Al Jazira)	4,190,100	1975	사우디아라비아
카타르 이슬람 은행 (Qatar Islamic Bank)	4,020,030	1982	카타르
알 빌라드 은행 (Bank Al Bilad)	3,099,276	2004	사우디아라비아
에미리트 이슬람 은행 (Emirates Islamic Bank)	2,885,331	1976	아랍에미리트
카타르 국제 이슬람 은행 (Qatar International Islamic Bank)	2,307,125	1990	카타르
샤르자 이슬람 은행 (Sharjah Islamic Bank)	2,105,113	1975	아랍에미리트
보브얀 은행 (Boubyan Bank)	1,791,104	2004	쿠웨이트
마스라프 알 라얀 (Masraf Al Rayan)	1,188,004	2006	카타르
바레인 이슬람 은행 (Bahrain Islamic Bank)	1,157,761	1979	바레인
총 이슬람 은행 자산	125,106,558		
총 상장 은행 자산	538,791,503		
총 비중(%)	23.2%		

출처: SHUAA Capital.

보다 상세한 재무제표를 원하는 독자들은 해당 금융기관의 홈페이지를 활용할 것을 권한다.

부록 5.1 알 라즈히 은행 투자 회사(Al Rajhi Banking and Investment Corporation)(사우디아라비아) http://www.alrajhibank.com.sa/ reports/Pages/default.aspx

부록 5.2 두바이 이슬람 은행(Dubai Islamic Bank)(아랍에미리트) http://www.alislami.ae/en/aboutdib_financialreports.htm

부록 5.3 쿠웨이트 금융회사(Kuwait Finance House)(쿠웨이트) http://www.kfh.com/english/AboutUs/Annual-Report/Index.asp

부록 5.4 알 바라카 은행(Al Baraka Bank)(바레인)http://www.albaraka.com/default.asp?action= article&id=55

부록 5.5 바레인 이슬람 은행(Bahrain Islamic Bank)(바레인)http://www.bisbonline.com/annualreport/tabid/92/ Default.aspx

부록 5.1

알 라즈히 은행 투자 회사(Al Rajhi Banking and Investment Corporation) 연결 재무제표

연결 재무상태표

(2007년 12월 31일 기준, 단위: 1천 사우디 리얄)

자산	
현금 및 귀금속	3,486,046
사우디아라비아 통화당국 예치 잔액("SAMA")	9,655,153
은행 대출	790,645
순투자	
무타자라(Mutajara)	42,605,089
할부 매출	55,989,774
이스티스나(Istisna'a)	1,630,014
무라바하(Murabaha)	4,078,388
기타	572,180
총순투자	104,875,445
순 고객 차입 당좌예금	909,918
순 유형 자산	2,591,101
순 기타 자산	2,578,174
총자산	**124,886,482**

부채 및 자본

부채	
은행 차입	2,593,090
은행의 신디케이트 무라바하 조달	1,875,000
고객 예금	89,725,167
기타 고객 계좌(신용장, 제3자 기금, 수표증서에 대한 마진 포함)	3,030,969
기타 부채	4,056,144
총부채	101,280,370
자본	
자본금	13,500,000
법정 준비금	7,096,219
일반 적립금	197,650
이익 잉여금	1,588,326
예상 배당금	1,223,917
총자본	23,606,112
부채 및 자본 총계	**124,886,482**

연결 손익계산서

(2007년 12월 31일 기준, 단위: 1천 사우디 리얄)

수익	
투자로부터 수익	
무타자라	2,797,651
할부 매출	5,647,749
이스티스나	194,092
무라바하	108,089
기타	15,535

투자로부터 모든 수익	8,583,116
정기 투자에 대한 고객 및 은행 이익 지급	(751,593)
은행의 신디케이트 무라바하 조달 이익 지급	(109,711)
투자로부터 순이익	7,721,812
투자재산 이익	-
무다라바 수수료	71,249
순 은행 서비스 수수료	980,625
순 외환 이익	470,872
기타 운영 이익	76,538
총운영 이익	9,321,096
비용	
급여 및 직원 복리후생	1,451,180
렌트 및 건물 관련 비용	117,918
투자 손실충당금	443,240
감가상각	288,159
기타 관리 비용	567,831
이사회 급여	3,111
총운영 비용	2,871,439
순이익	**6,449,657**
가중평균 주식 수	13억 5,000만 주
주당 순이익	**4.78(사우디 리얄)**

부록 5.2

두바이 이슬람 은행(Dubai Islamic Bank)
연결 재무제표

연결 재무상태표

(2006년 12월 31일 기준, 단위: 1천 디르암)

자산	
현금 및 중앙은행 예치금	3,111,724
은행 예치금	407,245
단기 국제 무라바하	14,991,239
이슬람 금융 및 투자 자산	35,255,447
건설 중인 자산	2,171,004
매출용 자산	136,585
투자 자산	761,213
제휴 투자	1,077,901
기타 투자	3,523,944
외상매출금 및 기타 자산	2,465,123
유형 자산	495,601
영업권	36,910
총자산	64,433,936
부채	
고객 예탁금	47,732,482
은행 및 기타 금융기관 예치	4,649,900
기타 부채	3,155,269
발생 자카트(zakat)(주석 29 참조)	72,035
총부채	55,609,686

자본

자본금	2,800,000
법정 준비금	2,761,030
기부 토지 준비금	286,951
일반 준비금	895,000
외환 교환 준비금	30,323
공정가치 누적 변동금	544,649
이익 잉여금	43,197
예정 배당	1,176,000
	8,537,250
기타 이자	287,100
총자본	8,824,250
총부채 및 자본	64,433,936
우발채무	12,174,346

연결 손익계산서

(2006년 12월 31일 기준, 단위: 1천 디르암)

수익

이슬람 금융 및 투자 자산으로부터 수익	2,441,532
단기 국제 무라바하로부터 수익	525,153
투자 자산으로부터 수익	153,203
건설 중인 자산 매출로부터 순수익	412,710
수수료, 외환 수익	906,716
제휴 수익 지분	16,148
기타 수익	120,995
총수익	4,576,457

비용	
일반 관리비	(1,148,174)
손실 충당금	(76,467)
투자자산 감가상각	(10,240)
총비용	(1,234,881)
예금자 배당 및 세전 이익	3,341,576
예금자 지분	(1,757,611)
세전 이익	1,583,965
소득세	(6,122)
당해 연도 이익	**1,577,843**
지주회사 주주 지분 귀속	1,560,093
소수 주주 지분 귀속	17,750
	1,577,843
지주회사 주주 지분 귀속	**0.71 디르암**

[재무상태표 주석 사항]

(부채)

고객 예탁금

(2006년 기준, 단위: 1천 디르암)

a) 유형별	
당좌예금	9,264,286
저축예금	5,733,414
투자예금	32,065,814
마진	579,724
수익균등 충당금(주석 37 참조)	89,244
	47,732,482

b) 만기별

요구불 예금	14,887,667
3개월 내 만기 예금	18,668,425
6개월 내 만기 예금	5,058,889
1년 내 만기 예금	9,117,501
	47,732,482

주석 29: 자카트(zakat)

자카트는 은행 및 자회사의 정관에 따라 계산되고, 다음의 기준에 따라 각 회사의 파트와(Fatwa)와 샤리아 감독위원회에서 승인한다.

- 자본에 대한 자카트는 배당에서 공제되고, 자카트 풀(자본에서 납입 자본금, 기부 토지 준비금을 차감하고, 근로자 퇴직 혜택을 산입)에 계산된다.
- 수익균등 충당금에 대한 자카트는 계산 후 충당금에 부과된다.
- 자카트는 이사회에서 지명한 위원회에 의하여 지급되고, 이사회에서 제정한 규정에 따라 운영된다.
- 납입 자본금에 대한 자카트는 자카트 계산에 산입되지 않고, 주주에게 직접 지급된다.

발생 자카트

(2006년 기준, 단위: 1천 디르암)

자본에 대한 자카트(주식 자본 제외)	69,672
수익균등 충당금에 대한 자카트	2,363
	72,035

주석 37: 수익균등 충당금

(2006년 기준, 단위: 1천 디르암)

연초 잔액	135,455
당해 연도 수익의 몫	6,152
	141,607
당해 연도 자카트	(2,363)
당해 연도 예금자 수익 지분 추가 이전	(50,000)
연말 잔액	**89,244**

수익균등 충당금은 충당금 형태로 별도 마련한 수익에 대한 예금자의 몫을 나타낸다. 이 충당금은 이사회와 은행의 샤리아 감독위원회의 승인에 따라 예금자에게 지급하는 미지급금이다. 수익균등 충당금에 대한 자카트는 발생 자카트에 포함되었다.

(자본금)

(2006년 기준, 단위: 1천 디르암)

승인 자본금	**3,000,000**
주당 1디르암 30억 주	
(2005년 기준: 주당 1디르암 30억 주)	
납입자본금	**2,800,000**
주당 1디르암 28억 주	
(2005년 기준: 주당 1디르암 15억 주)	

(준비금)

법정 준비금

아랍에미리트 상업회사법(1984 수정 No.8) 192조와 은행 정관에 따르면, 주주에게 귀속되는 수익의 10%는 비할당 자본금이 납입 자본금의 50%에 일치하는

(단위: 1천 다르암)

	법정 준비금	기부 토지 준비금	일반 준비금 준비금	외환 교환 준비금	합계
2005년					
2004년 말 잔액	625,566	284,701	280,000	–	1,190,267
교환 및 기타 조정	–	2,250	–	8,320	10,570
이익잉여금 계상	106,134	–	315,000	–	421,134
2005년 12월 31일 기준	731,700	286,951	595,000	8,320	1,621,971
교환 및 기타 조정	–	–		22,003	22,003
주식할증발행(은행)	2,000,000	–	–	–	2,000,000
자회사 관련	29,330	–	–	–	29,330
이익잉여금 계상	–	–	300,000	–	300,000
2006년 말 잔액	2,761,030	286,951	895,000	30,323	3,973,304

수준까지 비할당 법정 자본금으로 계상한다. 이 준비금은 법에 규정된 상황이 아닌 경우 배당으로 지급할 수 없다. 법정 준비금은 신주 발행시 주당 2디르암씩 받은 프리미엄 20억 디르암을 포함한다.

이사회는 법정 준비금이 납입 자본금의 50%를 초과함에 따라 법정 준비금으로 매년 계상하는 것을 중단하기로 의결하였으며, 이는 주주총회에서 주주들의 승인을 조건으로 한다.

기부 토지 준비금

두바이 정부는 은행 주주들을 위해 일정 토지를 기부하였고, 이는 투자 재산에 포함되었다. 지정 토지 준비금은 기부 시점에 토지의 공정 가치를 나타낸다.

일반 준비금

일반 준비금으로의 계상은 이사회의 재량 사항이며, 주주총회에서 주주들의 승인에 따른다.

용어 설명

아래 용어는 두바이 이슬람 은행의 연결재무제표에 사용되었다.

무라바하

두바이 이슬람 은행 그룹이 상품이나 자산을 고객에게 판매하는 합의를 의미한다. 은행이 특정 조건에 따라 상품을 구입하고 고객이 이를 매입하겠다는 약정에 기초하여 해당 상품을 구매하는 것이다.구매자금융과 유사 판매 가격은 상품 원가에 사전 합의된 이윤을 더하여 정해진다.

이스티스나

은행과 고객 간 합의로서, 은행은 사전에 합의된 세부 조건에 따라 제조한 목적물을 고객에게 매각하는 것이다.프로젝트 파이낸싱과 유사 은행은 자체적으로 또는 하청을 통해 제조하고 사전에 합의한 가격으로 해당 고객에게 목적물을 인도한다.

이자라

고객(임차인)이 특정 기간 동안 일정 사용료를 지급하고 자산을 대여하겠다는 약정에 기반하여 은행(임대인)이 리스를 목적으로 해당 고객의 요청에 따라 자산을 구입하거나 건축하는 합의이다. 이자라는 자산의 소유권을 임차인에게 이전함으로써 종료될 수 있다.

무샤라카

은행과 고객이 특정 투자 기업에 출자하는 합의로서, 기존 사업을 공유하거나 신규 사업을 설립한다. 계약 기간 동안 파트너들의 지분이 지속적으로 남아있거나 은행이 점점 다른 파트너에게 지분을 이전하기도 한다. 수익은 당사자 간 합의한 대로 공유하고, 손실은 해당 기업에 대한 출자 규모에 비례하여 공유한다.

무다라바

은행과 제3자 간 합작 투자 합의로서, 일방이 일정 자금을 제공하고 다른 일방(무다리브)이 수익의 일정 몫을 수취하며 특정 기업이나 영업에 투자하는 것이다. 무다리브는 부도, 태만, 무다라바 계약 조건을 파기하는 경우 손실을 부담한다.

와칼라

은행이 대리인에게 일정 금액을 제공하고, 대리인은 일정 수수료(일시불 또는 투자금액의 일정 비율)를 받아 특정 조건에 따라 이를 투자하는 합의이다. 대리인은 부도, 태만, 와칼라 계약 조건을 파기하는 경우 손실을 부담한다.

부록 5.3

쿠웨이트 금융회사(Kuwait Finance House)
연결 재무제표

연결 재무상태표

(2007년 12월 31일 기준, 단위: 1천 쿠웨이트 디나르)

자산	
현금, 은행 및 금융기관 예치금	553,565
단기 국제 무라바하	1,067,291
외상매출금	3,988,131
트레이딩 자산	126,413
리스 자산	930,657
매도 가능 투자	896,098
제휴 투자	341,279
투자 자산	247,300
기타 자산	239,694
유형 자산	407,488
총자산	**8,797,916**
부채	
은행 및 금융기관 예금	1,168,391
예금자 예금	5,361,155
기타 부채	380,853
총부채	**6,928,399**
이연수익	**374,608**
공정가치 준비금	**86,843**

외환 교환 준비금	**1,972**
은행 주주 귀속 자본	
주식 자본	171,535
할증 발행 주식	464,735
예정 특별 배당주 발행	34,307
준비금	427,925
	1,098,502
예정 현금 배당	111,498
은행 주주 귀속 총자본	**1,210,000**
소수 주주 지분	196,094
총자본	**1,406,094**
총부채, 이연수익, 공정가치 준비금, 외환 교환 준비금 및 총자본	**8,797,916**

연결 손익계산서

(2007년 12월 31일 기준, 단위: 1천 쿠웨이트 디나르)

수익	
무라바하, 와칼라, 이스티스나, 리스 수익	466,893
투자 수익	266,397
수수료 수익	56,125
외환거래 순 수익	14,696
기타 수익	27,037
	831,148
비용	
인건비	73,783
관리비	48,134

무라바하 및 이자라 비용	65,712
감가상각	27,939
손실충당금	38,179
	253,747
예금자 배당 전 이익	**577,401**
예금자 배당	242,528
배당 후 이익	**334,873**
쿠웨이트 과학개발 재단 기부	2,847
국립 노동 지원 세금	6,257
이사 성과급	200
자카트(자카트 법 No. 46/2006 기준)	174
당해 연도 이익	**325,395**
은행 주주 지분 귀속	275,266
소수 주주 지분 귀속	50,129
	325,395
은행 주주 지분 귀속 주당 순이익	**0.166 디나르**

용어 설명

무라바하

무라바하는 원가에 합의된 일정 수익을 더한 가격으로 상품이나 부동산을 구매한 후 판매하는 것으로서, 판매자는 상품 매입 가격과 수익의 규모를 명시하여 구매자에게 통지한다.

단기 국제 무라바하

단기 국제 무라바하는 쿠웨이트 금융회사에서 발행하는 금융자산으로서, 신용등급이 높은 국제 은행 및 금융기관과의 거래이며 재무상태표일 기준 3개월 이내에 만기가 도래한다.

외상매출금

외상매출금은 금융기관에서 발행되는 금융자산으로 주로 무라바하, 와칼라, 이스티스나와 외상매출금으로 구성된다.

이스티스나는 계약 주문자와 도급업자 간 매출계약으로서 계약 주문자의 요청으로 도급업자는 세부 사양에 따라 계약의 목적물을 제조하거나 또는 구입하고, 합의된 가격과 선불, 할부 또는 특정 미래 시점 이연 지불 방식으로 계약 주문자에게 판매한다.

와칼라는 쿠웨이트 금융회사가 대리인에게 상당한 금액을 지불하고, 대리인은 세부 조건에 따라 투자를 하고 수수료를 받는다. 대리인은 부도, 태만, 와칼라 조건을 파기한 경우 받은 금액을 반환하여야 한다.

자카트

은행은 내부 기준에 따라 한 회계연도 동안 잔액이 유지된 은행의 개설 준비금(예정 배당 제외)에 대하여 2.577%로 자카트를 계산한다. 자카트는 은행의 알-파트와(Al-Fatwa)와 샤리아 감독위원회의 지시에 따라 지급되며, 자발적 준비금에 부과된다. 또한 금융회사는 2007년 12월 10일부터, 2006년 법 No. 46의 필요 요건에 따라 자카트를 제공하며, 자카트 비용을 이 요건에 따라 계산하여 연결손익계산서에 반영한다.

부록 5.4

알 바라카 이슬람 은행(Al Baraka Islamic Bank)
연결 재무제표

은행 연결 재무상태표

(2006년 12월 31일 기준, 단위: 미 달러)

자산	
현금 및 은행 예금 잔액	155,962,918
외상매출금	289,071,426
무다라바	13,852,743
이자라 자산	36,599,965
무샤라카	13,672,501
투자	31,257,027
투자 자산	1,083,790
이자라 수익 미수금	5,587,314
유형 자산	4,837,516
기타 자산	7,739,771
총자산	**559,664,971**
부채	
은행 및 금융기관 예치금	20,973,437
당좌예금	31,844,241
기타 부채	14,648,031
총부채	67,465,709
비제한적 투자예금	435,993,805

자본	
주식 자본	50,000,000
준비금	5,682,255
이익 잉여금	523,202
총자본	**56,205,457**
총부채, 비제한적 투자예금 및 자본	**559,664,971**
제한적 투자예금	**191,866,537**
약정	**112,439,831**

연결 손익계산서

(2006년 12월 31일 기준, 단위: 미 달러)

수익	
공동 자금조달 판매 수익	24,751,079
기타 공동 자금조달 투자 수익	5,411,070
공동 투자 수익	30,162,149
비제한적 투자예금 수익	
(은행의 무다리브 지분 이전 투자자 수익 지분)	(27,264,912)
은행 무다리브 지분	2,628,291
비제한적 투자예금 수익	(24,636,621)
은행 귀속 투자예금 수익	
(무다리브 및 기금 소유자로서)	5,525,528
자체 자금 조달 판매 은행 수익	612,156
자체 자금 조달 기타 자금 조달 투자 은행 수익	2,250,154
은행 서비스 수익	3,143,974
기타 수익	1,668,536
제한적 투자 수익에 대한 은행 무다리브 지분	526,278

총수익	**13,726,626**
비용	
운영 경비	(12,997,523)
충당금 및 세금 전 순이익	729,103
순대손충당금	(3,806,185)
당해연도 세금 전 순이익(손실)	(3,077,082)
세금	(434,810)
당해 연도 순이익(손실)	**(3,511,892)**

용어 설명

제한적 투자예금의 은행 지분

제한적 투자예금의 은행 지분은 주요 참여 비율에 따른다. 이는 제한적 투자예금에서 발생한 수익에 대한 무다리브 수수료에 부가된다.

자카트

자카트 지분의 책임은 개별 주주와 투자계좌 소유자에게 있다. 파키스탄에서는 지역 법에 따라 자카트를 비제한적 예금 소유자로부터 원천 공제한다.

샤리아에서 금지된 수익

은행은 비이슬람 출처로부터 발생한 수익을 피하도록 노력해야 한다. 따라서 모든 비이슬람 수익은 은행이 사회 공헌을 목적으로 사용하는 자선 기금에 배당된다.

자선 기금(자카트) 재원 및 사용 명세서

(2006년 12월 31일 기준, 기준: 미 달러)

자선 기금 재원	
자선 기금 이전 비이슬람 기부	814,461

직원 대출금 회수	27,387
총재원	**841,848**
자선 기금 사용	
빈곤층 대상 기부	355,374
기타 기부	397,544
총사용	**752,918**
사용 대비 재원 순증가	88,930
연초 자선 기금 잔액	782,768
연말 자선 기금 잔액	871,698

회계기준

용어 설명

투자 위험 준비금(Investment Risk Reserve: IRR)

은행은 배당 가능 이익에서 5%를 공제하여 투자 위험 준비금으로 바레인 지역의 비제한적 투자예금 계좌에 이전한다. 은행은 이 준비금을 비제한적 투자예금 계좌 소유주의 미래 손실에 대비한 준비금으로 사용한다.

수익균등 준비금(Profit Equalisation Reserve: PER)

은행은 수익에서 무다리브의 지분을 감안한 후에, 비제한적 투자예금에 배당되는 이익을 초과하는 일정 금액을 계상한다. 이 준비금은 비제한적 투자예금 계좌 소유주를 위해 일정 수익률을 유지할 목적으로 사용된다.

비제한적 투자예금 수익

수익에 있어 투자자의 지분은 투자 풀(pool)과 관련된 비용인 '무다리브 비용'을 공제하고 공동 투자예금에서 발생한 수익을 기준으로 계산한다. 무다리브 비용은 은행의 모든 비용들을 포함하는데, 인건비 및 감가상각비는 제외되고 특별 충당금은 포함된다. 은행의 '무다리브 수익'은 연말 이익의 배당에 앞서 투자자 지분에서 공제된다. 만기 전 그리고 3개월을 채우지 않고 인출된 비제한적 투자예금은 이익에 대해 아무런 권한이 없다. 3개월 이상 유지되고 만기 전에 인출된 비제한적 투자예금은 3개월치 이익에 상응하는 위약금을 차감한 후에만 이익에 대한 권리가 발생한다.

수익에 대한 투자예금 계좌 소유주의 지분을 계산하는 데 적용되는 기준은 (총투자 수익에서 투자 풀 비용을 차감하고) 이를 평균 펀드 발생 (주주 및 비제한 투자예금) 이익에 평균 비제한적 투자예금 규모를 곱한 금액으로 나눈다. '제한적 투자예금', '무다리브 비용'에서 발생한 은행 수익이나 제한적 투자예금에 지급되는 수익은, 수익에 대한 비제한적 투자예금 계좌 소유주의 지분 계산에서 제외된다.

은행과 투자예금계좌 소유주 지분으로 공동 소유되는 투자는 재무제표에서 '공동 조달'로 구분되어 표시된다. 은행이 단독으로 조달한 투자는 '자체 조달' 영역으로 구분된다.

비제한적 투자예금

(2006년 기준, 기준: 미 달러)

비제한적 투자예금	434,878,469
수익 균등 준비금	207,035
투자 위험 준비금	908,301
	435,993,805

수익균등 준비금 변동

(2006년 기준, 기준: 미 달러)

1월 1일 잔액	10,472
비제한적 투자예금 계좌 소유주	
할당 수익으로부터 배당된 금액	199,543
공동 자금 조달 매출 이익으로의 이전	(2,980)

12월 31일 잔액	207,035

투자 위험 준비금 변동

(2006년 기준, 기준: 미 달러)

1월 1일 잔액	416,272
비제한적 투자예금 계좌 소유주	
할당 수익으로부터 배당된 금액	642,029
외상 매출금 충당으로의 이전	(150,000)
12월 31일 잔액	908,301

용어 설명

신용 위험의 유형

자금 조달 계약은 주로 외상매출금과 무다라바 자금 조달로 구성된다.

현금 및 은행 예치금

현금 및 은행 예치금은 은행과 금융기관에 단기 투자된 금액의 잔액을 포함한다.

외상매출금

은행은 무라바하의 목적물인 해당 상품의 구매거래에 자금을 제공하고, 이윤을 더해서 이 상품을 수익자에게 재판매한다. 판매 대금(원가에 이윤을 합한 가격)은 합의된 기간 동안 할부로 지급한다. 이 거래는 고객의 지급을 보증하기 위하여 일부 기간 동안에는 무라바하(부동산 조달의 경우) 목적물에 의해서 담보되고, 그 외의 기간에는 종합 담보 패키지로 보증된다.

이자라와 이자라 미수 채권

임차인은 이자라 할부 대금을 전액 결제하는 경우 선물, 보수, 점진적 판매를 통해 이자라 관련 자산의 법적 권리를 취득한다.

무다라바

은행은 일정 기간 동안 다른 은행이나 금융기관이 운영하는 펀드에 투자함으로써 무다라바 계약을 체결한다.

무샤라카

무샤라카는 은행과 고객 간 동업 형태로서, 각 당사자는 신규 프로젝트를 설립하거나 기존 프로젝트를 공유하기 위하여 같거나 서로 다른 수준으로 동업 자본금을 출자하고, 각 당사자는 지분이 유지되거나 감소되는 형태로 자본금의 소유자가 된다. 수익은 합의된 비율로 나누고, 손실은 출자금액에 비례하여 공유한다.

부록 5.5

바레인 이슬람 은행(Bahrain Islamic Bank)
연결 재무제표

연결 재무상태표

(2005년 6월 30일 기준, 단위: 1천 바레인 디나르)

자산	
현금, 바레인 중앙은행 및 다른 은행 예치금	12,146
무라바하 미수 채권	144,943
무다라바 투자	14,496
무샤라카 투자	5,537
만기보유 투자	69,661
제휴 투자	2,995
이자라 자산 투자	5,262
이자라 문타히아 비탐리크	12,457
부동산 투자	8,484
기타 자산	3,028
총자산	**279,009**
부채	
고객 당좌예금	40,558
기타 부채	4,739
총부채	**45,297**
비제한적 투자 계좌	**172,503**

자본	
주식 자본	25,300
할증 주식	5,762
준비금	30,147
총자본	**61,209**
총부채, 비제한적 투자예금 및 총자본	**279,009**
우발 채무	**11,861**

Chapter 6

이슬람 금융 기반 구조

이슬람 금융 기반 구조

1. 금융 기반 구조의 역할은 무엇인가?

금융 기반 구조는 금융중개 기능을 효과적으로 운영할 수 있게 하는 일련의 체계를 의미하며, 금융업 운영을 위한 법과 규제 제도를 포괄한다. 최근 글로벌 금융 기반 구조는 심각한 도전에 직면하고 있으며, 따라서 알맞게 고안된 금융 기반 구조(infrastructure)가 정확히 어떠한 역할을 해야 하는지 명확히 규정해 볼 필요가 있다.

금융 시스템의 안정성이 유지되기 위해서는 안정적이고 효율적인 금융 기반 구조가 필요하다. 건전하고 투명한 시장 관행과 더불어 금융기관에 대한 적합한 규제는 금융 불안의 가능성과 규모를 감소시킨다. 그리고 지급 및 결제 시스템에 대한 엄격한 리스크 관리는 금융 부실이 금융기관 간 또는 금융시장으로 전이될 가능성을 제한한다. 잘 짜여진 국제 금융 기반 구조는 금융 부실의 국가 간 전이 위험성을 낮추어준다.

정부와 금융기관은 금융 서비스가 발생하는 금융 기반 구조를 제공하는데 있어 핵심적인 역할을 수행한다. 금융 서비스의 기반 구조는 정부, 금융기관, 산업 및 개인들 간에 금융거래가 안전하게 이루어질 수 있도록 다양한 기준 및 규제 기구로 구성된다.

금융 서비스 기반 구조는 급격한 변화의 시기를 지나고 있다. 금융 서비스의 세계화로 중앙은행과 규제 기구는 국내 및 국제 금융시장뿐만 아니라 은행, 보험과 같은 금융업종 간 발생할 수 있는 규제 차익의 기회를 최소화하고자 노력하고 있다. 따라서 일반 금융이든 이슬람 금융이든 상관없이 효율적인 금융 기반 구조에 대한 수요는 같다고 볼 수 있다.

금융 기반 구조는 다음의 구성 요소를 포함한다.

① 법 및 규제 체계(법률 집행 및 분쟁조정 기구, 파산법 등)
② 감독, 회계, 감사(규정, 제도, 관례, 전문성)
③ 금융회사 지배 구조 기준 및 제도
④ 정보 기반 구조(공적 등록, 공식 통계 및 공시, 신용 조사기관, 정보통신 네트워크, 신용평가사, 금융 정보 전문가, 금융 · 산업 분석가)
⑤ 청산, 결제, 거래소 시스템(기술 플랫폼, 네트워크, 규칙과 표준제도)
⑥ 유동성 및 금융 안전망 기구

본 장은 이슬람 금융 기반 구조의 주요 구성 요소들을 설명한다.

2. 이슬람 금융 기반 구조

이슬람 금융 기반 구조는 금융중개 기능, 즉 이슬람 은행업이 효과적으로 운영될 수 있도록 하는 일련의 체계이다. 모든 금융 기반 구조가 고려해야 하는 중요한 이슈로는 아래의 다섯 가지 요소들이 있다.

① 건전한 실무를 위해 엄격한 기준을 실행함으로써 금융 시스템의 핵심 요소를 강화
② 새로운 금융 수요를 시험할 수 있도록 체계적이고 계획적인 접근

방식을 창출
③ 비즈니스의 지속성과 복원력 강화를 위한 산업 전반의 모범 기준 마련 및 장려
④ 교육 및 지원을 통한 금융 관련 제도 구성원의 확대
⑤ 이슬람 금융 서비스와 일반 금융 서비스 간의 상호 의존성을 확인하고 검증

1) 이상적인 이슬람 금융 기반 구조는 무엇인가?

이슬람 금융 기반 구조 – 이슬람 국내 및 국제 금융 기반 구조 – 는 이슬람 금융기관들이 건전하고 정연하게 발전할 수 있도록 구성되어야 한다. 즉, 다양한 계층의 금융 소비자들에게 알맞은 접근 방법을 제공하면서, 동시에 국내 및 글로벌 금융 시스템 내에서 다변화되고 통합되어야 한다. 이를 위해 당국에서는 다음의 사항들이 발전할 수 있도록 조력하여야 한다.

① 법, 계약, 재산권, 채권자 권리 체계, 금융 안전망을 뒷받침하는 법률 기반 구조
② 통화 및 금융 정책의 투명성과 중립성, 기업 지배 구조, 회계 및 감사 체계, 공시, 신용평가 및 신용평가 보고서 시스템을 포함하는 시장 모니터링 제도 등 투명한 정보 및 기업 지배 기반 구조
③ 통화 및 외환 운영, 지급 결제 시스템, 통화와 외환, 주식시장의 전반적인 유동성 기반 구조

위 사항의 발전을 위해서는 국제 기술 · 금융 협력, 정보 교환 장려, 표준 기준 개발, 모범 사례 및 시장 운영 규칙 마련, 이슬람 금융기관 간

자율 규제, 통화 및 재정 정책 지침, 다자간 전략적 협력의 개발이 필요하다.

또한 금융구조의 설계는 감독의 효율성뿐만 아니라 산업의 발전에도 직접적인 영향을 미칠 수 있다. 따라서 금융 기반 구조를 다음을 포함하여 금융업의 향후 변화가 충분히 수용될 수 있도록 유연하게 설계하는 것이 중요하다.

① 타카풀(takaful이슬람 보험) 운영자를 포함한 비은행 금융기관의 증가
② 대규모 국채 및 단기 금융상품의 발행 및 유통, 모기지 유동화, 자산 유동화의 증가와 재무상태표 관리를 위한 금융상품 혁신, 이슬람 금융기관, 통화 및 자본시장 간 대통합
③ 자금 조달(방식), 리스크 수익률, 만기 구조를 다양하게 조합하여 투명하게 이익을 공유하는 투자 계좌를 운영할 수 있는 상품 혁신과 리스크 관리 기술
④ 샤리아에 부합하는 파생상품계약의 증가

금융 기반 구조의 설계는 국가별로 탄탄하게 구축되어야 한다. 이는 이슬람 금융 서비스에 대한 국가 간 접근을 강화하고 일반 금융과 이슬람 금융 간 글로벌 조화를 위한 필수 요소이다. 따라서 국제 금융 기반 구조는 필요한 경우 협력, 정보 공유, 기준 및 준칙 개발을 통하여 국가 차원에서 제도 개발에 박차를 가해야 한다.

금융 기반 구조는 기존의 일반 금융 기반 구조와 유사하고 조화롭게 설계되어야 한다. 또한 다른 금융 시스템과 긴밀한 통합을 이끌 수 있도록 상품 개발과 리스크 관리를 용이하게 할 수 있어야 한다. 아울러 일반 금융상품과 양립하지 않거나 경쟁이 되지 않는 별도의 이슬람 금융상품이나 서비스를 제공함으로써 이슬람 금융기관들의 분할이나 고립을 피

하고 금융 서비스의 광범위한 발전을 도와야 한다. 끝으로 이슬람 금융기관의 규모와 범위에 맞지 않는 지나친 규정 준수를 요구해서는 안 된다. 이슬람 금융기관은 일반 금융기관과 비교하여 여전히 규모가 작으므로 금융의 안정뿐만 아니라 개발을 위한 고려 사항들이 규제 체계와 지원 제도 설계시에 균형잡혀 있어야 한다.

2) 국제 이슬람 금융 기반 구조

국제 금융 기반 구조는 국가 차원에서 통화 및 금융 정책을 종합적으로 용이하게 하고, 표준 및 지침, 모범 사례의 개발을 도와 국가 발전과 금융의 안정, 국제 금융의 통합을 촉진한다.

다양한 국제 또는 지역의 개발은행은 금융 감독 및 지원, 정책 개발 측면에서 이슬람 금융을 연구하고 있다. 특히, 미주개발은행(Inter-American Development Bank: IDB)은 이슬람 금융의 체계 설계에 있어 특별한 역할을 하고 있다.

이슬람 금융의 설계를 강화하기 위하여 지역별 또는 국제적으로 많은 신규 계획들이 도입되고 있다. 바레인, 말레이시아, 인도네시아 같은 국가들은 광범위한 금융 부문 개혁의 일환으로 이슬람 금융기관과 이슬람 금융시장을 육성하기 위한 중기 종합 전략을 마련하였다.

3. 이슬람 금융 기반 구성 요소

국제적 수준에서 이슬람 금융 기반 구조는 다음을 포함한다.

① 이슬람 금융기관 회계감사기구(AAOIFI, 1991년 설립)
② 이슬람 금융 서비스 위원회(IFSB, 2002년 설립)
③ 유동성 관리 센터(LMC, 2002년 설립)
④ 국제 이슬람 금융시장(IIFM, 2002년 설립)
⑤ 국제 이슬람 신용평가회사(IIRA, 2007년 설립)
⑥ 이슬람 연구 교육원(IRTI, 1981년 설립)
⑦ 이슬람 은행 및 금융기관 공의회(general council) (GCIBFI, 2001년 설립)
⑧ 이슬람 은행 및 금융회사 중재 센터(ARCIFI, 2005년 설립)

〈도표 6.1〉 이슬람 금융 기반 구조

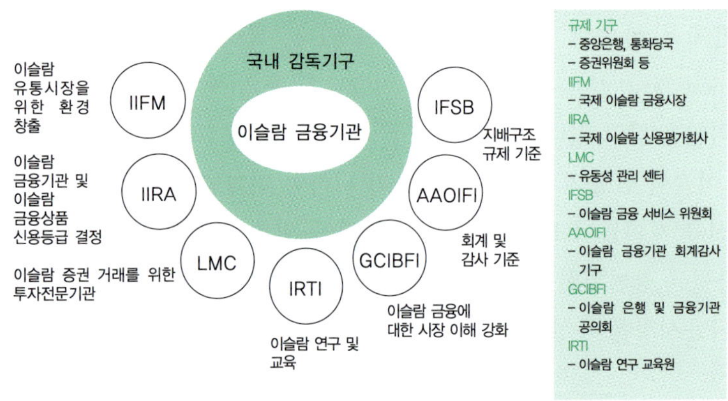

1) 이슬람 금융기관 회계감사기구

(1) AAOIFI 개요

이슬람 금융기관 회계감사기구(Accounting and Auditing Organisation for

Islamic Financial Institutions: AAOIFI)는 국제 이슬람 금융 자율기구로서 회계, 감사, 지배구조, 윤리, 이슬람 금융기관 및 금융업을 위한 샤리아 기준을 마련하는 비영리 법인이다.

AAOIFI는 알제(Algiers)알제리 수도에서 1990년 2월 26일 이슬람 금융기관들이 서명한 협정에 따라 설립되었으며, 1991년 3월 27일 바레인에 등록되었다.

AAOIFI는 독립된 국제기구로서 중앙은행, 이슬람 금융기관과 국제 이슬람 은행업 및 금융업 구성원을 포함한 기관 회원들(현재까지 40개 국가 155 회원)로부터 지원을 받는다.

AAOIFI는 모범 기준의 실행을 위하여 광범위한 노력을 하였고, 이 기준은 바레인, 두바이 국제 금융 센터, 요르단, 레바논, 카타르, 수단 및 시리아에 도입되었다. 호주, 인도네시아, 말레이시아, 파키스탄, 사우디아라비아, 남아프리카공화국의 관계 당국은 AAOIFI의 기준과 공포 사항에 기반하여 관련 준칙을 마련하였다.

(2) AAOIFI 설립 목적

AAOIFI의 설립 목적은 다음과 같다.

① 이슬람 금융기관과 관련된 회계 및 감사 기준의 개발
② 교육, 세미나, 정기 뉴스레터 발행, 연구 및 자문, 기타 이슬람 금융기관 관련 회계 및 감사 기준의 전파 및 적용
③ 이슬람 금융기관을 위한 회계 및 감사 기준의 준비, 공포, 해석
④ 이슬람 금융기관을 위한 회계 및 감사 기준의 검토 및 수정

AAOIFI는 샤리아에 따라 위 목적을 수행하며, 이는 이슬람 금융기관이 운영되는 금융 환경에 대한 모든 면을 다루는 포괄적 시스템이다.

〈도표 6.2〉 AAOIFI 구조

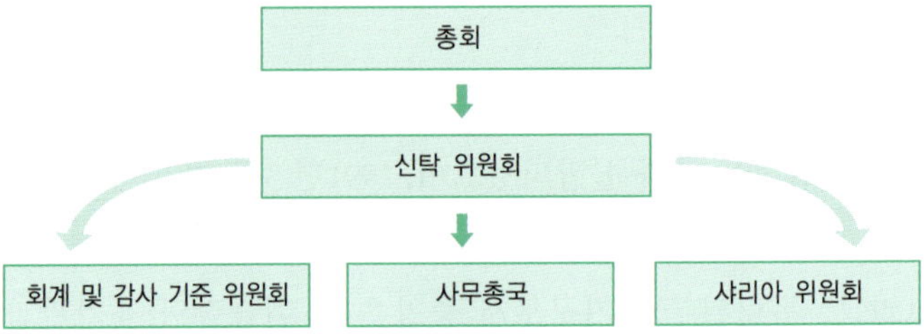

AAOIFI의 활동은 이슬람 금융기관의 재무 정보와 관련하여 재무제표 이용자의 신뢰를 강화함으로써 이슬람 금융기관에 자금을 투자하거나 예치하고 그 서비스를 이용하도록 장려하는 것이다. AAOIFI의 구조는 〈도표 6.2〉에서 살펴볼 수 있다.

(3) AAOIFI 회원

AAOIFI 회원 기준은 기존에 가입한 기관과 신규로 참여하고자 하는 기관들 간에 다르다. 창립 회원들은 1990년 기구 설립을 위한 합의서에 조인한 이슬람 금융기관들로서 이슬람 개발은행(Islamic Development Bank), 알 바라카 은행 그룹(Al Baraka Banking Group, 바레인), 다르 알 말 알 이슬라미(Dar Al Mal Al Islami, 스위스), 알 라지 은행 투자 회사(Al Rajhi Banking and Investment Corporation, 사우디아라비아), 쿠웨이트 금융회사(Kuwait Finance House, 쿠웨이트), 부카리 캐피탈(Bukhari Capital, 말레이시아)이 있다.

준회원은 업무 운영과 거래에 있어 샤리아 계율과 원칙을 준수하는 이슬람 금융기관과 일반 회사들이다. 또한 법인인 이슬람 피끄(Fiqh) 아카데미와 기관들도 준회원으로서 발언권을 가지고 있다.

AAOIFI는 회원의 기반을 창립회원과 준회원으로 제한하지 않는다. 중앙은행이나 통화당국과 같이 규제 및 감독기관을 대표하는 회원들에게는 특별한 자격이 부여되며 이슬람 금융기관을 감독하거나 경제에 크게 기여하는 중요한 역할을 수행한다.

참관회원(observer members)도 회원을 구성하며, 여기에는 회계나 감사 법인을 규제하거나 또는 회계나 감사 기준을 마련하는데 책임이 있는 기구나 협회가 포함된다. 공인 회계법인 또는 감사법인은 이슬람 금융기관의 회계나 감사 실무에 관심이 많은 참관자들이다. 참관자들은 이슬람 은행 창구와 같이 이슬람 금융회사의 활동에 관여하는 금융기관까지 확대된다.

끝으로 찬조회원은 이슬람 금융기관의 재무제표 이용자, 개인, 법인으로 구성되며, 이슬람 기관이나 금융상품과 관련 있거나 관계되고자 하는 지역 또는 국제 금융기관이 해당된다.

또한 AAOIFI는 금융 관련 인력과 지배구조를 강화하기 위하여 전문자격 프로그램(특히, 국제회계사(CIPA), 샤리아 자문 및 감사(CSAA), 기업 규제준수 프로그램)을 제공한다.

2) 이슬람 금융 서비스 위원회

이슬람 금융 서비스 위원회(Islamic Financial Services Board: IFSB)는 은행, 보험, 자본시장 부문에서 이슬람 금융 서비스업의 안정성을 높이기 위한 원칙과 기준을 제정하는 국제 기구이다.

(1) IFSB 설립 배경

말레이시아 쿠알라룸프르에 위치한 IFSB는 2002년 11월 3일에 창설되었고, 2003년 3월 10일에 업무를 개시하였다. IFSB는 이슬람 금융 서비스의 건전성과 안정성을 확보하도록 규제 감독 당국들을 위한 국제 기준을 제정하는 역할을 하고 있다. 이를 위해, IFSB는 샤리아 원칙에 부합하는 신규 또는 기존의 국제 기준을 소개 또는 도입하거나 도입을 권장하여 이슬람 금융 서비스의 건전하고 투명한 발전을 도모한다.

따라서 IFSB는 바젤 은행감독위원회(Basel Committee on Banking Supervision), 국제증권감독기구(International Organisation of Securities Commissions), 국제보험감독협회(International Association of Insurance Supervisors)의 업무를 보완한다.

2008년 1월 기준, IFSB의 150개 회원 기관으로는 IMF, 세계은행(World Bank), 국제결제은행(Bank for International Settlements), 이슬람 개발은행(Islamic Development Bank), 아시아 개발은행(Asian Development Bank), 29개국에서 영업 중인 108개 시장 참여자 및 전문 회사, 37개 규제 감독당국이 있다.

IFSB 유치국인 말레이시아는 이슬람 금융 서비스 위원회법 2002로 알려진 법률을 제정함으로써 통상 국제 기구나 외교 사절단에게 부여되는 면책특권을 IFSB에 부여하였다.

(2) IFSB 설립 목적

IFSB의 설립 목적은 다음과 같다.

① 신규 또는 기존의 샤리아 원칙에 부합하는 국제 기준을 소개 또는 도입하거나 도입을 권장하여 이슬람 금융 서비스의 건전하고 투명한 발전을 도모

② 기업 가치 산정, 소득 및 비용의 계산, 국제 기준을 고려한 공시 관련 리스크의 확인, 측정, 관리 등 이슬람 금융상품을 제공하는 금융기관의 효과적인 감독과 규제를 위한 기준을 제공

③ 국제 통화 및 금융 시스템, 회원국들의 안정성 및 건전성 기준을 마련하고 있는 관련 기구들과의 협력
④ 효율적인 업무 운영과 리스크 관리 수단 또는 절차의 개발을 위한 계획의 강화 및 조정
⑤ 이슬람 금융 서비스의 발전을 위한 회원국 간 협력 장려
⑥ 이슬람 금융 서비스 및 관련 시장의 효과적인 규제를 위한 교육 및 인재 개발
⑦ 이슬람 금융 서비스에 관한 연구, 조사, 출판
⑧ 이슬람 은행, 금융기관, 업계 전문가에 대한 데이터베이스 구축
⑨ 기타 IFSB 총회에서 합의된 사항들

〈자료: IFSB 합의문(IFSB Articles of Agreement) 제4조〉

IFSB의 구조는 〈도표 6.3〉에 설명하였다.

〈도표 6.3〉 IFSB의 구조

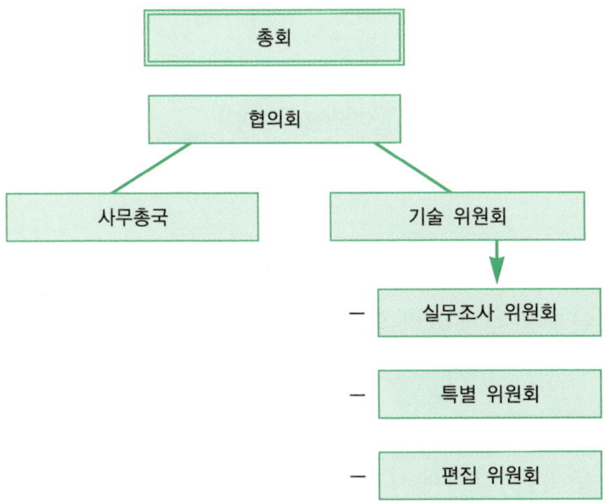

(3) 총회(General Assembly)

IFSB의 모든 회원, 즉 정회원, 준회원, 참관인을 대표하는 기구이다.

(가) 협의회(Council)

IFSB의 고위 의사결정 기구이며 정책을 입안한다. 각 정회원의 대표자로 구성되며, 그 대표자는 정회원의 고위 의사결정자이거나 또는 그를 대표하기 위하여 지정된 고위 중역이어야 한다.

(나) 사무총국(Secretariat)

IFSB의 행정 기구이다. 협의회가 결정한 임기 동안 협의회가 지정한 상근 사무총장이 수장이 된다. 사무총국은 말레이시아 쿠알라룸푸르에 소재한다.

(다) 기술 위원회(Technical Committee)

(협의회가 정한) 특정 사안의 기술적 이슈에 대해 협의회에 자문을 제공하는 기구이다.

(라) 실무조사 위원회(Working Group)

기준이나 지침 검토를 담당한다.

(마) 특별 위원회(Task Force)

특별 업무를 수행하기 위하여 설치된 위원회이다.

(바) 편집 위원회(Editing Committee)

IFSB 문서를 영어에서 아랍어로 번역하기 위하여 설치된 위원회이다.

(사) 기준의 채택

IFSB는 출범 이후 이슬람 금융 서비스의 발전을 위해 다음의 주제를 포함하여 다양한 분야에 대한 기준, 지침 등을 발표하였다.

① 리스크 관리
② 자본 적정성
③ 기업 지배구조
④ 감독 절차
⑤ 투명성과 시장 규율
⑥ 샤리아 적격 금융상품에 대한 신용평가
⑦ 이슬람 단기 금융시장의 발전

또한 IFSB는 다음의 주제들에 대하여 새로운 기준과 준칙의 연구를 지속하고 있다.

① 자본 적정성
② 집합적 투자기구에 관한 지배구조
③ 타카풀(Takaful) 운영 관련 기업 지배구조
④ 샤리아 지배구조
⑤ 시장 행위(Market Conduct)

IFSB의 기준들은 외부 공개안 발표 및 공청회 개최 등 기준 마련 관련 지침과 절차를 거쳐 수립되었다.

(4) IFSB의 인지도 장려 역할

IFSB는 이슬람 금융 서비스의 규제 및 감독과 관련되거나 또는 이에 영향을 미치는 이슈들의 인지도를 높이기 위하여 활발하게 노력하고 있다. 많은 국가에서 국제 회의, 세미나, 워크숍, 교육, 회의 및 토론을 개최한다.

3) 유동성 관리 센터

유동성 관리 센터(Liquidity Management Centre: LMC)는 2002년 7월 29일 바레인 공동 주식회사로 바레인에 설립되었고, 이슬람 투자은행 허가증을 보유하였다.

LMC의 비전은 이슬람 금융기관이 샤리아 원칙에 따라 구조화된 단기 및 중기 유동성 투자를 하게 하여 유동성 불일치를 관리하는 것이다.

(1) LMC의 역할

LMC는 이슬람 은행과 금융기관이 여유자금을 샤리아 원칙에 따른 단기 및 중기 금융상품에 투자하도록 지원하기 위해 설치되었다.

LMC는 이슬람 금융기관의 단기 유동성 관리를 지원하는 이슬람 은행 간 시장을 활발하게 하고 지리적으로 광범위하게 만드는 데 핵심적인 역할을 하고 있다. 이슬람 은행 간 시장은 이슬람 금융 부문의 발전을 촉진하고자 도입되었다. LMC는 또한 많은 국가의 민간 또는 정부, 금융기관, 일반 회사의 자산을 유치하기 위해 노력하였는데, 조달된 자산은 양도 가능한 증권 형태로 유동화되거나 다른 혁신적인 금융상품으로 구조화된다.

LMC는 구조화 금융, 프로젝트 금융, 기업 금융에 대한 금융 자문 서비스도 제공한다.

(2) LMC의 후원자

바레인 통화당국, 즉 바레인 중앙은행(Central Bank of Bahrain: CBB)은 LMC의 주요 후원자이다.

자본

인가 자본금	미화 2억 달러
납입 자본금	미화 5천만 달러

(3) LMC 소유

LMC는 이슬람 최대의 4개 은행, 즉 바레인 이슬람 은행(Bahrain Islamic Bank), 두바이 이슬람 은행(Dubai Islamic Bank), 쿠웨이트 금융회사(Kuwait Finance House), 이슬람 개발은행(Islamic Development Bank)이 소유하고 있다.

LMC 주주

바레인 이슬람 은행	바레인	25%
두바이 이슬람 은행	아랍에미리트	25%
이슬람 개발은행	사우디아라비아	25%
쿠웨이트 금융회사	쿠웨이트	25%

(4) LMC의 샤리아 위원회

LMC는 이슬람 투자은행을 위한 표준화된 제도를 개발하는 임무를 갖고 있으며, 자체 샤리아 위원회뿐만 아니라 바레인 중앙은행의 샤리아 위원회와 LMC 주주들의 샤리아 위원회들로부터 지원을 받고 있다.

LMC 샤리아 위원회

학자	직위
후세인 함메드 핫산 박사(Dr Hussein Hammed Hassan)	의장
아자일 자쎔 알-나쉬미 박사(Dr Ajail Jassem Al-Nashmi)	위원
압둘 사타르 아부 구다 박사(Dr Abdul Sattar Abu Ghuddah)	위원
셰이크 아드난 알 까탄(Shaikh Adnan Al Qatan)	위원

(5) LMC의 시장 내 지위

LMC는 양질의 단기 및 중기 매매 투자 기회에 대한 수요뿐만 아니라 유통시장 발전을 위한 다양한 수요를 충족시키기 위하여 노력한다. LMC의 강점은 다양한 종류의 수쿡(Sukuk) 발행 실적뿐만 아니라 유통시장 활성화를 위해 노력한다는 점이다.

(6) 단기 담보부 투자 수쿡(Short-Term Secured Investment Sukuk)

단기 수쿡 프로그램(Short Term Sukuk Program: STS)은 2004년 LMC가 도입하였고, 1억 달러 규모까지 점진적으로 성장하였다. 이 프로그램은 다음과 같은 주요 특성을 갖는다.

① 매월 투자자를 위한 투자 및 청산
② 매월 투자자에게 수익 지급
③ STS 프로그램을 위한 유동성 공급
④ 수쿡 포트폴리오의 기초자산 담보 및 보장

(7) 수쿡 발행시장

수쿡은 인가받은 구조화 상품이며, LMC는 다양한 형태의 수쿡 상품을 제공한다. 수쿡의 고객으로는 국가, 금융기관과 일반 기업들이 있으며, 수쿡의 발행 목적은 프로젝트 파이낸싱, 운전자금 등 일반 기업금융, 재융자, 자산 유동화 등이 있다.

LMC는 고객들에게 수쿡을 제공하고 관련 문서를 고객의 필요에 맞게 제공한다.

주요 수쿡의 종류는 다음과 같다.

① 살람 및 이스티스나 수쿡(Salam and Istisna'a Sukuk)
② 무다라바 및 무샤라카 수쿡(Mudaraba and Musharaka Sukuk)
③ 이자라 및 리스 수쿡(Ijara and leasing Sukuk)
④ 이스티스나 및 이자라 수쿡(Istisna'a and Ijara Sukuk)
⑤ 무라바하 수쿡 및 후일부 매출(Murabaha Sukuk and post-dated sales)
⑥ 투자 대리인 수쿡(Investment Agency Sukuk)

LMC는 수쿡을 부채 기반 거래와 자본 조달 거래에 활용한다.

LMC는 양도 가능한 모든 이슬람 투자 상품을 대상으로 유통시장을 개발하는 것을 목표로 한다. 이를 위해 LMC는 수쿡의 잠재 매수자와 매도자를 돕고 있으며, 수쿡 발행시장이 확장되면서 사업 영역 또한 확대되었다.

LMC는 또한 다양한 고객들에게 구조화 자금뿐만 아니라, 이와 관련된 발행 및 문서 서비스를 제공한다. 구조화 자금 관련 기본 문서는 고객들의 필요에 맞게 조정된다. 〈표 6.1〉은 시장 조정자로서 LMC가 관리하는 수쿡의 예를 보여준다.

4) 국제 이슬람 금융시장

국제 이슬람 금융시장(International Islamic Financial Market: IIFM)은 바레

〈표 6.1〉 LMC 관리 수쿡(Sukuk) 예

발행자	만기일	수익률	발행 규모 (미화 백만 달러 상당)	신용 등급	참고 가격		참고 리보/ 스왑 스프레드 (베이시스 포인트)	
					매수자 호가	매도자 호가	매수자 호가	매도자 호가
라군 시티 수쿡 (Lagoon City Sukuk)	2011. 12. 12	6개월 리보+2.25%	200	BBB+	99.50	100.00	224	250
알 마르파 알 말리 (Al Marfa'a Al Mali, 회사)	2010. 7. 26	3개월 리보+2.50%	134	–	99.75	100.35	261	237
두랏 알 바레인 수쿡 (Durrat Al Bahrain Sukuk, 회사)	2010. 1. 25	3개월 리보+1.25%	152.5	–	99.00	100.00	173	125
에마르(Emaar, 회사)	2009. 7. 6	6개월 리보+0.7%	65	–	99.25	100.25	118	50
상업용 부동산 수쿡 (Commercial Real Estate Sukuk, 회사)	2010. 5. 12	6개월 리보+1.25%	100	A–	99.00	100.00	168	124

출처: Capital Intelligence(국제 신용평가 회사).

인, 브루나이, 인도네시아, 말레이시아, 수단의 중앙은행과 통화당국, 이슬람 개발은행의 공동 노력으로 설립되었다. IIFM은 이슬람 자본시장 및 단기 금융상품시장의 설립과 발전, 자율적 규제를 강화하고 장려하고자 설립된 기관이다.

IIFM의 주요 관심은 이슬람 금융상품의 구조, 계약, 상품 개발, 기반 구조의 발전과 표준화, 이슬람 자본시장 및 단기 금융상품시장의 국제 경쟁력 강화를 위한 준칙과 권고를 마련하는데 있다. 또한 이슬람 자본시장 및 단기 금융상품시장의 발행 및 유통시장이 국제적으로 발전하고, 이슬람 금융상품에 대한 시장을 창출하는 것이 IIFM의 주요 업무 영역이다.

(1) IIFM의 비전

"모든 면에서 샤리아에 부합하는 활발하고 잘 규제된 금융거래 및 자본 흐름과 국제적인 금융상품의 창출"

(2) IIFM의 미션

"강력하고 투명하며 잘 규제되는 기준과 준칙을 통하여 국내외 금융거래 기반 구조, 상품 혁신, 정보 흐름의 촉매 역할을 함으로써 IIFM의 비전을 달성하고 이를 위해 주류 금융시장을 수용하며 통합을 장려"

(3) IIFM의 권한

IIFM은 이슬람 자본시장 및 단기 금융상품시장의 국제적 개발을 위한 다양한 연구 활동으로 시장 참여자들을 위한 실무 소개 및 공동의 장을 마련하는 역할을 수행한다.

(4) IIFM의 목적

IIFM은 이슬람 자본시장과 단기 금융상품시장의 발전을 위한 자율 규제를 장려한다. IIFM은 회원 기관들과 협력을 통하여 발행과 거래 준칙, 모범 사례, 상품 혁신과 시장 기반 구조의 개발을 위한 금융계약의 표준화를 포함하는 계획을 주도한다. 특히, IIFM은 이슬람 금융시장의 국제 금융시장 진출 및 통합을 장려한다.

IIFM은 균등한 개발과 유지를 위한 시장기구로서 활동하며, 투명하고 강건한 이슬람 금융시장을 만들기 위한 표준 벤치마킹을 지원한다.

IIFM은 금융거래 및 결제와 관련된 금융 시스템 기반 구조를 설치, 개발, 강화하기 위해 활발히 활동하고 이슬람 금융시장을 위한 도전 과제를 추진한다. 도전 과제로는 이슬람 헤징(Islamic hedging), 유통시장 문서 및 혁신 상품의 개발(예: 이슬람 환매조건부 시장, 무라바하(Murabaha) 계약 방법), 그리고 이슬람 금융 시스템의 발전과 원할한 기능 수행에 필수적인 요소들이 포함된다.

(5) IIFM의 기여 확대

IIFM는 다음과 같이 이슬람 금융 서비스에 기여하고 있다.

(가) 시장기구(Market body)

IIFM은 이슬람 금융시장 참여자와 이슬람 자본시장 및 단기 금융상품 부문에 대한 감독기구 간 연계를 지원한다. IIFM의 실무위원회는 규제기관의 지원을 받으며 시장 참여자를 공공의 장으로 이끈다.

(나) 샤리아 적격성 승인 제고

IIFM은 다른 샤리아 위원회와 긴밀히 협력하여 샤리아 적격성 승인을 제고한다.

(다) 자율 규제

IIFM의 회원 기관들은 발행 및 유통시장과 관련한 IIFM의 지침, 모범 사례에서 혜택을 받는다.

(라) 균일성과 표준화

IIFM의 단일화된 문서 체계와 상품의 개발은 모든 이슬람 금융기관의 거래시 보안성을 제고하고 관련 비용을 감소시킨다.

(마) 지식 공유

IIFM은 이슬람 또는 이슬람 금융에 관심이 있는 기관과 금융업 종사자들의 적극적인 참여를 장려한다. IIFM은 이슬람 자본시장 및 단기 금융상품시장에 관한 특별 포럼과 워크숍을 개최하여 관련 지식과 경험을 공유한다.

(바) 금융 하부구조 자문

IIFM은 이슬람 금융 하부구조의 완전성과 법규 준수를 자문한다.

(6) IIFM 현황

IIFM은 현재 다음과 같은 주요 프로젝트를 활발하게 수행중이며 마무리 단계에 있다.

(가) IIFM 마스터 협약

IIFM 마스터 협약(IIFM Master Agreement for Islamic Treasury Placement)은 금융업의 표준화된 기준 문서를 제공한다. 현재 20개 이상의 서로 다른 문서 양식들이 사용되고 있는데, 통일된 문서의 부재는 관련 비용을 높이고, 완전성과 투명성 문제를 야기시킬 뿐만 아니라 결과적으로 샤리아 적격성 승인 절차의 통일을 저해한다.

(나) IIFM/ISDA 이슬람 마스터 협약

IIFM은 현재 이슬람 헤징을 다루는 방식과 관련된 문서를 작성 중이다.

(다) IIFM/ICMA 마스터 협약

이 프로젝트는 이슬람 단기 금융상품의 부재에 따른 문제를 해결하고자 환매조건부 채권의 처리를 연구하며, 이를 통해 효율적인 유동성 관리 수단을 금융기관에 제공할 것이다. 이는 수쿡의 유통시장 활성화에도 기여할 것이다.

앞서 언급된 프로젝트 외에 다른 몇 가지 프로젝트도 고려 중이다. 예를 들면, 수쿡의 발행 및 유통시장 개선, (시스템 및 절차를 포함한) 금융 하부구조 개선, 이슬람 자본시장 상품의 데이터베이스화가 이에 포함된다. 중기적으로는 표준화된 문서 및 모범 사례의 제공 등을 목표로 한다.

IIFM 샤리아 자문단

- 셰이크 니잠 야쿠비(Sheikh Nizam Yaquby)
- 셰이크 에쌈 이샤끄(Sheikh Essam Ishaq)
- 아마드 알리 압둘라 박사(Dr Ahmad Ali Abdulla)
- 임란 우스마니 박사(Dr Imran Usmani)
- 후세인 함메드 핫산 박사Dr (Hussain Hammed Hassan)
- 다우드 바카르 박사(Dr Daud Bakar)
- 라야치 세데크 페다드 박사(Dr Layachi Sedek Fedad)
- 부르한 아르부나 박사(Dr Burhan Arbouna)

5) 국제 이슬람 신용평가 회사

국제 이슬람 신용평가 회사(International Islamic Rating Agency: IIRA)는 모든 자본시장 상품과 특히 이슬람 금융상품을 대상으로 신용평가를 하여 주로 이슬람 국가의 자본시장과 은행업계에 이를 제공하고, 신용평가시장의 분석 수준을 강화하기 위하여 설립된 유일한 이슬람 신용평가 회사이다.

IIRA의 보강된 신용평가 시스템은 이슬람 금융의 독특한 특성을 인식하고 반영함으로써 신용평가 회사의 궁극적 목표인 평가 품질의 향상을 도모한다. 이는 기관투자자의 수요에 중점을 두고 궁극적으로 투자자들로부터 IIRA의 신용평가와 연구 조사에 대한 수요가 있을 것이라는 전제 하에 신용평가의 가치를 창출하는 것이다. IIRA는 또한 규제당국으로부터 신용평가 결과에 대한 승인을 받는다. 규제당국은 신용평가 회사의 설치를 위한 필수 요건을 정하고 있는데, 신용평가의 절대적 독립성, 객관적이고 공정한 신용평가 위원회, 높은 수준의 교육을 받은 전문 분석가의 보유 등이 이에 해당된다.

IIRA는 상대적인 투자위험 및 신용위험을 상세히 기술하여 금융기관이나 금융상품의 리스크 측정 결과를 제공함으로써 지역 또는 국제 금융시장의 발전을 용이하게 하고자 2005년 7월에 설립되었다. 국제 개발기구들, 선도 은행들, 여타 금융기관들과 신용평가 회사들이 IIRA를 지원하였다.

IIRA는 독립성을 유지하기 위하여 이사회와 완전히 독립된 신용평가 위원회를 구성하고, 샤리아 위원회는 그 분야의 전문가들로 구성되어 있다.

(1) IIRA의 비전

IIRA의 비전은 샤리아 원칙을 준수하는 신용평가의 궁극적 기준을 세우는 것이다.

(2) IIRA의 미션

IIRA의 미션은 다음의 서비스를 제공하여 금융시장의 발전에 기여하는 것이다.

① 국채 신용등급 제공
② 전통 채권 및 수쿡의 신용등급 제공
③ 금융회사의 규율 준수를 반영한 샤리아 기준 신용등급 제공
④ 투자의 질과 발행자의 신용등급 제공
⑤ 기업 지배구조 신용등급 제공
⑥ 시장 상황과 신용평가에 대한 정기적인 요약 보고서 제공
⑦ 신용 및 투자 수준에 대한 경제적 해설 제공
⑧ 투자 결정 과정 강화를 위한 세부 신용평가 보고서 제공
⑨ 산업 내 기업의 위치 분석을 위한 업권 보고서 제공
⑩ 단기 금융상품시장 및 자본시장에 대한 현황 및 전망 분석
⑪ 재무 담당자를 위한 금융회사 상대방의 위험 분석
⑫ 신용평가 회사가 사용하는 분석 기준에 관한 세미나 개최

(3) IIRA의 설립 목적

IIRA의 주요 설립 목적은 다음과 같다.

①발행/발행자 신용등급을 위한 방법 및 기준 개발
②국가, 기업, 은행, 금융기관의 차입 또는 발행 증권의 적시 상환 가

능성에 대한 독립적 평가 및 의견 제공
③ 샤리아 적격 수준에 대한 독립적 의견 제공
④ 기업, 은행, 다른 금융기관의 지배구조 시스템 평가
⑤ 건전하고 효율적인 자본시장 발전을 위한 기업 활동 관련 정보 및 데이터 배포 및 발간
⑥ 리서치 및 분석, 산업 및 기업 평가 제공
⑦ 공시 및 투명성 관련 기준의 도입 장려

(4) IIRA의 신용평가 등급

IIRA는 다른 신용평가 회사처럼 투자자 및 다른 이해관계자에게 신용평가에 관한 의견을 신용등급을 표시하여 전달한다. IIRA 신용평가의 등급별 정의는 아래에 자세히 설명하였다.

신용도의 단계적 차이나 규정의 준수 수준은 신용평가 등급의 표시에 나타나며, 동일한 등급의 그룹은 신용의 특징 또는 규제의 준수 수준이 대략적으로 유사하다는 것을 의미한다.

(5) 국내 기준 평가등급

IIRA는 자국 통화 발행 채권, 수쿡 또는 다른 증권을 대상으로 자국 시장에서 발행한 채무자에 대한 국내 신용등급을 부여한다. 국내 신용등급은 자국 내 다른 발행자와 비교한 상대적 리스크의 측정 결과이다.

(가) 샤리아 준수 신용평가 등급

IIRA는 샤리아 적격성을 평가하기 위하여 AAA(SQR)부터 B(SQR)까지의 등급을 사용하며, AAA(SQR)를 최상 등급으로 B(SQR)를 최저 등급으로 한다. 등급 기준은 다음과 같다.

① AAA(SQR): 모든 측면에서 샤리아 적격성 기준에 최상위 수준으로 부합하는 회사나 금융상품
② AA(SQR): 모든 측면에서 샤리아 적격성 기준에 아주 높은 수준으로 부합하는 회사나 금융상품
③ A(SQR): 샤리아 적격성 기준에 높은 수준으로 부합하나 샤리아 준수 측면에서 아주 일부 미약한 회사나 금융상품
④ BBB(SQR): 샤리아 적격성 기준에 적정하게 높은 수준으로 부합하나 샤리아 준수 측면에서 일부 미약한 회사나 금융상품
⑤ BB(SQR): 샤리아 적격성 기준에 만족할 만한 수준으로 부합하나 샤리아 준수 측면에서 상당히 미약한 회사나 금융상품
⑥ B(SQR): 샤리아 적격성 기준에 적정 수준으로 부합하나 샤리아 준수 측면에서 상당 부분 미약한 회사나 금융상품

'p' 등급

'p' 등급은 경영진이 신용평가를 요청하지 않은 회사에 부과되며 대외에 공개된 자료를 이용하여 결정된다.

'p' 등급은 'p' 첨자로 표시하여 공시되며, 플러스(+)나 마이너스(-) 표시를 덧붙이지 않는다. 이 등급에는 등급 전망을 부여하지 않는다.

(나) 기업 지배구조 평가등급(Corporate Governance Rating: CGR)

IIRA는 CGR-1부터 CGR-10까지 등급을 사용하여 기업 지배구조 신용등급을 매기며, CGR-10을 최상 등급으로, CGR-1을 최저 등급으로 한다. 등급 기준은 다음과 같다.

① CGR-10: 기업 지배구조 절차 및 실무 전반이 최상급으로 건실하며, 지배구조 분석 주요 부문에서 취약 사항이 거의 없음

② CGR-9: 기업 지배구조 절차 및 실무 전반이 대단히 건실하며, 지배구조 분석 주요 부문에서 취약 사항이 별로 없음
③ CGR-8: 기업 지배구조 절차 및 실무 전반이 건실하며, 지배구조 분석 주요 부문의 일부에서 일부 취약
④ CGR-7: 기업 지배구조 절차 및 실무 전반이 건실한 편이며, 지배구조 분석 주요 부문의 일부에서 일부 취약
⑤ CGR-6: 기업 지배구조 절차 및 실무 전반이 만족할 만한 수준이며, 지배구조 분석 주요 부문의 일부에서 다소 취약
⑥ CGR-5: 기업 지배구조 절차 및 실무 전반이 적정하며, 지배구조 분석 주요 부문의 일부에서 취약
⑦ CGR-4: 기업 지배구조 절차 및 실무 전반이 다소 취약하며, 지배구조 분석 주요 부문의 상당 부분에서 취약
⑧ CGR-3: 기업 지배구조 절차 및 실무 전반이 취약하며, 지배구조 분석 주요 부문의 상당 부분에서 상당히 취약
⑨ CGR-2: 기업 지배구조 절차 및 실무 전반이 대단히 취약하며, 지배구조 분석 주요 부문의 대부분에서 상당히 취약
⑩ CGR-1: 기업 지배구조 절차 및 실무 전반이 가장 취약한 수준이며, 지배구조 분석 주요 부문의 대부분에서 상당히 취약

(다) 등급 지정 보류

IIRA는 신용등급 발행 대상 회사의 협력이 없거나 협력의 수준이 적절하지 않는 경우, 또는 신용등급 대상에 대한 가용 정보가 신용등급 의견을 확인하는데 충분하지 않은 경우 등급 지정을 보류한다. 또한 신용등급은 최대 6개월 간 지정 보류로 유지되며, 이 기간 중 유보 지정 원인이 신용등급 발행 대상 회사에 의해 해소되면 지정 보류가 철회된다.

(라) 신용등급의 철회

IIRA는 다음의 경우 신용등급을 철회할 수 있다.

①중요하다고 여겨지는 새로운 경영환경에 대하여 만족스럽고 객관적인 분석이 불가능한 경우
②신용등급이 조정되거나 만료된 경우
③채권발행자가 신용등급 관련 계약을 갱신하지 않은 경우

(마) 신용등급 전망

IIRA의 신용등급 전망은 발행 채권이나 발행자의 신용도에 대한 중기적 방향에 대한 의견이다. 그러나 신용등급 전망이 반드시 신용등급의 변화를 주도하지는 않는다.

신용등급 전망은 다음 네 가지 범주로 구분된다.

①긍정적
②부정적
③안정적
④(중요 사건을 고려하여) 개발 중

(바) IIRA 단기 조정

IIRA는 신용평가 등급이 단기적으로 변동할 가능성이 있어 검토 중인 경우를 나타내기 위하여 '단기 조정'(Watchlist)을 이용한다. 신용평가 대상 회사는 신용등급이 상향 또는 하향 조정될 것으로 예상되는 경영환경의 변화로 '단기 조정'에 해당될 수 있다. 신용등급이 상향, 하향 또는 확인이 된 경우에는 '단기 조정'에서 제외된다.

(사) 신용등급 조정

신용평가 대상 회사(Issuer)의 신용도에 대한 변화 또는 규제 준수 수준에 대한 변화의 결과로, 신용등급이나 기준부합 등급이 등급의 만기 이전에 조정될 수 있다. 이러한 등급의 변화는 IIRA가 발행 증권 또는 발행자의 신용도나 규제 준수 수준에 변화를 관찰하였고, 이러한 관찰로 기존의 등급이 해당 증권이나 발행자의 수준(투자 또는 규제 준수의 수준)을 충분히 반영하지 않는다는 것을 의미한다.

(아) 채무 불이행

채무 불이행은 증권 발행자가 약정된 기일에 채무를 상환하지 못하는 것을 의미한다. 채무 불이행에 이르는 상황은 채무자가 지불할 의사가 없거나 지불할 능력이 없는 경우이다. 채무 불이행은 다음의 상황에서 발생한다.

① 상환 기일에 이자/이익/원금의 지급을 하지 못함. 다만, 유예기간이 있고 IIRA가 유예기간 만료 이전에 지급이 이루어질 것이라고 판단하는 경우에는 예외 허용
② 자발적 파산 신청이나 이와 유사한 행위. 다만, 특정 증권에 대한 채무를 지속적으로 이행할 것으로 예상되는 경우에는 예외 허용
③ 교환 매입(exchange offer)시 발행 증권의 일부 또는 전부가 가격보다 낮은 총액의 다른 증권으로 교환되는 경우

(6) IIRA 샤리아 위원회

IIRA는 19명의 저명한 학자들로 샤리아 위원회를 구성한다. 샤리아 위원회의 위원들은 샤리아, 정직, 일관성의 원칙에 대한 지식이 풍부하여 추앙받고 있으며 현대 은행업 및 금융 실무에 조예가 깊고 금융거래

나 상품을 잘 이해하고 있다. 아울러 다양한 이슬람 시각을 반영하기 위하여 다양한 지역에서 학자들을 선발하여 위원회를 구성한다.

IIRA 샤리아 위원회 학자들

① 무함마드 타키 우스마니 판사(Justice Muhammad Taqi Usmani), 파키스탄
② 압둘 사타 아부 굿다 박사(Dr Abdul Sattar Abu Ghuddah), 시리아
③ 모하메드 에이 엘가리 박사(Dr Mohamed A. Elgari), 사우디아라비아
④ 라야치 페다드 박사(Dr Layachi Feddad), 알제리아
⑤ 아마드 알리 압둘라 박사(Dr Ahmad Ali Abdullah), 수단
⑥ 나지 함마드 박사(Dr Nazih Hammad), 캐나다
⑦ 셰이크 모하메드 알리 알-타스케리(Sheikh Mohamed Ali Al-Taskheri), 이란
⑧ 후세인 하메드 핫산 박사(Dr Hussein Hamed Hassan), 이집트
⑨ 셰이크 니잠 야쿠비 박사(Dr Sheikh Nizam Yaquby), 바레인
⑩ 모함메드 다우드 바카르 박사(Dr Mohammed Daud Bakar), 말레이시아
⑪ 모하메드 에이 알-셰리프 박사 교수(Professor Dr Mohamed A. Al-Sherif), 쿠웨이트
⑫ 압둘와하브 알-다일라미 박사(Dr Abdulwahhab Al-Dailami), 예멘
⑬ 압둘 살람 알 압바디 박사(Professor Dr Abdul Salam Al Abbadi), 요르단
⑭ 셰이크 모신 후세인 알 아스푸르(Sheikh Mohsin Hussein Al Asfoor), 바레인
⑮ 모하메드 알-하비브 이븐 알-쿠자 박사(Dr Mohamed Al-Habib Ibn Al-Khuja), 튀니지
⑯ 알리 모헬딘 알-꾸라다기 박사(Professor Dr Ali Moheldin Al-Quradaghi), 카타르
⑰ 셰이크 압둘라 알-마네아(Sheikh Abdullah Al-Manea), 사우디아라비아

⑱ 셰이크 칼릴 알-마이스(Sheikh Khalil Al-Mais), 레바논
⑲ 압둘라지즈 바인디르 박사(Professor Dr Abdulaziz Bayindir), 터키

4. 결론

이슬람 금융은 이슬람 금융의 하부구조를 강화하기 위해 다양한 도전에 직면하고 있으며, 이슬람 금융 감독은 다음을 포함한 많은 분야에서 강화될 필요가 있다.

① 투명성과 정보 공개
② 리스크 관리
③ 기업 지배구조
④ 내부 통제 시스템

아울러 다음과 같은 샤리아 기준을 준수하도록 지원하는 여러 가지 제도들이 이슬람 은행에 제공되어야 한다.

① 최종 대부자 제도와 같은 유동성 지원
② 일반 은행의 필요 자기자본 제도와 유사한 이슬람 은행의 자산 기준 필요 자기자본 제도
③ 중앙은행에 예치된 은행의 준비금에 대한 샤리아 적격 수익률 지급
④ 법정 유보금이나 필요 자본금의 적립을 위한 투자 계좌의 적절한 취급

⑤ 이슬람 금융 서비스에 대한 적절한 이해와 일반 금융상품과 유사한 대우
⑥ 샤리아 지배구조에 대한 명확한 이해와 이를 위한 개선 노력
⑦ 샤리아 기준에 부합하는 예금보험 제도와 같은 금융 안전망 제도의 확대
⑧ 법률 체계 지원의 보장
⑨ 이슬람 금융계약에 대한 세금의 중립성 확보

Appendix

부록 I
이슬람 금융의 이해를 위한 필수 아랍어

부록 I
이슬람 금융의 이해를 위한 필수 아랍어

이슬람 금융업에 종사하기 위해 아랍어를 유창하게 구사할 필요는 없지만 최소한 알고 있어야 하는 용어들은 있다. 이 용어들은 아랍어로 된 전문 용어로서 사용되며, 용어의 철자 또한 다양하다. 알파벳 순서대로 정리된 핵심 용어들은 다음과 같다.

Amanah(아마나)

샤리아(Sharia'a)에서는 정의와 신의의 개념을 아마나라고 부른다. 무슬림은 계약에 따라 발생하는 의무의 이행이 보상 및 처벌과 연계되어 있다고 믿으며, 아마나는 이를 의미한다. 무슬림은 정의가 인간을 알라와 그를 따르는 자들에게 연결시켜 준다고 믿는다. 샤리아 계약의 토대를 형성하는 것은 이러한 유대관계이며, 물질적 성과뿐만 아니라 무슬림이 체결하는 모든 계약의 근본적 속성으로 인간의 정의라는 덕목을 중요시한다. 이는 작위 또는 부작위하기로 동의한 것을 엄격하고 충실하게 이행하도록 하는 성실성, 충실성, 끈기 있는 지속성으로 이루어져 있다.

계약상 의무에 대한 충실성은 무슬림에게 매우 중요하기 때문에, 예언자 모하메드는 "신자(believer)란 누구인가?"라는 물음에 대하여 "신자는 사람들이 그의 사람과 소유물을 신뢰할 수 있는 자"라고 하였으며,

"신용이 없는 사람은 종교가 없는 사람이나 마찬가지이다"라고 말한 바 있다. 이슬람 사회에는 계약의 개념이 기본적으로 깔려 있기 때문에 공직(public office)도 이해당사자의 권리와 의무를 규정하는 일종의 계약이나 합의로 간주한다.

보다 일반적인 수준에서 아마나는 신뢰성, 충실성, 정직성과 연관되어 있다.

아마나의 부차적 의미는 어떠한 자가 타인의 자금이나 재산을 신용하에 소유하는 거래를 의미한다. 이 개념은 이슬람 상법에서 오랜 역사를 거쳐 사용되었다. 아마나는 더 나아가 예탁, 신탁 또는 위탁판매시 물건 보관과 같이 금융 또는 상업 활동을 나타내는 데 쓰이기도 한다.

신탁예금 보유는 중요한 법적 의미를 가지고 있다. 개인은 명시적 또는 묵시적 계약에 따라 타인을 위해 재산을 수탁하여 보유할 수 있다. 이 경우 아마나는 의무의 위반을 제외하고는 손실에 대한 법적 책임을 수반하지 않는다. 당좌예금은 아마나(신탁) 예금으로 간주된다. 만약 은행이 사업상 당좌예금의 자금을 사용하는 권한을 부여받았다면, 아마나는 대출로 전환된다. 은행은 법적으로 당좌예금의 전액을 상환할 의무가 있다.

아마나의 반의어는 배신, 불충, 배반을 의미하는 카얀(khayan)이다.

Arboun(아르바운)

아르바운은 하미쉬 게디야(Hamish gedyyah)로 알려진 보증금(security deposit)을 상품 대금의 일부로 선납하는 판매계약이다. 구매자가 채무를 이행하지 않으면 그 보증금은 몰수당한다.

따라서 아르바운은 구매 주문자가 자산/지분에 대한 주문을 진지하게 한 것인지 확실하게 하기 위해 판매자가 요청하는 경우 구매 주문자가 지급하는 금액이다. 구매 주문 약속은 법적 구속력을 가지고 있고, 구매 주문자가 자산 구매를 거부하는 경우 판매자는 이 보증금에서 손실을 보상받는다.

하미쉬 게디야는 보증금이며, 때때로 아르바운뿐만 아니라 무라바하 및 샤리아의 전형계약과 관련 있는 용어이다.

'Aariyah(아리야)

아리야는 대체가 불가능한 재화의 무상 대여를 의미한다. 보다 정확히 표현하면 아리야는 사용해도 소모되지 않는 소유물의 특정 부분을 대가 없이 빌려 주는 것을 의미한다. 즉, 사용해도 소모되지 않는 재화에 대한 무상 사용권이다. 이는 소모 가능한 대체 재화로 동등 유사품을 돌려주어야 하는 까르드(Qard)와 구별된다. 아리야 또한 까르드와 같이 도덕적인 행위로 여겨진다. 빌린 재화를 그 소유자에게 반환해야 하는 것은 차용자의 법적 책임이다.

따라서 아리야는 일방이 타방에게 어떠한 물품의 사용을 무기한 대여해 주는 계약이며, 일반적으로 이웃 간에 소소한 물건들을 빌려주는 것을 의미하는 데 사용된다.

Bai'(바이)

바이는 매매당사자(매도인과 매수인) 간에 대금 지급을 대가로 매매대상의 소유권을 매도인으로부터 매수인에게 이전하는 결과를 가져오는 합의를 의미한다.

Bai' Bithaman Ajl(BBA, 바이 비싸만 아질)

이 계약은 이연 지불 방식에 기초한 상품 판매를 의미한다. 은행은 고객이 요청한 용품 또는 상품을 구입하고, 은행의 이윤(수익)을 포함하여 사전 합의된 가격으로 고객에게 판매한다. 고객은 매매대금을 사전에 정한 기간 내에 할부로 지급하거나 일시불로 지급할 수 있다. 이는 신용판매로서 무라바하 계약과 유사하지만 이연 지불 방식에 기초해 있다.

Bai' Muajjal(바이 무아짤)

이는 신용 판매를 의미한다. 엄밀히 말하면, 무라바하 무아짤 유형을 취급하는 이슬람 은행에서 쓰이는 금융기법이다. 이것은 판매자가 원가에 더하여 이윤을 얻고, 구매자가 미래에 일시불이나 할부로 상품의 대금을 지불하도록 허용하는 계약이다. 판매자는 상품 가격을 명시하여야 하며, 이윤은 사전에 합의되어야 한다. 바이 무아짤은 또한 도매업자와 소매업자 간에 협의하여 정한 수많은 물품들을 공급하는 경우에도 적용된다.

Bai' Istijrar(바이 이스티즈라르)

이것은 공급자가 고객에게 합의된 가격과 지급 방식으로 상품을 정기적으로 전달하는 계약이다. 이스티즈라르는 되풀이하여 발생하는 매매를 의미한다. 구매자가 일정 기간에 걸쳐서 단일 판매자로부터 상품의 수량을 다르게 구입하는 경우 사용되며, 경우에 따라 판매자가 (정해진) 전체 거래 수량을 공급하기 위해 수회로 분할하여 전달하는 거래를 의미하기도 한다.

Bai' bil Wafa(바이 빌 와파)

이것은 판매자가 구매자에게 대금을 반환하고 환매받을 (되찾을) 수 있는 권리를 갖는 매매이다. 형식은 바이(매매)이지만 실질적으로 담보이다. 따라서 상환 권리를 수반하는 매매이며 신뢰의 매매와파는 충실성, 신뢰를 의미하며, 충실하고 신뢰할 수 있는 사람을 의미하기도 함.이다. 다수의 푸까하에 따르면 바이 빌 와파는 샤리아에 부합하는 계약이 아니다.

Bai' Muzayadah(바이 무자야다)

이것은 공개 시장에서 잠재매수자들의 입찰을 수반하는 매매행위이다. 공개 입찰에서 최고가를 제시하는 사람이 매수하게 되는 경매/입찰에 기초한 매매거래이다.

Batil(바틸)

바틸은 무효를 의미한다. 거래의 준거가 되는 계약 또는 그러한 계약의 구성 요소를 무효화시키는 것을 나타낸다.

Daman(다만)

다만은 보증인이 자산의 소유자가 이행해야 하는 채권 · 채무를 인수할 것을 보증하는 계약이다. 금전대차에서 채무자가 채무를 불이행하는 경우 제공되는 보증도 여기에 해당한다.

Darura(다루라)

다루라는 필요성(불가피한 일)을 의미한다. 무슬림들은 비상 상황에서 생존에 필요하거나 이슬람 공동체 보호를 위해 필요한 경우 샤리아법을 따르지 않을 수 있다. 예를 들어, 생명을 구할 수 있다면 술을 마시거나 돼지고기를 먹을 수 있다.

Dayn(다인)

다인은 부채, 즉 어떠한 형태로든 일방이 타방에게 상환해야 하는 부채를 의미한다. 다인은 계약이나 신용거래의 결과로서 나타나는데, 임대, 판매 또는 구매 방식에 의하거나 타인에게 부채를 발생시키는 여타의 방식으로 발생된다. 두윤(Duyun, Dayn의 복수형)은 빈곤층을 돕고 그들의 수요를 충족시키기 위하여 발전했기 때문에 원본만 상환되어야 하며, 채권자는 채무자에게 그가 빌려준 것 이상을 부과해서는 안 된다.

Bai' al-Dayn(바이 알-다인)

바이 알-다인은 부채나 미수채권의 매매를 의미하며, 샤리아에 부합하는 유가증권 또는 채무증서의 매매와 관련된 거래이다. 유가증권이나 채무증서는 채무자가 채권자에게 부채에 대한 증거로서 발행하는 것이다.

바이 알-다인은 무역 서류와 기업 어음의 매매를 통해 제조업, 상업, 서비스업에 필요한 재원을 공급하는 것이다. 또한 만기가 1년 이하인 단기자금 제도로서 선의의 상업거래로부터 발생한 채무를 증명하는 문서만 거래할 수 있다.

Bai' al-kali' bil-kali'(바이 알-칼리 빌-칼리)

이것은 부채를 위하여 부채를 매각하는 것을 의미한다. 바이 알-칼리 빌-칼리는 샤리아에서 금지하는 매매 유형이다. 이슬람 법학자들은 부채를 위한 부채 교환의 몇 가지 유형을 나타내기 위해 이 용어를 사용한다. 가장 널리 알려진 유형은 대부자가 원금의 증가, 즉 이자를 대가로 채무상환 기간을 연장해 주는 것이다.

칼리(kali')는 부채와 동의어이다. 칼리는 연기된 어떠한 것을 가리키며, 하디스에서 알-칼리 빌-칼리 매매, 즉 이연된 등가물이 또 다른 이연된 등가물로 교환되는 것을 금지하고 있다.

Counter value(등가)

등가는 동등한 가치를 의미한다. 샤리아 계약에서 등가는 가격과 목적물이다. 샤리아법에서는 계약 시점에 대금을 지급하거나 목적물을 인도하도록 한다. 매매로 인정받기 위해서는 샤리아 관점에서 등가 모두가 아니면 최소한 하나라도 계약 시점에 존재해야 한다. 가격 또는 목적물의 인도가 미래 시점으로 연기될 수 있으나 양자 모두의 이연은 허용되지 않는다.

Fasid(파시드)

이것은 부적절하거나 실행 불가능한 행위를 말한다. 계약에서 금지된 용어이며, 계약을 무효로 만드는 결과를 낳는다.

Fatwa(파트와), Fatawa(파타와, 복수형)

파트와는 이슬람의 종교적 강령으로 이슬람 율법 문제에 대한 율법학자들의 의견이다.

파트와는 이슬람 사회에서 잘 알려진 종교적 권위자가 공표한다. 그러나 이슬람에서는 위계적인 사제직이나 그러한 유형의 어떠한 것도 존재하지 않기 때문에 파트와가 신자들에게 반드시 '법적 구속력'을 갖지는 않는다. 이러한 강령을 공표하는 학자들은 지식이 해박해야 하며, 그들의 결정은 지식과 지혜에 기반해야 한다. 학자들은 그들의 의견을 위해 이슬람교를 출처로 하여 전후 사정에 대한 증거를 제시할 필요가 있으며, 동일한 주제에 대해 다른 결정을 도출하는 것은 드문 일이 아니다.

샤리아 원칙에 따르면, 파트와가 유효하기 위해서는 다음과 같은 조건을 충족해야 한다.

① 파트와는 꾸란의 절과 아하디스(예언자 모하메드에 의해 후에 폐지되지 않은 아하디스)로부터 추론된 관련 법적 증거들에 의거해야 한다.
② 적절한 지식과 정직한 성품을 가진 사람(또는 샤리아 위원회)이 공표해야 한다.
③ 개인적 기회주의로부터 벗어나 있어야 하고, 정치적 노예 상태에 기대어 있어서는 안 된다.
④ 동시대의 니즈를 충족시켜야 한다.

파트와의 복수형은 파타와이다.

Fiqh(피끄), Faqih(파끠), Fuqaha(푸까하, 복수형)

피끄는 이슬람의 법리이며, 종종 샤리아법으로 잘못 불려진다. 피끄는 실용 법학 또는 법과 도덕 모두를 아우르는 신성 원칙의 인간적 표현을 말한다. 피끄는 샤리아에 대한 이슬람 율법학자들의 해석으로 이해될 수도 있다.

파끠는 무슬림 법학자이자, 피끄 전문가인 무슬림이다. 또한 샤리아 원칙에 정통하고 이 원칙이 그 기반을 이루는 법원(法源)의 텍스트와 얼마나 관계가 있는지 알고 있는 자이기도 하다.

파끠의 복수형은 푸까하이다.

Fiqh al Mu'amalat(피끄 알 무아말라트)

문자 그대로는 경제적 거래를 의미하며, 돈을 벌거나 농작물을 나누어 갖기 위해 토지 또는 과수를 임대하는 것을 말한다. 피끄 알 무아말라트는 이슬람 상법학이며, 샤리아에 부합하는 방식으로 거래하기 위한 규범이다.

또한 이슬람 은행업에서 규범을 제정하기 위한 주요 법원이다.

Gharar(가라르)

이것은 계약상 발생할 수 있는 불확실성, 우연성 또는 (조건이나 재산상 손실이 야기될 수 있는) 위험성을 의미한다. 이슬람 금융에서 금지하는 세 가지 근본 사항 중 하나이다(다른 두 가지는 (이자를 의미하는) 리바(riba)와 (도박을 의미하는) 마이시르(maisir)이다).

가라르는 상품과 가격에 대한 무지 또는 상품에 대한 불완전한 설명을 통해 발생하는 기망 행위의 한 요소이며, 거래당사자의 일방 또는 쌍방이 거래의 필수 요소에 무지하여 속게 되는 것이다. 도박은 도박꾼이 도박의 결과를 모르기 때문에 가라르의 한 유형이다.

가라르는 계약상 불확실한 상황이나 만일의 사태를 다루는 복잡한 개념이다. 가라르의 금지는 공매, 투기, 파생상품 거래와 같은 일반 금융 관행들을 비판하는 타당한 이유로 종종 사용된다.

가라르는 세 가지 유형으로 나뉘는데, 거래가 무효화되는 가라르 파히쉬(fahish, 과도한), 용인되는 가라르 야시르(yasir, 심각하지 않은), 앞서 두 유형의 범주 사이에 속하는 가라르 무타와시트(mutawassit, 중도의)가 있다.

엄밀히 따지면 가라르는 바다에 있는 생선이나 하늘에 있는 새를 파는 것과 같이 아직 손에 넣지 않은 물건 또는 누구의 결과물 혹은 성과물인지 알 수 없는 것을 판매하거나, 위험을 수반하여 성사 여부를 알지 못하는 판매를 의미한다. 계약에서 한 명 이상의 당사자가 무지함으로써 벌어지는 속임수를 포함한다.

가라르에는 여러 종류가 있는데, 모두 하람(haram)이다. 다음은 가라르의 몇 가지 사례들이다.

- 판매자가 인도할 수 없는 물건을 판매하는 것
- 가격 미정으로 특정 또는 불특정 상품을 판매하는 것
- 적절한 설명 없이 상품을 판매하는 것
- 가격을 명시하지 않고 상품을 판매하는 것
- 불확실한 사건에 기초하여 조건부 계약을 하는 것
- 거짓된 설명을 바탕으로 상품을 판매하는 것
- 구매자가 상품을 제대로 살펴보지 못하게 하면서 판매하는 것

Al Ghunm bil Ghurm(알 구늠 빌 구름)

이것은 "위험 부담 없이 보상도 없다"는 것을 의미한다. 이 원칙은 쉬르카(Shirkah, 파트너십) 계약에서 이익 공유를 위한 합리적 근거를 제공한다. 이윤을 얻는 것은 위험 분담이 궁극적으로 경제적 발전에 기여하는 경우 오직 이와 관계된 경제적 모험에 참여함으로써 정당화된다.

Husah(후사, gharar(가라르))

문자 그대로는 조약돌을 뜻한다. 조약돌을 던져 매매를 결정했던 자힐리야(Jahiliyyah, 이슬람교 이전 무지의 시대) 때 아랍인들이 행한 매매의 한 유형으로, 예언자 모하메드가 금지하였다. 고전 이론의 해설자들은 후사 매매에 세 가지 유형이 있다고 한다.

① 판매자가 잠재 구매자에게 "내가 조약돌을 내 손으로 던지면, 거래가 성립하고 당신에게 효력이 발생한다"고 하는 유형
② 판매자가 잠재 구매자에게 "나는 당신에게 당신의 조약돌로 치는 물품을 팔겠다"고 하는 유형
③ 토지 매매에서 판매자가 "나는 당신에게 당신이 이 조약돌을 던져서 정해진 규모만큼의 토지를 팔겠다"고 하는 유형

후사 매매는 가라르(불확실성) 때문에 금지되었다.

Halal(할랄)

이것은 샤리아에서 허용되는 것으로, 사실상 "알라가 금지하지 않은

행위"를 말한다.

할랄이란 개념에는 정신적이고 종교적인 함축이 담겨져 있다. 이슬람에는 꾸란이 분명하게 금지하는(하람) 활동, 직업, 계약 및 거래가 있다. 나머지 모든 활동, 직업, 계약 및 거래는 할랄이다.

이 개념은 이슬람 경제와 일반 경제를 구분한다. 서구의 금융에서는 모든 활동을 경제적 효용에 따라 판단한다. 반면, 이슬람 경제에서는 종교적이고 도덕적인 요소 또한 고려한다. 따라서 경제적으로 정상적인 활동일지라도 이슬람 사회에서는 허용되지 않을 수도 있다.

Haram(하람)

샤리아에서 금지하는 것이며, 사실상 알라가 금지하는 행동이다.

Hawala(하왈라)

이것은 법적으로 환어음, 약속어음 (은행 또는 개인 발행) 수표를 말한다. 보다 엄밀히 말하면, 채무자가 전에 자신에게 채무를 부담하고 있는 제3자에게 그의 채무를 상환할 책임을 이전하는 것이다. 따라서 상환 의무는 궁극적으로 제3자에게 이전된다. 하왈라는 명의 이전을 통한 거래 결제에 유용한 방법이며, 현금을 물리적으로 이전할 필요가 없게 해준다.

이 용어는 역사적으로 아바스조 시대(기원전 750~1258)에 국고로 (국가에 대한) 청구들을 충족시킬 수 없을 때 청구인에게 특정 기간 동안 특정 지역을 소유하게 하여 세금 징수를 통해 스스로 상환받게 하는 경우를 가리키는 데 쓰였다. 이 방법은 또한 타사부브(tasabbub)로 알려져 있었다. 세금이 징수되어 중앙의 재무부로 이전되면 마흐물(mahmul, 즉 재무부로 이전된 것)이라고 하고, 반면 청구인이나 지방에 할당되면 무사바브(musabbab)라고 한다.

Hibah(히바)

기증 또는 기부를 말한다. 이것은 엄밀히 말하면 특정 자산을 물질적 대가 없이 양도하는 것을 의미한다. 무슬림들은 예언자로부터 타인에게 선물을 주도록 독려받아 왔다. 이것은 무슬림 사회의 주요 가치 중 하나이다. 여기에는 시민들 간에 경쟁과 대결보다는 사랑과 협동의 관계를 구축하려는 의도가 있다. 이슬람 은행에 예금할 경우 예금자들은 히바를 받게 되는데, 이것은 은행이 그들의 예금을 가지고 한 활동에 대해 배분받는 수익과 같다. 즉, 히바는 경제적으로 이자와 유사한 효과가 있으나, 이자율이 사전에 정해지지 않고 은행의 영업 상황을 감안하여 사후적으로 지급된다는 점에서 차별화된다.

Ibra'(이브라아)

개인이 채무자(빌린 돈을 변제할 의무가 있는 자)로부터 상환받을 권리를 철회하는 행위이다. 보통 할인의 한 유형이다. 채권자는 채무자에게 채무의 조기 상환을 위해 계약상 권리의 전부 또는 일부를 포기한다.

Ijara(이자라)

이자라는 특정 기간 동안 합의한 대로 합법적인 보수를 주고 서비스의 사용권을 이전하는 리스의 한 유형이다. 이자라는 금융기관이 대출을 통해 이자를 수취하는 대신 임대한 자산에 대해 임차료를 부과하여 수익을 창출할 수 있게 한다.

따라서 이자라는 임대, 즉 특정한 보상을 받는 대가로 특정한 사용권을 판매하는 것이다. 이것은 현금으로 지불할 수 있는 고정 임차료를 받고 토지를 임대하는 계약을 의미하며, 이슬람 은행들이 채택하는 자금조달 방식이기도 하다. 이자라는 이슬람 은행이 합의된 임차료를 받고 설비, 건물 또는 기타 시설물을 고객에게 임대하는 계약이다.

실제로는 은행 또는 금융업자가 고객을 위해 상품을 구매한 후 그 고객에게 특정 기간 동안 임대하고 임차료를 부과하여 수익을 얻는 임대계약이다.

임대 기간과 임차료는 사전에 정해진다. 임대 기간 동안 자산은 임대인(은행)의 소유로 남아 있지만, 그 사용권은 임차인이 갖게 된다. 임대차 계약이 만료되면 사용권은 임대인에게 다시 귀속된다.

임대는 샤리아법에 따라 소득을 얻는 합법적인 방법이다. 실제로 기계, 자동차, 선박, 주택과 같은 부동산은 특정 기간 동안 특정 가격으로 한 개인(임대인)이 다른 개인(임차인)에게 임대할 수 있다. 각 당사자들의 이득과 손실은 불확실성(가라르)이 확실히 제거되도록 계약상 명기되어야 한다.

Ijara Muntahia Bittamleek(이자라 문타히아 비탐리크) (Ijara-wa-Iqtina(이자라-와-이끄티나))

리스 자산의 소유권이 임차인에게 종국적으로 이전되는 이자라 계약이다. 이자라 문타히아 비탐리크는 다음 중 하나의 형식을 취하게 된다.

(a) 임차인이 원하는 경우, 리스 기간 동안 임차인이 지급한 임차료에 상당하는 가격에 리스 자산의 소유권을 임차인에게 이전하는 이자라 문타히아 비탐리크. 리스 기간 종료 시점에 임차인이 최종 임차료를 납

부하면, 리스 자산의 법적 소유권이 새로운 계약에 따라 임차인에게 자동적으로 이전된다.

(b) 리스 기간 종료 시점에서 새로운 계약에 따라 정해진 금액에 리스 자산의 소유권을 임차인에게 이전하는 이자라 문타히아 비탐리크

(c) 임차인에게 리스 기간 종료 시점에 임차인에게 세 가지 선택권 중 하나를 행사할 수 있게 하는 이자라 계약

- 임차인이 지급한 임차료를 바탕으로 정해진 가격에 리스 자산을 구매하는 것
- 이자라 계약 기간을 갱신하는 것
- 임대 자산을 임대인(소유자)에게 반환하는 것

따라서 이것은 일종의 임대와 구매가 혼합된 거래이다. 금융업자가 재사용할 수 있는 상품(비행기, 건물, 자동차 등)을 구매하여 (임대 기간 동안 지급받는) 약정 임차료를 대가로 고객에게 그 상품을 임대하는 현대 이슬람 금융의 자본 조달 방식이며, 고객이 임대 만료 시점에서 그 상품을 구매하는 계약이다.

이 방식은 때때로 이자라 툼마 바이(Ijara Thumma Bai)라고도 불린다.

Ijma'(이즈마)

문자 그대로는 합의를 뜻한다. 이러한 맥락에서 이즈마는 특정 사안에 대해 무슬림 움마(이슬람 공동체)에서 만장일치로 동의하는 것인데, 보통 법학자들의 합의로 대신한다. 이즈마는 전통적으로 대부분의 법학자들이 꾸란, 순나, 끼야스(유추 해석)와 더불어 샤리아법의 독립적 법원으로 인정하고 있다.

Ijtihad(이즈티하드)

문자 그대로는 수고, 노력 또는 근면을 의미한다. 이즈티하드는 신의 계시가 불분명하거나 불확실한 사안에 대해 권위 있는 율법학자들이 신의 계율에 따른 진정한 판결을 확정하기 위해 법적 논거를 도출하거나 형성하려는 노력을 말한다. 이것은 꾸란과 순나에서 나타나는 나스(Nass, 분명한 법원의 결정) 또는 증거에 기초한다.

따라서 이즈티하드는 꾸란 등 성전 해석의 권위자, 소위 무즈타히드(mujtahid)가 주어진 사안에 대해 샤리아의 근본 법원인 꾸란과 순나로부터 근거를 되짚어 정확한 샤리아 판결에 도달하고자 노력하는 과정을 말한다.

'Inah(이나)

이나는 판매 형태의 대출이다. 외견상으로는 판매일 뿐이므로 이나(facade, 외관)라고 불린다. 이는 고객이 원래 팔았던 것보다 낮은 가격으로 팔았던 것을 되사면서 완결된다. 그 차이, 즉 표면적인 수익은 사실상 대출이다.

바이 알-이나(Bai al-'inah)는 임차인과 임대인이 하나의 물건을 한 번은 현금으로 판매하고, 한 번은 보다 높은 가격에 신용으로 재판매하여 최종 결과에 이자가 있는 대출이 되는 이중매매이다. GCC학파는 이를 샤리아에 부합하지 않는 것으로 간주하지만, 말레이시아에서는 허용된다.

반대로 금융업자가 현금 지불 조건으로 고객으로부터 자산을 구매하는 경우에 적용될 수 있다. 금융업자는 구매 직후 같은 자산을 고객에게 현금 판매보다 높은 가격에 이연 지불 조건으로 되판다.

'Inan(이난)

각 파트너가 자본을 투입하고 사업을 경영할 권리를 갖는 금융 파트너십의 한 형태이며, 파트너 간 관계가 동등할 필요는 없다.

Islam(이슬람)

이것은 문자 그대로 알라(Allah)에 대한 복종을 의미한다. 알라(신)의 종교, 즉 유일신 알라에 대한 숭배를 가리킨다.

이슬람교도가 무슬림이며, 샤하다(Shahada), 즉 "아쉬-하두 안 라 일라하 일라-라 와 아쉬-하두 안나 무하마단 라술라"(Ash-hadu an la ilaha illa-llah wa ash-hadu anna Muhammadan rasulullah)("나는 오직 알라만을 마땅히 숭배한다고 고백하며, 모하메드는 알라의 사자라고 고백한다")를 언명함으로써 무슬림이 된다.

이슬람은 다음과 같은 다섯 가지 기둥에 기초를 두고 있다.

① 샤하다(Shahada): 알라 외에 다른 신은 없으며 모하메드는 알라의 사자라고 신앙 고백하는 것
② 살라(Salah): 지정된 기도를 수행하는 것
③ 자카트(Zakat)를 내는 것: 재산의 일부를 가난한 사람들에게 기부하는 것
④ 라마단의 사움(Sawm of Ramadan): 이슬람력에서 9번째 달에 단식하는 것
⑤ 하즈(Hajj): 일생에 한 번 (육체적 · 경제적으로 가능하다면) 사우디아라비아의 메카에 성지 순례를 가는 것

Istihsan(이스티흐산)

이것은 엄격한 법적 추론에 있어 예외를 허용하는 샤리아법의 원칙이며, 가능한 법적 결과들 중 선택권을 제시하는 것이 수반된다. 관대한 해석을 뜻한다. 대개 인간의 복지에 대한 고려가 상당히 필요한 경우 적용된다.

Istisna'a(이스티스나)

이스티스나는 상품 제조에 대한 계약상 합의이다. 제조업자나 건설업자는 미래에 지정된 날짜와 정해진 가격에 맞추어 명확하게 제시된 상품을 생산하거나 건물을 건축하기로 합의한다. 당사자 간에 정한 바에 따라 대금의 분할 지급이 가능하다. 이스티스나는 상품의 대량 생산, 주택 및 공장의 건축, 교량, 도로, 발전소의 건설 등을 위해 자금을 조달할 때 이용될 수 있다.

Parallel Istisna'a(병행적 이스티스나)

알-무스타스니(al-mustasni', 최종 구매자)가 이스티스나 계약에서 알-사니(al-sani', 이스티스나 계약에서 최종 판매자) 스스로 알-마스누(al-masnoo', 계약 목적물)를 제조하여야 한다고 명시하지 않은 경우, 알-사니는 첫 번째 계약의 의무를 이행하기 위해 두 번째 이스티스나 계약을 체결할 수 있다. 이 두 번째 계약을 병행적 이스티스나라고 부른다.

Jahala(자할라)

자할라는 계약에 무지하거나 계약이 불명확한 상태를 나타내며, 때때로 가라르(gharar)를 초래한다.

Jua'alah(주아알라) 또는 Ji'alah(지알라)

주아알라는 급여, 보수 또는 보상을 의미하며, 법적으로는 일정 기간 내에 정해진 수수료로 맡은 업무를 수행하기 위한 계약이다. 유사한 계약으로는 정해진 급여나 수수료를 받고 어떠한 일을 마치도록 하는 우즈라(Ujrah)가 있다. 주아알라는 보상 약정이며, 특정 행위나 성과에 대한 보상을 약속하는 일방적인 계약이다. 우즈라는 서비스에 대해 사전에 정해진 요율의 수수료를 부과하며, 주아알라는 실비 보상형 수수료로서 사후 정산한다.

은행 수수료는 율법학자들이 주아알라로 해석하여 왔으므로 합법적인 것으로 여겨졌다.

몇몇 이슬람 은행들은 서비스 수수료를 수반하여 대출을 시행한다. 이슬람회의기구(Organisation of Islamic Conference: OIC)에서 설립한 피끄 아카데미 위원회(Fiqh Academy Council)는 1986년 10월 개최된 제3차 회의에서 이슬람 은행이 제공하는 대출 관련 서비스에 대해 수수료를 부과하기로 결정하였다.

그러나 이 수수료는 고리대금으로 여겨질 수 있으므로 반드시 실제 비용과 관련되어야 하고 이를 초과해서는 안 된다고 규정하였다. 서비스 수수료는 관리비용이 모두 발생한 특정 시점 이후, 예를 들어 연말에 정확하게 정산된다. 따라서 고객에게 적절한 수수료를 부과하면 관리에 대한 실제 비용이 정확하게 알려지는 회계 연도 말에 그 차액을 반환하거나 다시 청구하는 것이 허용된다.

Kafalah(카팔라, 보증계약(Suretyship))

문자 그대로는 책임 또는 보증계약을 의미한다. 법률적으로 카팔라에서는 제3자가 채무상환에 대한 보증인이 된다. 채무자가 채권자에게 채무, 연체부담금 등을 상환하는 것을 보장하는 약속인 것이다. 이슬람법에서 보증계약은 채무 자체가 아니라 채무에 대해 부가적으로 법적 상환 책임을 부담하는 것이다.

그래서 카팔라는 채무상환에 대한 책임을 인수하는 것이다. 이것은 X(kafil(카필))가 Y(makful'anhu(마크풀 아누))의 부채에 대한 책임을 인수하기로 합의하는 표준적인 이슬람 금융 거래이다. 하왈라(hawala)와 유사하지만 동일하지는 않다.

카라즈 비-알-다만(Kharaj bi-al-Daman)

문자 그대로는 "수익에는 책임이 뒤따른다"는 것을 의미한다. 때때로 "이익은 손실에 대한 책임을 수반한다"고 해석되기도 한다. 이것은 이슬람 금융에서 법원과 기본 원칙을 구성하는 하디스(hadith)이다.

Khiyar(키야르)

문자 그대로는 선택권이나 선택 가능성을 의미하며, 매매계약에서 흠결이 있는 경우 한 명 또는 그 이상의 당사자들이 매매계약을 해지할 수 있는 선택권을 말한다.

법률가들은 전통적으로 키야르를 몇 가지 유형으로 나누어 인정하였으며, 키야르 알-마즐리스(Khiyar al-majlis), 키야르 알-샤르트(Khiyar al-shart), 키야르 알-루우야(Khiyar al-ru'yah), 키야르 알-아입(Khiyar al-' ayb)이 해당된다. 키야르는 거래계약과 관련하여 보다 명시적으로 몇 가지 유형이 있다.

- **Khiyar al-majlis(키야르 알-마즐리스):** 계약 기간에 대한 선택권으로 계약당사자들이 계약 장소에 남아 있는 한 계약을 무효화할 수 있는 권리이다.
- **Khiyar al-shart(키야르 알-샤르트):** 매매계약에서 합의서에 서명하는 시점에 정해지는 선택권으로서 계약당사자 중 일방이 일정 기간 동안 매매를 취소할 수 있는 권리를 보유한다.

Madhab(마드합), Madhabib(마드하비브, 복수형)

문자 그대로는 길을 가는 방법(a way of going)을 뜻한다. 이슬람 법원의 텍스트를 해석하는 방법의 차이로 인해 샤리아 해석에 차이가 발생하는 특징을 갖는 피끄(fiqh) 학파를 가리킨다.

수니 무슬림(Sunni Muslim) 사이에는 잘 알려진 네 가지 마드하비브가 있으며, 그 명칭(Hanafi, Maliki, Shafi'i, Hanbali)은 이들을 창설한 고전 율법학자들과 관련이 있다.

- **Hanbali(한발리):** 이맘(Imam) 아마드 이븐 한발(Ahmad Ibn Hanbal)이 창설하였으며, 이 학파의 추종자들은 한발리스(Hanbalis)라고 한다. 꾸란과 순나를 철저하게 준수하여 다른 학파에 비해 엄격하고 근본주의 성향이 강함.
- **Hanafi(하나피):** 이맘(Imam) 아부 하니파(Abu Hanifa)가 창설하였으며, 이 학파의 추종자들은 하나피스(Hanafis)라고 한다. 이스티흐산을 발전시킴.
- **Maliki(말리키):** 이맘(Imam) 말릭 이븐 아나스(Malik Ibn Anas)가 창설하였으며, 이 학파의 추종자들은 말리키스(Malikis)라고 한다. 꾸란과

하디스뿐만 아니라 메디나 전통과 전승에 준거해 율법을 발전시킴.

- **Shafi'i(샤피이):** 아부 압둘라 아마드 빈 이드리스(Abu Abdullah Ahmad bin Idris) 또는 이맘(Imam) 샤피이(Shafii)가 창설하였으며, 이 학파의 추종자들은 샤피이스(Shafi'is)라고 한다. 순나를 꾸란 다음의 권위를 갖도록 하여 꾸란과 순나를 이슬람 양대 법원으로 확립시킴.

Maisir(마이시르)

마이시르는 도박, 즉 예측할 수 없는 일의 결과에 돈이나 물건을 거는 행위이다. 내기를 건 사람이 그 결과를 예측할 수 없고, 내기의 상대방이 내기에 건 돈을 가져가는 경우 이는 몰수되며, 샤리아는 이러한 행위를 금지한다. 도박은 운에 좌우되는 게임이다. 마이시르는 당초 이슬람 이전 무지의 시대에 아랍인들이 운에 따라 재미로 하는 게임을 의미하였으나, 지금은 운에 따르는 모든 게임을 의미하게 되었다. 마이시르는 이슬람 금융에서 근본적으로 금지하는 세 가지 중 하나이다(다른 두 가지는 리바와 가라르이다).

때때로 투기거래, 일반 보험 및 파생상품 거래와 같은 금융거래를 허용하지 않는 근거로써 마이시르에 대한 금지를 이용하기도 한다.

Makruh(마크루)

문자 그대로는 눈총받는 것을 의미한다. 바람직한 행위인지 구별하기 위하여 푸까하에서 사용하는 기술적인 용어이다. 마크루는 회피할 경우 이슬람 교리에 따라 보상을 받지만, 저지른다고 해도 처벌되지는 않는 행위를 말한다.

Mal(말)

꾸란(Qu'ran)에서는 돈이 구체적으로 언급되지 않는다. 꾸란에서 돈과 가장 유사한 단어는 부, 돈, 재산을 의미하는 말(mal)인데, 이는 소유할 만한 가치 있는 것을 말한다. 이 용어는 (경제적) 가치가 있는 것으로 샤리아에 따라 이익이 날 수 있게 사용될 수 있는 것이라는 뜻으로 사용된다.

말은 다양한 맥락으로 쓰인다.

- **Rab-al-mal(랍-알-말):** 무다라바 계약에서 자본에 투자하는 사람
- **Ra's al-mal(라아스 알-말):** 자본. 투자자(rab-al-mal)가 이윤을 추구하는 벤처 기업이나 무다라바 또는 무샤라카 방식과 같은 파트너십에 투자하는 금전이나 재산을 의미한다.
- **Bayt al-mal(바이트 알-말):** 역사적으로 무슬림 공동체의 금고를 의미한다. 칼리프 왕조 초기에 바이트 알-말은 하나의 기관으로 발전하였으나, 제대로 관리되지 않았다. 바이트 알-말이 보유한 기금은 움마(Umma)가 필요로 하는 것, 즉 가난한 사람들을 돕는 데 사용되는 것을 의미하였다.

Manfa'a(만파아)

문자 그대로는 이익을 의미하며, 주로 이자라에서 쓰인다. 만파아는 이용 가능한 토지에서 생산하는 산출물을 가리키는 데 사용되었다.

특히, 푸까하가 리스 거래에서 사용수익권을 나타내기 위해 사용하였다. 예를 들어, 자동차 리스에서 만파아는 (자동차의 실제 소유권에 대응하여) 임차인이 리스 기간 동안 차량 사용을 통해 얻는 이익을 말한다.

Maqasid al-Sharia'a(마까시드 알-샤리아)

이 용어는 일반적으로 샤리아법의 목적을 일컫는다. 마까시드 알-샤리아는 고전 율법학자들이 새로운 사례를 살피고 기존 결정들을 체계화하는 과정에서, 종합적인 방식으로 샤리아의 목적을 나타내려고 했던 것을 후세대가 발전시킨 법철학적 개념을 말한다.

Mithil(미띨)

미띨은 대체 가능한 물품으로, 예컨대 금, 은, 미화, 밀 등과 같이 (사용 이후) 동일한 종류로 대체하여 반환할 수 있는 상품들이다.

Mudarib(무다리브)

무다라바 계약에서 업무 집행 사원을 말한다.

Mudaraba(무다라바)

무다라바는 두 파트너, 즉 프로젝트에 100퍼센트 자본을 투입하지만 프로젝트 운용에 권한이 없는 자본가와 사업 역량을 바탕으로 프로젝트를 경영하는 무다리브(Mudarib) 간에 체결하는 계약이다. 프로젝트에서 창출되는 수익은 사전에 정해진 비율에 따라 배분된다. 손실은 자본가가 부담한다.

Mugharasaha(무가라사하) or Munasabah(무나사바)

농업 계약의 한 유형으로, 토지 소유자로부터 노무 출자자가 땅에 과수를 심고 키우는 대가로 수확량의 일부를 배분받도록 상호 합의하는 것을 말한다. 하나피(Hanafi)학파와 한발리(Hanbali)학파(이들은 무나사바(munasabah)라고 부른다)는 피끄에서 무가라사하에 대해 논의한다.

무가라사하 계약에는 두 가지 유효한 형식이 있다.

① 토지 소유자는 노무 출자자에게 일정 기간 동안 재배에 필요한 작물을 제공하고 관련 비용(예: 운반 기구)을 부담한다. 기간 만료 후 노무 출자자는 고정 임금이나 과수원의 일정 비율을 분배받는다.
② 노무 출자자는 작물을 제공하고 관련 비용을 부담하며, 수확량의 일정 부분을 배분받는다. 이는 무자라아(Muzara'a)와 유사하다.

Mujtahid(무즈타히드)

무즈타히드는 법적 견해를 도출하고 샤리아 법원을 해석하는 율법학자 또는 법률 전문가(꾸란 등 성전 해석의 권위자)를 말한다.

Murabaha(무라바하)

무라바하 계약은 사전에 비용 및 수익 마진(이윤을 덧붙인 가격)을 공개하고 모든 이해당사자들이 합의하여 자산을 판매 및 구매하는 거래를 나타낸다.

구매 결제는 일시불 또는 분납 형태로 이연 지급되고, 본 계약에 명시된다.

Musawamah(무사와마)

무사와마는 전에 지급했던 가격이나 이미 발생한 비용에 상관 없이 매매당사자 간에 협상하여 거래하는 매매 형태이다.무라바하는 사전에 구매 가격과 이윤을 부가한 판매 가격이 합의된 매매 형식이며, 무사와마는 원가 등에 관계없이 판매 가격을 당사자 간에 협상하는 매매 형태이다.

Musharaka(무샤라카) – 조인트벤처(joint venture)

이슬람 은행과 그 고객들 사이에서 이루어지는 파트너십의 한 형태로서, 각 이해당사자는 동등하게 자본에 참여하거나 각자 새로운 프로젝트를 설립하거나 기존 사업을 공유한다. 또한 각 이해당사자들은 영구적이거나 감소하는 형태로 자본 주주가 되고 이익을 배분받는다.

무다라바와 다르게 손실은 투자 자본 비율로 부담한다. 별도의 손실 분배 약정을 명시하는 것은 허용되지 않는다. 무샤라카에는 여러 종류가 있다.

- **Constant Musharaka(항상성 무사라카)**: 동업자들의 자본에 대한 지분이 전 기간 동안 지속적으로 유지되는 무샤라카이다.
- **Diminishing Musharaka(감소성 무사라카)**: 이슬람 은행이 (이슬람 은행의) 지분을 다른 동업자에게 점차적으로 이전시키는 무샤라카로서, 이슬람 은행의 지분은 감소하는 반면에 다른 동업자의 지분은 단독 소유주가 될 때까지 증가한다. 대개 이슬람 담보대출(islamic mortgage)에 쓰인다.

Musaqa(무사까)

과수원 소유주가 과수원의 관개에 대한 대가로써 생산된 과수의 일정량을 노무 출자자와 배분하는 데 동의하는 파트너십 유형이다.

Muzara'a(무자라아)

문자 그대로는 소작(share-cropping)을 뜻한다. 일방이 자신의 토지 일부를 타방에게 경작할 수 있게 하고, 그 대가로 수확물의 일부를 수령하는 합의이다.

Muzabana(무자바나)

본질적으로 무자바나는 과수의 주인이 야자나무 열매, 대추, 포도와 같은 최종 생산품과 동등하게 추산되는 양으로 과일을 판매하기로 합의하는 거래이다.

무자바나는 메디나(Medina) 사람들에게 알려진 농업의 관행인데, 이러한 거래에서는 가라르의 요소가 강하게 나타나서 예언자가 명백하게 금지하였다. 몇몇 푸까하, 특히 말리키학파에서는 무자바나를 거래 상품의 무게나 부피를 명시하지 않은 매매를 의미하기 위하여 사용한다.

Nisab(니삽)

자카트(zakat) 지급을 면제받는 한도이다. 소유 재산이 니삽 미만인 무슬림은 자카트를 면제받는 반면에, 그 이상의 재산이 있는 무슬림은 자카트를 내야 하는 의무가 있다. 니삽은 재산의 유형에 따라 달라진다.

Partnership(파트너십)

파트너십은 여러 가지로 해석된다.

- **Contract partnership(계약 파트너십, sharikat al-'aqd(샤리카트 알-아끄드)):** 계약 파트너십은 이윤 창출을 목적으로 두 명 이상의 이해당사자들 간에 그들의 자산, 서비스 또는 의무 및 채무를 결합하는 계약이다.
- **Partnership of ownership(소유권에 대한 파트너십, sharikat al-milk(샤리카트 알-밀크)):** 소유권에 대한 파트너십은 두 명 이상의 이해당사자들이 수익, 수입, 파트너십 자산 가치의 증가로부터 오는 이익을 분배하는 방식으로 그들의 자산을 결합하는 것이다. 이와 같은 자산의 결합은 손실이 발생할 수도 있다. 소유권에 대한 파트너십은 사망자의 유산, 상속자의 상속권과 같이 자연적으로 발생할 수 있으며, 또한 두 명 이상의 이해당사자들이 특정 자산에 공통적인 지분을 획득하는 것처럼 파트너들의 의지에 따라 발생하기도 한다.
- **Mufawada partnership(무파와다 파트너십):** 무파와다 파트너십은 시작부터 만기까지 이해당사자들의 권리, 부채 등 모든 면에서 동등한 파트너십이다.
- **Sharecropping partnership(소작 파트너십):** 토지 소유주가 생산 작물에 대한 공동 지분을 갖는 것을 대가로 타인에게 재배와 보존을 위한 토지를 제공하는 소작에서의 파트너십이다.
- **Irrigating partnership(관개 파트너십):** 관개 파트너십은 한 이해당사자가 생산물에 대한 공동 지분을 갖는 대가로 관개를 책임지는 타인에게, 식용 과일을 생산하는 지정 식물/나무를 제공하는 파트너십이다.

- **Agricultural partnership(농업 파트너십):** 농업 파트너십은 한 이해당사자가 나무가 없는 토지를 타인이 나무를 심을 수 있도록 제공하는 파트너십으로서 약정 비율에 따라 나무와 과일로부터 얻는 수익을 배분하는 조건으로 성립된다.

무가라사하(Mugharasaha), 무사까(Musaqa), 무자라아(Muzara'a)를 참고하라.

Qabdh(깝드)

깝드는 교환계약에서 소유를 의미하며, 상품에 대한 소유는 예전부터 발생해 왔다는 인식 아래서 우르프(urf, 이슬람교 이전의 관습) 또는 지역사회의 공통적인 관행들에 대한 자각에 의존한다.

Qard(까르드), Qard Hasan(까르드 하산)

까르드는 대체 가능 상품에 대한 대여를 말한다. 법적으로 까르드는 가치를 지닌 어떤 것을 줌으로써, 상품 및 금전을 요청하거나 약정 시점에 동일하거나 유사한 양으로 회수된다는 조건 하에 수령인에게 이익을 준다.

까르드의 문자 그대로의 의미는 '자르는 것'인데, 차주에게 소유한 물건을 빌려주는 시점에 그 소유물이 실질적으로 단절된다는 이유 때문이다.

까르드 하산은 선의의 대출을 말한다. 이는 일방이 타방에게 원조, 자선 또는 지원을 위하여 일정 기간 동안 제공하는 대출이라고 할 수 있다. 까르드 하산에 대한 상환은 의무적이다. 예언자는 "…모든 대출은 상환되어야 한다…"라고 말한 바 있다. 하지만 채무자가 어려움에 처했을 때 채권자는 상환 기간을 연장하거나 자발적으로 원금의 전체 또는 일부를 감면할 수 있다.

까르드 하산은 사회 복지나 단기 융자를 위해 두 당사자 간에 체결하는 대출계약으로 사용되기도 한다. 변제금액은 채무금액과 동일해야 하지만, 채무자는 계약에 명문화되지 않은 이상 대출금 이상으로 상환할 수도 있다. 즉, 감사의 표시로 자발적인 경우에 한하여 추가금액을 상환할 수 있다.

대부분 이슬람 은행들은 무이자 대출을 빈곤한 고객들에게 제공한다. 이슬람 관점에서 대출(까르드(qard))은 대출자가 실제로 궁핍한 상황에서만 신청하는 것이므로, 은행은 이윤 없이 대출자에게 대출을 제공해야 하는 윤리적인 의무가 존재한다. 무이자 대출을 투자 계좌 소유자에게만 제공하는 은행도 있고, 모든 고객들에게 제공하는 은행도 있는 반면에, 빈곤한 학생들과 경제적 약자들에게만 국한하여 제공하는 은행도 있다. 소규모 생산자, 농부, 자금 마련이 어려운 기업가들에게 무이자 대출을 제공하는 경우도 있다.

Qimar(끼마르)

끼마르는 도박을 의미한다. 엄밀히 말하면, 가치 있는 어떤 것에 대한 소유가 불확실한 상황의 발생에 따라 달성될 수 있다는 합의를 말한다. 일방이 손실을 보고 일방이 이익을 보는 상황에서 누가 손실을 보고 이익을 얻을지에 대한 정보가 주어지지 않은(정해지지 않은) 상황에 적용된다.

Qiyas(끼야스)

문자 그대로는 방법, 비교 또는 유추를 말한다. 엄밀히 말해서 두 가지 사안에 대하여 적용되는 법의 기초가 동일하다면, 기존의 법에 대한 분석 결과를 활용하는 샤리아법의 어원을 의미한다. 샤리아법의 법원 중 하나이다.

Rahn(란)

란은 저당 또는 담보를 의미한다. 법적인 의미에서 란은 채무자가 법률에 따라 채무에 대한 보증이나 금전적 의무에서 물질적인 가치가 있는 부동산이나 형체를 가진 소유물을 담보로 제공하여 채권자가 채권 또는 재화의 일정 부분을 회수할 수 있도록 하는 것이다.

이슬람교 이전의 계약에서 란은 서면화된 계약서를 쓸 수 없는 경우에, 계약에 대한 보증 및 물증으로서 제공하는 계약 보증금의 한 형태를 가졌었다.

Restricted investment Accounts(제한적 투자 계좌)

제한적 투자 계좌의 소유주는 예치자금의 투자처, 투자 방법, 투자 목적에 특정한 제한을 부과한다. 또한 이슬람 은행은 투자 목적의 제한적 투자 계좌 자금과 은행의 자금이 혼용되지 않도록 제한받을 수 있다. 아울러 투자 계좌 소유주가 부과하는 추가 규제가 있을 수 있다. 예를 들어, 투자 계좌 소유주들은 이슬람 은행이 보증이나 담보 요건이 없는 무라바하 분납 상거래에 기금을 투자하지 않도록 하거나, 이슬람 은행 스스로 제3자를 거치지 않고 투자를 하도록 요구할 수도 있다.

Riba(리바)

문자 그대로는 초과 또는 증가를 말한다. 엄밀한 의미로는 대출거래 또는 일용품의 교역에서 소유자(채권자)에게 동등 가치를 제공하지 않고 원금에 대한 증가를 의미한다. 리바는 대출 또는 투자에 대하여 무위험 내지 '보장된' 수익률을 의미하며 이슬람은 모든 형태의 리바를 금지한다.

이슬람에서 리바는 가장 혐오스러운 죄 중의 하나이며 절대적으로 금지된다. 리바는 부당한 이익으로서 다양한 형태를 가지며, 은행의 이자가 이에 해당한다.

전통적인 용어로, 리바는 법적인 개념이 단순한 이자의 의미를 넘어섰음에도 불구하고 이자와 혼용되어 사용되었다. 리바에는 다양한 종류가 있다.

- **Riba al-Fadl(리바 알-파들):** 리바 알-하디스(Riba al-hadith)로도 알려져 있다.

  동일한 품질이나 양으로 교환되지 않거나 물품 인도가 지연되는 상거래이다.

  리바 알-파들은 대추와 대추, 밀과 밀같이 동종 상품에 대하여 열등 품질과 우등 품질을 교환할 때 발생한다.

  바꿔 말하면, 동종의 리바위(Ribawi) 상품들을 거래할 때 발생하는 초과분이다. 리바 알-파들은 대출금에 대한 이자를 나타내는 리바 알-나시아(Riba al-Nasiah)와 차별화되는 상거래를 의미한다.

  따라서 리바 알-파들은 상품들을 교환할 때 발생하는 리바 또는 잉여이며, 교환된 상품이 같은 유형이지만 다른 양이거나 물품 인도가 지연되는 상품 대 상품의 교환거래(예, 물물교환)를 나타낸다.

리바나 리바 알-파들을 피하기 위해서는 양쪽의 상품 교환은 동등하고 즉각적이어야 한다. 예언자 모하메드는 경제에 악영향을 끼치는 리바 알-파들을 금지하였다.

- **Riba al-Nasiah(리바 알-나시아):** 리바 알 꾸란(Riba al Qu'ran)으로도 알려져 있다.

고리대금업은 이슬람교 이전의 시대에 아랍인들 사이에서 존재했던 관습이며, 대출에 대한 의무로써 원금에 부가하여 이자가 발생할 수 있었다.

채무자가 변제기에 상환하지 못하는 경우 초과 금액이 원금 위에 부과되며, 부가되는 금액에 대한 대가로써 기간을 연장할 수 있다. 기간 연장에도 불구하고 채무자가 상환하지 못하면, 더 많은 금액이 부가된다.

리바 알-나시아 또는 지체 보상 성격의 리바는 대출에서 원금에 대한 가치 증가분으로서 채무자가 변제기에 원금과 그 증가분을 상환한다는 조건으로 장기간 동안 돈을 빌리는 관례를 가리킨다.

현대의 은행거래에서 이자는 리바 알-나시아에 해당한다. 은행은 돈을 대여하고, 일부 대가를 원금에 부과하는데, 이는 리바에 해당된다. 율법학자들은 리바가 샤리아법 하에서 금지된다는 일반적인 합의를 도출하였다.

Ribawi(리바위)

리바위는 매매거래에서 리바에 대한 피끄의 규율이 적용되는 상품들로서 샤리아법 학파들에 의하여 무게와 양 등에 따라 매매되는 상품들을 말한다. 이 용어는 이슬람에서 허용되지 않는 리바의 특징을 가진 상품들과 관련하여 사용된다.

Sadaqah(사다까)

사다까는 자선 기부를 의미하며, 무슬림들에게 의무적으로 부과되는 세금인 자카트와 구별된다.

Sahih(사히)

문자 그대로는 계약법에서 건전한, 건강한 또는 정확한 것을 의미하며 유효한 샤리아 계약을 나타낸다.

Salaf(살라프)

문자 그대로는 채무자를 위한 수익이 없는 대출을 의미하며, 이는 단기 · 중기 · 장기 동안에 이루어지는 대출을 포함한다. 살라프는 또한 동등 가치가 미래에 공급되기 전에 가격이 미리 지불되는 살람(Salam)의 또 다른 이름이기도 하다.

Salam(살람)

살람은 대금을 먼저 지급하고 나중에 상품이 인도되는 계약을 의미한다. 판매자는 계약 당시에 지불된 전체 가격에 대한 대가로써 미래 시점에 특정 상품들을 구매자에게 제공할 의무가 있다.

샤리아의 일반적인 규율에 따르면, 상품이 매매계약 시점에 존재하지 않는다면 매매할 수 없다. 그러나 살람 판매는 상품이 정해지고 인도시기가 확정된다면 예외적으로 허용된다. 다만 구매 예정인 상품의 품질은 잠재적인 논란을 야기할 수 있는 불확실성을 제거하도록 완전하게 명시되어야 한다. 살람 매매 대상은 상품이며 금, 은 또는 화폐가 될 수 없다.

금, 은, 화폐는 사르프(Sarf)의 규율 아래 교환되며 상호 교환이 지체 없이 손에서 손으로 (대면하여) 이루어져야 한다.

Salam Terminology(살람 용어)

살람(Salam)은 특정 조건에 따라 대금을 먼저 지급하는 대신 상품을 나중에 구매하는 것이다. 살람과 관련된 용어는 다음과 같다.

- **al-Muslam fihi(알-무슬람-피히):** 인도되는 상품
- **al-Muslam ileihi(알-무슬람-일레이히):** 판매자
- **al-Muslam(알-무슬람):** 구매자
- **Ras-almal(라스-알말):** 살람계약에서 (현금, 현물 또는 수당으로) 지불하는 비용(가격)
- **Parallel Salam(병행적 살람):** 알-무슬람 일레이히가 의무를 이행함에 있어, 알-무슬람의 자격으로 이전에 체결한 살람계약의 상품을 수령하는 것과 연동하는 것을 의미한다. 다만, 두 번째 살람계약의 이행이 첫 번째 살람계약의 이행에 의존하지 않도록 하여야 한다.

Sarf(사르프)

사르프는 이슬람교 이전 시대에 금과 금, 은과 은, 그리고 금과 은 등

을 교환하는 것을 말한다. 샤리아법은 이와 같은 교역을 "가격을 위한 가격으로 판매"(바이 알 싸만 빌 싸만(Bai al Thaman bil Thaman))로 여기며, 각 가격은 타인에게 지불하는 대가이다. 사르프는 또한 화폐적 가치에 대한 화폐적 가치를 거래하는 것, 즉 외환거래를 의미하기도 한다.

Sharia'a(샤리아)

Sharia, Sharia'a, Shari'ah, Syariah, Syaria, Syari'ah, Syari'a로도 표기된다.

샤리아는 두 가지 의미를 가지고 있는데, 첫 번째는 이슬람법을, 두 번째는 신성하게 분류되는 모든 인간 행위를 의미한다. 두 번째 의미에서는 샤리아 규칙(Sharia'a rules)이 서양에서 일반적으로 '법률'로 여겨지지 않는 임무, 의무, 윤리적 사고를 포함하고 있기 때문에 서양적인 의미의 법규 역할을 하는 것은 아니라는 것을 보여준다. 따라서 법적이고 윤리적인 차원 모두를 포함하는 샤리아 규칙은 전능한 신, 알라에의 복종을 목적으로 한다.

법적인 용어로, 샤리아는 무즈타히드에 의해 법원으로부터 추출된 법을 의미한다.

'샤리아에 부합하는'(Sharia'a compliant) 생산품은 이슬람법이 제시하는 요건을 충족한다.

'샤리아 위원회'(Sharia'a board)는 이슬람 학자들이 모인 위원회로서 이슬람 금융기관에 필수적이며, 샤리아에 부합하는 상품을 개발하는 과정에서 지시와 감독을 수행한다.

'샤리아 자문가'(Sharia'a advisor)는 상품 및 서비스가 이슬람법에 준수되기 위하여 이슬람 기관들에게 조언을 하는 이슬람적으로 교육된 독립적인 학자이다.

샤리아는 세 가지 주요 법원(꾸란, 하디스, 순나)으로부터 유래한 이슬람 율법이다.

Shirkah(쉬르카흐)

이윤 추구를 위하여 사업이나 금융 기업을 개시하는 복수의 사람들 간의 계약. 합작 사업에는 무샤라카(Musharaka)와 무다라바(Mudaraba)가 포함된다.

Sukuk(수쿡)

자산유동화채권(asset-backed bond)과 유사한 수쿡은 투자자에게 기초 자산에 대한 소유권을 제공하는 채권의 한 형태이다. 최근 샤리아를 준수하여 발행된 '이슬람 채권'이란 의미로 널리 쓰이고 있다. 수쿡의 발행 주체는 수쿡 투자자들에게 매각할 자산을 특수목적회사(Special Purpose Vehicle: SPV)에 이전한다. 수쿡 투자자들은 이러한 자산들에 대하여 비례적인 수익권을 보유한다. 일반적으로 투자자들은 SPV가 소유한 자산의 위험보다는 채권 발행자의 신용 위험을 부담한다.

수쿡은 아직 분배되지 않은 기초 자산에 대한 비례적 소유권을 증명하는 증서이다. 삭(Sakk, 수쿡(Sukuk)의 단수형)은 액면가, 할증가 또는 할인가로 자유롭게 시장에서 매매될 수 있다.

수쿡은 상장 또는 비상장, 신용평가 또는 미평가 모두 가능하며, 일반적으로 회사, 금융기관, 정부(예를 들면, 바레인, 말레이시아, 파키스탄)가 발행한다.

Sunnah(순나)

문자 그대로는 관습, 습관 또는 삶의 방식을 의미한다. 엄밀히 말하자면 이는 꾸란 외에 예언자 모하메드의 말씀을 가리킨다. 이는 하디스, 즉 예언자 모하메드의 개인적인 행동 내지 타인에 대한 격언으로 알려져 있으며, 모두 예언자에 의해 암묵적으로 승인된 것이다.

Tabarru'(타바루우)

타바루우는 타카풀(Takaful) 기부를 의미한다.

참여자가 같은 참여자(fellow participant)들에게 도움을 제공하기 위하여 미리 정해진 비율로 (타카풀 펀드에) 기부하는 데 동의하는 계약이다. 이러한 방식으로 연대보증 의무를 이행하고 손실을 입은 다른 참여자에 상호 부조한다. 이 개념은 타카풀 계약으로부터 가라르의 요소를 제거한다.

따라서 타바루우는 상업적인 목적이 아니라 알라의 기쁨을 구하기 위한 기부/기증이며, 대가 없이 제공하는 혜택을 의미한다.

Takaful(타카풀)

타카풀은 이슬람 보험으로서 상호 부조 원칙에 기반을 두고 있다. 타카풀은 자산 및 재산을 상호 보호하고, 한 참여자에게 손실이 발생하는 경우 합동으로 위험을 부담한다. 타카풀은 구성원들이 피보험자일 뿐만 아니라 보험자라는 점에서 상호 보험(mutual insurance)과 유사하다.

타카풀은 샤리아에 부합하는 보험 시스템으로서 참여자들이 그들의 보험금 중에서 일부 또는 전부를 기부하는 것이며, 이는 어떤 참여자들이 입은 손실을 보상할 때 사용된다. 타카풀 회사의 역할은 보험업을 운영하고 보험 기금에 투자하는 것으로 제한되어 있다. 생명보험과 유사한 가족 타카풀과 손해보험과 유사한 일반 타카풀로 대별된다.

일반 보험은 그 거래가 가라르와 리바와 같은 여러 하람(haram) 요소를 포함하고 있어 이슬람에서 금지된다.

Tapir(타피르)

타피르는 샤리아에서 금지해 온 대상에 낭비적으로 지출하는 것을 의미한다.

Tawarruq(타와루끄)

타와루끄는 무라바하(Murabaha)의 반대 개념으로서 진정한 도움이 필요한 의뢰인이 은행으로부터 후불 방식의 신용으로 상품을 사서, 이를 즉시 제3자에게 현금으로 되파는 개인 금융에서 사용된다. 이러한 방식으로 의뢰인은 이자가 발생하는 대출을 사용하지 않고 현금을 확보할 수 있다.

Unrestricted Investment Accounts(비제한적 투자 계좌)

비제한적 투자 계좌의 소유주는 이슬람 은행이 자금의 사용처, 사용 방법, 사용 목적에 제한받지 않고 은행이 적절하다고 생각하는 방식으로 계좌 소유주의 자금을 투자할 수 있도록 허용한다.

이러한 합의 하에 이슬람 은행은 투자 계좌 소유주의 자금을 은행 자금 또는 은행이 사용할 권리가 있는 다른 자금(당좌예금)과 혼합하여 사용할 수 있다. 비제한적 투자 계좌의 소유주와 이슬람 은행은 일반적으로 투자 수익을 분배한다.

Usufruct(사용수익권)

사용수익권은 다른 사람의 재산을 사용하여 수익이나 이익을 얻을 수 있는 법적 권리이다. 이 경우 재산은 손상되지 않아야 한다. 사용수익권을 보유한 용익권자(Usufructuary)는 재산의 과실로부터 수익을 얻을 수 있는 권리뿐만 아니라, 그 재산을 사용하고 즐길 수 있는 권리를 가지고 있다.

영어 단어 usufruct는 라틴어 usus와 fructus에 어원을 두고 있는데, 각각 '소유한다'와 '어떤 이익을 가지다'라는 의미를 가진다.

이 용어는 이자라(Ijara)에서 폭넓게 사용된다.

Wa'd(와아드)

와아드는 한 이해당사자(무라바하의 발주자나 구매자)에 의하여 발생한 약속이자 의무로서 샤리아법에서는 납득할 만한 이유가 있는 경우를 제외하고 당사자에게 구속력이 있다. 만일 약속을 받은 자가 약속에 의하여 대가를 치러왔다면, 이 약속은 법학적인 관점에서 구속력이 있다.

Wadi'ah(와디이아), Wad'iah Yad Dhamanah(와드이아 야드 다마나)

와디이아는 문자 그대로는 보호 또는 보관을 의미한다. 원래 보호는 와드이아 야드 아마나(Wad'iah Yad Amanah), 즉 신탁관리자가 샤리아에 따라 위탁 재산을 보호할 의무를 가지고 있는 수탁자 보호를 말한다.

와디이아는 신탁관리자가 재산 보호에 대한 조건을 위반하였을 때를 의미하는 와드이아 야드 다마나(보증 보관(guaranteed custody))로 변형되었으며, 신탁관리자는 재산을 보장해야 한다.

와디이아에서 피신탁인은 보증인이 되고, 예금자가 요청하는 경우, 예금자의 계좌에서 미결제된 보증금의 전체 또는 일부를 상환할 것을 보장한다. 예금자들은 그 어떤 수익을 받을 자격은 없지만, 피신탁인은 감사의 표시로 예금자들에게 수익금을 제공한다.

와디이아에서 이슬람 은행은 예금자의 자금에 대하여 책임자 또는 피신탁자 역할을 하며, 예금자의 수요에 따라 전부 또는 일부 예금을 돌려줄 것을 보장한다.

은행은 감사의 의미로 예금자에게 히바(hibah, 선물)를 제공할 수 있다.

Wakala(와칼라)

와칼라는 대리인(agency)을 의미한다. 와칼라는 X(wakil(와킬))가 Y를 대리하는 것으로서, 표준적인 이슬람 관행이며, 이 경우 X는 Y의 일을 수행한다. 와칼라는 이슬람 금융에서 광범위하게 적용되며, 금융거래에서 종종 사용된다. 이는 어느 일방이 일정 업무를 개인적으로 관리할 수 없을 때마다 대리인이 본인을 대행하도록 하는 것이다.

따라서 와칼라는 대리인이 본인을 대신하여 거래를 수행하도록 임명된다는 절대적 위임을 나타낸다.

타카풀 운영에 있어, 와칼라는 대리인에게 수수료가 지급되는 대리인 계약을 의미한다.

Waqf(와끄프), Awqaf(아까프, 복수형)

문자 그대로는 중단 또는 구류를 의미한다.

엄밀히 말해서 와끄프는 소유권이 사용권으로 행사될 수 없도록 영원히 자산을 묶어 두는 것을 말한다. 와끄프 자산은 매매·상속·기부의 대상이 아니다. 아까프는 빈곤층의 이익을 위하여 세워진 종교적 자선단체를 가리킨다.

와끄프는 한 개인의 자산이 영원히 묶여 있어 매매·상속·기부할 수 없다고 인식된다는 점에서 자산을 동결하는 표준적인 이슬람 거래에 해당된다. 와끄프란 용어는 주로 자산 자체를 일컫는다. 예를 들어, 공원의 사용이 자선적인 목적에서 빈곤층이나 대중의 신앙을 위해 헌신하기도 한다.

Wasiyah(와시야)

와시야는 의지, 증거, 유증, 사망 후 재산이 처리되는 방식에 대하여 설명하는 무슬림의 진술서를 의미한다.

Zakat(자카트)

자카트는 무슬림들에게 부과되는 종교세이다. 문자 그대로는 축복, 정화, 선행의 증가 또는 함양을 의미한다.

자카트는 모든 부유한 무슬림들이 이행해야 하는 의무적인 기부이며, 그 목적은 부유층의 재산 일부를 빈곤층에게 나누어 주는 데 있다.

자카트는 부유한 무슬림이 해마다 특정 재산의 2.5%를 8개 범주로 구분된 경제적으로 어려운 무슬림들 중 하나에게 나누어 주는 구호 활동으로서 종교적 의무에 해당한다.

자카트는 현금, 가축, 농산물, 광물, 산업 및 사업의 투자 자본에 대하여 부과되며, 두 가지 유형이 있다.

- **Zakat al-Fitr(자카트 알-피트르)**: 재산을 가지고 있는 모든 무슬림에게 부과하는 소규모의 의무적인 균일세. 아이드 알-피트르(Eid al-Fitr)라마단 기간 중 단식을 지켜온 무슬림들이 이슬람력으로 10월을 의미하는 '샤왈'의 첫날부터 보통 사흘 간 즐기게 되는 연휴를 의미한다. 이 기간 중에는 맛있는 음식을 먹고 선물을 주고 받는다. 이전인 라마단 말에 연 1회 징수된다. 이것은 자카트 알-나프스(Zakat al-Nafs, 인두세)라고도 불린다.
- **Zakat al-Mal(자카트 알-말)**: 무슬림들은 연 예금의 2.5% 또는 일정 금액 이상을 궁핍하고 빈곤한 무슬림들을 위해 납부한다. 자카트의 납부는 매년 최소한 24캐럿 금 85그램에 상응하는 정도의 재산을 모은 무슬림들에게 의무적이다.

재산의 유형에 따라 다르게 부과되는 자카트 용어들은 다음과 같이 다양하다.

- **Zakatul Huboob(자카툴 후부웁)**: 곡물 및 옥수수에 대한 자카트
- **Zakatul Madan(자카툴 마단)**: 광물에 대한 자카트
- **Zakatul Rikaaz(자카툴 리카아즈)**: 보물 및 보석에 대한 자카트
- **Zakatul-rid Tijararah(자카툴-리드 티자라르아)**: 상품 수익에 대한 자카트

Appendix

부록 Ⅱ
500대 이슬람 금융기관

(단위: 미화 백만 달러)

순위		국가	기준일	금융 기관	금융기관 유형	S: 이슬람 전문 금융기관 W: 이슬람계정 보유 일반금융기관	샤리아 부합 자산
최근	이전						
1	1	이란	2008. 3. 20	Bank Melli Iran, Tehran	정부소유은행	S	59,621.7
2	3	사우디 아라비아	2008. 12. 31	Al Rajhi Bank	상업투자은행	S	43,981.2
3	4	이란	2008. 3. 20	Bank Saderat Iran, Tehran	정부소유은행	S	43,067.0
4	5	이란	2008. 3. 20	Bank Mellat, Tehran	정부소유은행	S	41,650.6
5	2	쿠웨이트	2008. 3. 31	Kuwait Finance House	상업은행	S	40,002.6
6	6	이란	2008. 3. 20	Bank Tejarat, Tehran	정부소유은행	S	31,807.6
7	7	이란	2008. 3. 20	Bank Sepah, Tehran	정부소유은행	S	26,378.0
8	8	아랍에미리트	2009. 6. 30	Dubai Islamic Bank, Dubai	상업소매은행	S	23,941.4
9	11	이란	2008. 3. 19	Parsian Bank	상업은행	S	18,319.0
10	9	이란	2008. 3. 20	Bank Keshavarzi (Agricultural Bank), Tehran	정부소유은행	S	16,675.0
11	10	영국	2009. 6. 30	HSBC Ammanah (Global)	상업소매은행	S	16,537.0
12	16	사우디 아라비아	2008. 12. 31	National Commercial Bank Ltd, Jeddah	상업은행	W	16,135.4
13	13	아랍에미리트	2009. 6. 30	Abu Dhabi Islamic Bank	상업소매은행	S	15,832.1

(단위: 미화 백만 달러)

변동 비율 (%)	총자산	총자산 대비 샤리아 부합 자산 비율 (%)	세전 수익	변동 비율 (%)	총자산 수익률 (%)	업무 개시 연도
23	59,621.7	100	409.2	-24.5	0.7	n/a
32.1	43,981.2	100	1,739.8	1.1	4.5	1987
24.4	43,067.0	100	181.0	-45.6	0.4	n/a
30.5	41,650.6	100	272.8	165.4	0.7	1980
5.2	40,002.6	100	234.4	-61.3	0.6	1977
21.3	31,807.6	100	341.5	127.4	1.1	1980
11	26,378.0	100	132.0	-14.8	0.5	1925
4.9	23,941.4	100	225.9	-55.9	0.9	1975
40.3	18,319.0	100	370.0	54.8	2.3	2002
2.3	16,675.0	100	13.0	-53.5	0.0	1933
8.8	2,527,000.0	0.65	n/a	n/a	n/a	1998
55.9	59,147.1	27.28	561.8	-65.1	0.9	1991
13.4	15,832.1	100	125.8	-11.2	0.8	1997

(단위: 미화 백만 달러)

순위		국가	기준일	금융 기관	금융기관 유형	S: 이슬람 전문 금융기관 W: 이슬람계정 보유 일반금융기관	샤리아 부합 자산
최근	이전						
14	15	말레이시아	n/a	Bank Rakyat	상업은행	S	13,080.9
15	19	사우디 아라비아	2009. 6. 30	Saudi British Bank	상업은행	W	12,288.0
16	14	바레인	2009. 6. 30	Al Baraka Banking Group	도매은행	S	11,511.3
17	17	사우디 아라비아	2008. 12. 31	Bank Retail	리야드상업은행	W	10,809.1
18	18	말레이시아	n/a	Maybank Islamic Berhad	상업은행	S	10,666.6
19	31	이란	2009. 3. 20	Eghtesad Novin Bank	상업은행	S	10,237.9
20	24	카타르	2008. 12. 31	Qatar Islamic Bank	상업투자은행	S	9,215.1
21	281	사우디 아라비아	2008. 12. 31	Arab National Bank	상업은행	W	8,933.3
22	n/a	아랍에미리트	n/a	Emirates NBD	상업은행	W	8,433.4
23	21	말레이시아	2009. 3. 31	BIMB Holdings (Bank Islam Malaysia Berhad)	상업은행	S	7,459.9
24	26	사우디 아라비아	2008. 12. 31	Bank Al Jazira	상업은행	S	7,338.5
25	30	아랍에미리트	2008. 12. 31	Emirates Islamic Bank	상업소매은행	S	7,193.5
26	27	사우디 아라비아	2008. 12. 31	Banque Saudi Fransi	상업은행	W	7,102.1

(단위: 미화 백만 달러)

변동 비율 (%)	총자산	총자산 대비 샤리아 부합 자산 비율 (%)	세전 수익	변동 비율 (%)	총자산 수익률 (%)	업무 개시 연도
25.9	13,080.9	100	386.9	56.8	3.2	2003
16.7	32,521.9	37.78	382.9	-7.4	1.1	1978
5.4	11,511.3	100	122.1	n/a	1.0	2002
44.8	42,574.0	25.39	703.6	-12.3	1.8	2001
33.1	10,666.6	100	149.1	221.5	1.5	2008
127.4	10,237.9	100	200.1	90	2.7	2001
57.2	9,215.1	100	451.1	-1.4	5.9	1982
35.6	32,348.5	27.62	662.9	1.0	2.3	1980
59.1	76,951.9	10.96	1,003.1	32.8	1.3	1995
16.1	7,459.9	100	49.4	-38.3	0.7	n/a
27.6	7,338.5	100	50.3	-79.2	0.7	1975
55.7	7,193.5	100	109.1	67.9	1.8	2004
50.9	33,563.9	21.16	747.7	3.4	2.4	2005

(단위: 미화 백만 달러)

순위		국가	기준일	금융 기관	금융기관 유형	S: 이슬람 전문 금융기관 W: 이슬람계정 보유 일반금융기관	샤리아 부합 자산
최근	이전						
27	20	사우디 아라비아	2008. 12. 30	Samba Financial Group	상업은행	W	6,351.4
28	22	이란	2008. 3. 19	Pasargad Bank	상업은행	S	6,346.0
29	23	터키	2009. 3. 31	Asya Finans Kurumu AS	상업은행	S	5,995.3
30	281	아랍에미리트	2008. 12. 31	Noor Islamic Bank	상업투자은행	S	5,933.0
31	53	말레이시아	2008. 12. 31	CIMB Islamic Bank Berhad	상업소매 이슬람은행	S	5,847.6
32	25	이란	2007. 3. 20	Bank Refah	정부소유은행	S	5,844.7
33	39	이란	2008. 3. 20	Bank Sanat Va Maadan, Tehran	정부소유은행	S	5,456.0
34	35	바레인	2008. 12. 31	Ithmaar Bank BSC	투자은행	S	5,380.4
35	34	말레이시아	2008. 12. 31	Public Bank Islamic Berhad	소매은행	S	5,206.6
36	38	바레인	2008. 6. 31	Arcapita Bank BSC	투자은행	S	5,137.3
37	44	아랍에미리트	2008. 12. 31	Dubai Bank (Masref Dubai)	상업은행	S	5,039.1
38	29	쿠웨이트	2007. 12. 31	Investment Dar	투자은행	S	4,749.1
39	28	터키	2008. 12. 31	Türkiye Finans Katilim Bankasi AS	상업소매은행	S	4,643.2

(단위: 미화 백만 달러)

변동 비율 (%)	총자산	총자산 대비 샤리아 부합 자산 비율 (%)	세전 수익	변동 비율 (%)	총자산 수익률 (%)	업무 개시 연도
-7.6	47,704.3	13.31	1,184.7	-7.5	2.6	1980
159.0	6,346.0	100	187.0	94.7	4.2	n/a
-0.5	5,995.3	100	33.1	3.0	0.6	1996
n/a	5,933.0	100	188.2	n/a	n/a	2007
118.5	5,847.6	100	30.6	10.5	0.7	2004
16.4	5,844.7	100	12.7	-35.1	0.2	1961
43.8	5,456.0	100	74.0	-11.9	1.6	1997
31.9	5,380.4	100	94.4	-54.6	2.0	1984
n/a	5,206.6	100	107.0	n/a	n/a	2008
35.0	5,137.3	100	357.2	15.7	7.9	1997
69.4	5,039.1	100	61.6	7.2	1.5	2007
20.8	4,749.1	100	474.5	35.7	10.9	1994
-3.2	4,643.2	100	104.9	-16.4	2.5	1991

(단위: 미화 백만 달러)

순위		국가	기준일	금융 기관	금융기관 유형	S: 이슬람 전문 금융기관 W: 이슬람계정 보유 일반금융기관	샤리아 부합 자산
최근	이전						
40	46	카타르	2008. 12. 31	Masraf Al Rayan, Al Rayan Bank	상업투자은행	S	4,606.8
41	33	말레이시아	2008. 12. 31	Bank Muamalat Malaysia Berhad	상업은행	S	4,519.0
42	281	사우디 아라비아	2009. 6. 30	Alinma Bank	상업은행	S	4,430.1
43	37	이집트	2008. 12. 31	Faisal Islamic Bank of Egypt, Cairo	상업은행	S	4,377.9
44	281	아랍에미리트	2008. 12. 31	Amlak Finance	신용금융회사	S	4,317.8
45	32	사우디 아라비아	2008. 12. 31	Bank Albilad	상업은행	S	4,280.4
46	51	아랍에미리트	2008. 12. 31	Sharjah Islamic Bank	상업은행	S	4,227.7
47	56	말레이시아	2008. 12. 31	Cagamas Berhad	상업은행	W	4,202.5
48	40	말레이시아	2009. 3. 31	AMMB Holdings	상업은행	W	4,085.2
49	45	말레이시아	2009. 3. 31	AmIslamic Bank Berhad	상업은행	S	4,074.0
50	58	터키	2008. 12. 31	Kuwait Turkish Evcaf Finance House	상업은행	S	4,058.6
51	42	쿠웨이트	2008. 12. 31	Kuwait International Bank	상업소매은행	S	4,010.5

(단위: 미화 백만 달러)

변동 비율 (%)	총자산	총자산 대비 샤리아 부합 자산 비율 (%)	세전 수익	변동 비율 (%)	총자산 수익률 (%)	업무 개시 연도
64.5	4,606.8	100	251.9	-23.1	6.8	2006
9.9	4,519.0	100	13.2	-31.8	0.3	n/a
n/a	4,430.1	100	149.6	n/a	n/a	2008
9.2	4,377.9	100	15.6	n/a	0.3	1977
67.3	4,317.8	100	54.4	-34	1.5	2006
-3.5	4,280.4	100	33.3	72.6	0.7	n/a
42.5	4,227.8	100	63.1	-23.2	1.7	2002
14.9	10,853.9	38.7	176.8	9.7	1.6	n/a
21.9	25,980.6	15.7	351.9	-2.4	1.4	2006
22.5	4,074.0	100	61.6	8.5	1.7	2006
41.6	4,058.6	100	82.6	27.2	2.4	1983
14.2	4,010.5	100	73.3	10.1	1.9	2007

(단위: 미화 백만 달러)

순위		국가	기준일	금융 기관	금융기관 유형	S: 이슬람 전문 금융기관 W: 이슬람계정 보유 일반금융기관	샤리아 부합 자산
최근	이전						
52	200	이라크	2008. 12. 31	Kurdistan International Bank for Investment and Development	상업은행	S	3,814.9
53	76	이란	2008. 3. 20	Export Development Bank of Iran	정부소유은행	S	3,806.0
54	62	카타르	2008. 12. 31	Qatar National Bank	상업은행	W	3,570.3
55	62	이란	2009. 3. 20	Karafarin Bank	상업은행	S	3,551.8
56	48	카타르	2008. 12. 31	Qatar International Islamic Bank, Doha	상업투자은행	S	3,528.1
57	47	방글라데시	2008. 12. 31	Islami Bank Bangladesh Limited (IBBL)	상업은행	S	3,349.9
58	63	바레인	2008. 12. 31	Kuwait Finance House (Bahrain) BSC	상업은행	S	3,298.1
59	55	아랍에미리트	2008. 12. 31	Tamweel	신용금융	S	3,235.2
60	50	브루나이	2008. 12. 31	Bank Islam Brunei Darussalam Berhad	상업은행	S	3,201.3

(단위: 미화 백만 달러)

변동 비율 (%)	총자산	총자산 대비 샤리아 부합 자산 비율 (%)	세전 수익	변동 비율 (%)	총자산 수익률 (%)	업무 개시 연도
65.1	3,814.9	100	185.6	118.4	6.0	2005
134.5	3,806.0	100	109.0	94.6	4.0	1991
81.3	3,570.3	100	190.6	72.9	6.8	2006
27.4	3,551.8	100	122.6	52.2	3.9	1999
29.1	3,528.1	100	137.6	4.4	4.4	1990
20.1	3,349.9	100	92.1	67.0	3.0	2005
70.4	3,298.1	100	101.1	17.6	3.8	2002
39.4	3,235.2	100	125.5	2.1	4.5	2004
16.4	3,201.3	n/a	67.6	-2.5	n/a	2007

(단위: 미화 백만 달러)

순위		국가	기준일	금융 기관	금융기관 유형	S: 이슬람 전문 금융기관 W: 이슬람계정 보유 일반금융기관	샤리아 부합 자산
최근	이전						
61	281	시리아	2008. 12. 31	Syria International Islamic Bank	상업소매 이슬람은행	S	3,197.3
62	43	터키	2008. 12. 31	Albarakah Tur	상업은행	S	3,130.1
63	52	쿠웨이트	2008. 12. 31	Bank Boubyan	상업은행	S	3,112.8
64	57	요르단	2008. 12. 31	Jordan Islamic Bank for Finance and Investment	상업은행	S	3,056.3
65	65	말레이시아	2008. 12. 31	Kuwait Finance House (Malaysia) Berhad	상업투자은행	S	3,017.8
66	66	사우디 아라비아	2008. 12. 31	Saudi Hollandi Bank	상업은행	W	2,982.4
67	59	바레인	2008. 12. 31	Shamil Bank	상업투자은행	S	2,884.9
68	64	수단	2008. 12. 31	Omdurman National Bank	상업은행	S	2,868.7
69	281	이란	2007. 3. 20	Saman Bank	상업은행	S	2,835.5
70	54	말레이시아	2009. 3. 31	RHB Islamic Bank Berhad	상업은행	S	2,826.3
71	75	쿠웨이트	2008. 12. 31	AREF Investment Group	투자회사	S	2,782.6

(단위: 미화 백만 달러)

변동 비율 (%)	총자산	총자산 대비 샤리아 부합 자산 비율 (%)	세전 수익	변동 비율 (%)	총자산 수익률 (%)	업무 개시 연도
206.4	3,197.3	100	18.5	192.3	0.8	2007
-0.7	3,130.1	100	89.0	22.6	3.2	1984
12.6	3,112.8	100	7.1	-89.6	0.2	2004
12.6	3,056.3	100	70.5	45.7	2.4	1978
60.8	3,017.8	100	12.0	32.6	0.4	2006
59.1	16,382.9	18.2	326.3	179.0	2.1	1926
41.0	2,884.9	100	26.1	-69.5	1.1	1982
-0.8	2,868.7	100	0.2	8.8	1.1	1993
81.3	2,835.5	100	28.1	4.5	1.2	n/a
12.9	2,826.3	100	3.1	-93.4	0.1	2005
59.4	2,782.6	100	226.5	82.5	10.1	1975

(단위: 미화 백만 달러)

순위		국가	기준일	금융 기관	금융기관 유형	S: 이슬람 전문 금융기관 W: 이슬람계정 보유 일반금융기관	샤리아 부합 자산
최근	이전						
72	41	바레인	2009. 6. 30	Gulf Finance House BSC	투자은행	S	2,700.9
73	69	말레이시아	2008. 12. 31	Hong Leong Islamic Bank Berhad	상업은행	S	2,545.7
74	71	바레인	2008. 12. 31	Bahrain Islamic Bank BSC	상업은행	S	2,299.9
75	68	말레이시아	2008. 12. 31	Eoncap Islamic Bank Berhad	상업은행	S	2,224.2
76	61	쿠웨이트	2008. 12. 31	Aayan Leasing and Investment Company	투자회사	S	2,220.6
77	n/a	아랍에미리트	2009. 6. 30	HSBC Middle East	상업소매은행	W	2,216.0
78	78	이란	2007. 3. 20	Iran Insurance Company	보험회사	S	2,151.6
79	73	이집트	2008. 12. 31	Egyptian Saudi Finance Bank, Cairo	상업은행	S	1,915.9
80	67	말레이시아	2008. 12. 31	Affin Islamic Bank	상업은행	W	1,902.6
81	281	아랍에미리트	2008. 12. 31	Mashreqbank, UAE	상업은행	W	1,878.0
82	70	사우디 아라비아	2008. 1. 9	Islamic Development Bank	개발은행	S	1,791.5
83	74	파키스탄	2007. 6. 30	National Investment Trust Ltd, Karachi	투자은행	S	1,724.6

(단위: 미화 백만 달러)

변동 비율 (%)	총자산	총자산 대비 샤리아 부합 자산 비율 (%)	세전 수익	변동 비율 (%)	총자산 수익률 (%)	업무 개시 연도
-23.0	2,700.9	100	-92.1	-141.8	-2.9	1999
37.4	2,545.7	100	27.4	13.4	1.2	n/a
32.6	2,299.9	100	100.5	52.6	4.9	1979
21.9	2,224.2	100	8.3	-44.1	0.4	n/a
7.5	2,220.6	100	17.1	-81.1	0.8	1998
15.3	415.0	5.3	0.0	n/a	0.0	1998
13.7	2,151.6	100	21.7	-65.9	1.1	1935
16.9	1,915.9	100	-1.9	-329.7	-0.1	n/a
2.0	1,902.6	100	12.9	-24.7	0.6	2006
155.2	25,406.9	7.3	476.1	-18.0	1.9	2006
10.0	1,793.9	100	43.6	32.4	2.5	1975
39.2	1,724.6	100	190.7	27.1	12.8	n/a

(단위: 미화 백만 달러)

순위		국가	기준일	금융 기관	금융기관 유형	S: 이슬람 전문 금융기관 W: 이슬람계정 보유 일반금융기관	샤리아 부합 자산
최근	이전						
84	80	말레이시아	2008. 12. 31	Standard Chartered Saadiq Malaysia Berhad	상업은행	S	1,679.8
85	83	카타르	2008. 12. 31	Qatar Real Estate Investment Company	투자회사	S	1,600.7
86	93	인도네시아	2008. 12. 31	PT Bank Shyariah Mandiri	상업은행	S	1,558.5
87	103	말레이시아	2008. 12. 31	Al Rajhi Banking & Investment Corp (Malaysia) BHD	상업은행	S	1,504.5
88	79	말레이시아	2009. 6. 30	HSBC Bank (M) Berhad	상업은행	W	1,464.0
89	81	바레인	2008. 12. 31	ABC Islamic Bank	도매은행	S	1,461.3
90	90	바레인	2008. 12. 31	Al Salam Bank	투자은행	S	1,459.1
91	281	이란	2008. 3. 20	Sarmaye (Capital) Bank	상업은행	S	1,302.6
92	86	수단	2008. 12. 31	Bank of Khartoum	상업은행	S	1,293.1
93	99	요르단	2008. 12. 31	Islamic International Arab Bank	상업은행	S	1,276.4
94	107	바레인	2008. 12. 31	Khaleeji Commercial Bank	상업투자은행	S	1,223.6

(단위: 미화 백만 달러)

변동 비율 (%)	총자산	총자산 대비 샤리아 부합 자산 비율 (%)	세전 수익	변동 비율 (%)	총자산 수익률 (%)	업무 개시 연도
n/a	1,679.8	108.7	4.9	n/a	n/a	2008
31.8	1,600.7	100	85.5	3.9	6.1	n/a
13.9	1,558.5	100	25.9	45.3	1.9	1999
98.9	1,504.5	100	-20.0	-36.6	-1.7	2007
-28.6	152.0	9.5	160.6	-32.1	1.1	n/a
7.1	1,461.3	100	25.8	-49.4	1.8	1985
39.4	1,459.1	100	67.2	10.3	5.3	2006
104.0	1,302.6	100	50.7	-10.1	5.2	n/a
15.1	1,293.1	100	4.4	-73.9	0.3	n/a
52.6	1,276.4	100	16.0	-29.2	1.5	1997
72.5	1,223.6	100	71.8	31.0	7.4	2004

(단위: 미화 백만 달러)

순위		국가	기준일	금융 기관	금융기관 유형	S: 이슬람 전문 금융기관 W: 이슬람계정 보유 일반금융기관	샤리아 부합 자산
최근	이전						
95	89	말레이시아	2008. 12. 31	OCBC Al-Amin Bank	투자은행	S	1,170.5
96	92	쿠웨이트	2008. 12. 31	The Securities House Company	투자회사	S	1,169.2
97	87	예멘	2007. 12. 31	Tadhamon International Islamic Bank	상업은행	S	1,163.8
98	85	영국	2009. 6. 30	Bank of London and the Middle East	투자은행	S	1,118.4
99	125	카타르	2008. 12. 31	Commercial Bank of Qatar	상업소매은행	W	1,116.9
100	88	파키스탄	2008. 12. 31	Meezan Bank Limited	상업은행	S	1,078.1
101	98	쿠웨이트	2008. 12. 31	Alafco Aviation Lease and Finance Company	신용금융	S	1,041.5
102	96	말레이시아	2009. 6. 30	Alliance Islamic Bank Berhad	상업은행	S	1,036.4
103	97	말레이시아	n/a	Alliance Bank Malaysia Berhad	상업은행	W	1,029.4
104	n/a	바레인	2008. 12. 31	First Energy Bank BSC	도매은행	S	1,021.1
105	94	말레이시아	2007. 6. 30	Syarikat Takaful Malaysia Bhd	보험회사	S	1,015.4
106	91	바레인	2008. 12. 31	Al Baraka Islamic Bank (EC) BSC	상업은행	S	1,001.4
107	105	방글라데시	2008. 12. 31	Export Import Bank of Bangladesh	특수은행	S	993.1

(단위: 미화 백만 달러)

변동 비율 (%)	총자산	총자산 대비 샤리아 부합 자산 비율 (%)	세전 수익	변동 비율 (%)	총자산 수익률 (%)	업무 개시 연도
n/a	1,170.5	100	-0.7	n/a	n/a	2008
11.5	1,169.2	100	-94.8	-193.7	-8.5	1982
24.1	1,163.8	100	14.6	6.2	1.4	1995
-7.5	1,118.4	100	-14.0	-503.9	-1.4	2007
139.3	16,841.1	6.6	467.7	22.4	3.1	2005
-2.1	1,078.1	100	12.5	-39.7	1.3	1947
14.7	1,041.5	100	45.4	34.4	4.6	2000
15.2	1,036.4	100	5.3	92.9	0.5	2008
16.7	9,976.2	10.3	95.5	-35.8	1.1	2007
n/a	1,021.1	100	0.0	n/a	n/a	2008
17.1	1,015.4	100	7.6	-36.6	0.7	1984
-3.6	1,001.4	100	2.3	-55.1	0.2	1991
32.2	993.1	100	28.8	22.3	3.3	2005

(단위: 미화 백만 달러)

순위		국가	기준일	금융 기관	금융기관 유형	S: 이슬람 전문 금융기관 W: 이슬람계정 보유 일반금융기관	샤리아 부합 자산
최근	이전						
108	127	바레인	2008. 12. 31	Unicorn Investment Bank BSC	투자은행	S	978.7
109	101	스위스	2008. 12. 31	DMI Trust	상업소매 이슬람은행	S	956.4
110	48	쿠웨이트	2008. 6. 30	International Leasing and Investment Company	신용금융회사	S	949.5
111	95	모리셔스	2007. 12. 31	Bamis	상업은행	S	943.5
112	102	쿠웨이트	2008. 12. 31	First Investment Company	자산운용사	S	927.9
113	111	카타르	2008. 12. 31	Doha Bank	상업소매은행	W	905.2
114	117	말레이시아	2008. 12. 31	KAF Investment Bank Berhad	투자은행	W	889.0
115	n/a	카타르	2008. 12. 31	Qinvest	투자은행	S	888.4
116	100	알제리	2007	Bonque Al Baraka D'Algerie	투자은행	S	837.5
117	124	방글라데시	2008. 12. 31	National Credit & Commercial Bank Ltd	상업은행	S	832.3
118	119	말레이시아	2008. 12. 31	Bank Pembangunan Malaysia Berhad	개발금융기관	W	818.1

(단위: 미화 백만 달러)

변동 비율 (%)	총자산	총자산 대비 샤리아 부합 자산 비율 (%)	세전 수익	변동 비율 (%)	총자산 수익률 (%)	업무 개시 연도
119.1	978.7	100	35.0	-29.4	4.9	2004
15.2	956.4	100	10.0	-79.9	1.1	1981
57.7	949.5	100	20.7	-52.1	2.6	1999
29.1	943.5	100	0.1	n/a	0.0	1985
16.1	927.9	100	11.9	-87.2	1.3	1997
40.7	10,715.1	8.4	260.1	2.1	2.7	2005
47.5	2,548.0	34.8	16.2	-57.4	0.7	n/a
n/a	888.4	100	19.1	n/a	2.9	2007
30.6	837.5	100	6.4	17.7	0.9	1991
34.5	832.3	100	25.9	30.7	3.5	2005
41.9	7,621.1	10.7	301.2	32.1	4.0	n/a

(단위: 미화 백만 달러)

순위		국가	기준일	금융 기관	금융기관 유형	S: 이슬람 전문 금융기관 W: 이슬람계정 보유 일반금융기관	샤리아 부합 자산
최근	이전						
119	110	아랍에미리트	2008. 12. 31	Islamic Arab Insurance Company-Salama	보험회사	S	795.2
120	281	바레인	2008. 12. 31	Arab Investment Company SAA	보험회사	W	736.0
121	106	사우디 아라비아	2004. 12. 31	The Company for Co-operative Insurance	보험회사	S	732.2
122	132	카타르	2008. 12. 31	First Finance Co	신용금융회사	S	721.4
123	143	수단	2008. 12. 31	Faisal Islamic Bank	상업 프라이빗 뱅킹	S	710.6
124	104	쿠웨이트	2008. 12. 31	Al Madina for Finance and Investment Company	투자회사	S	709.7
125	185	말레이시아	2008. 12. 31	CIMB Aviva Takaful Bhd	보험회사	S	708.0
126	121	말레이시아	2008. 12. 31	Malaysia Building Society	건축협회	W	704.4
127	108	쿠웨이트	2007. 12. 31	Al Safat Investment Company	투자회사	S	703.5
128	10	영국	2009. 6. 30	HSBC	상업소매은행	S	698.0
129	133	방글라데시	2008. 12. 31	Shahjalal Islami Bank Ltd	상업은행	S	656.1

(단위: 미화 백만 달러)

변동 비율 (%)	총자산	총자산 대비 샤리아 부합 자산 비율 (%)	세전 수익	변동 비율 (%)	총자산 수익률 (%)	업무 개시 연도
16.2	795.2	100	-0.1	-100.2	-0.02	1979
-35.7	3,533.3	20.8	42.4	-54.5	1.0	1974
24.9	733.2	100	46.7	3.6	7.1	1986
55.3	721.4	100	39.7	39.2	6.7	1999
41.3	710.6	100	21.5	-29.2	3.6	1978
-6.8	709.7	100	77.6	178.7	10.5	1980
11.2	708.0	100	-24.7	-943.9	-3.6	n/a
37.2	2,297.2	30.6	20.0	60.3	0.9	n/a
193.5	703.5	100	91.7	210.1	19.4	2003
22.4	873,000.0	0.1	0.0	n/a	0.0	1998
58.7	656.1	100	22.7	28.1	4.2	2005

(단위: 미화 백만 달러)

순위		국가	기준일	금융 기관	금융기관 유형	S: 이슬람 전문 금융기관 W: 이슬람계정 보유 일반금융기관	샤리아 부합 자산
최근	이전						
130	113	시리아	2007. 12. 31	Cham Bank	상업은행	S	641.3
131	116	싱가포르	2007. 12. 31	Islamic Bank of Asia	상업은행	S	618.0
132	148	카타르	2008. 12. 31	Ahli Bank	상업소매은행	W	602.4
133	118	이란	2006. 3. 20	Credit Institution for Development	정부소유은행	S	590.2
134	115	쿠웨이트	2008. 12. 31	Al Madar Finance and Investment Company	신용금융회사	S	572.2
135	139	말레이시아	2008. 12. 31	Asian Finance Bank Berhad	상업은행	S	571.9
136	129	방글라데시	2008. 12. 31	Al-Arafah Islami Bank Limited	상업은행	S	568.1
137	120	바레인	2006. 12. 31	Al Baraka Islamic Investment Bank	상업투자은행	S	559.6
138	112	영국	2009. 6. 30	European Islamic Investment Bank	투자은행	S	555.3
139	114	쿠웨이트	2008. 12. 31	International Investment Group (IIG)	투자은행	S	552.1
140	109	쿠웨이트	2008. 12. 31	The International Investor, Safat	투자은행	S	535.2
141	n/a	바레인	2008. 12. 31	Inovest BSC	투자비즈니스회사	S	527.5

(단위: 미화 백만 달러)

변동 비율 (%)	총자산	총자산 대비 샤리아 부합 자산 비율 (%)	세전 수익	변동 비율 (%)	총자산 수익률 (%)	업무 개시 연도
23.0	641.3	100	-22.6	n/a	n/a	2007
n/a	618.0	100	3.8	n/a	n/a	2007
88.0	4,889.9	12.3	116.9	40.6	2.5	2006
37.9	590.2	100	4.7	47.3	0.9	n/a
-9.5	572.2	100	26.8	-19.9	4.4	1998
53.4	571.9	100	-6.4	-307.7	-1.3	2007
29.1	568.1	100	18.2	114.9	3.6	2005
9.4	559.6	100	0.7	-89.6	0.1	1984
-12.3	555.3	100	-27.4	-452.7	-4.6	2005
-14.1	552.1	100	78.3	-10.4	13.1	1993
-27.2	535.2	100	-122.3	-356.9	-19.2	1992
151.8	527.5	100	91.1	101.7	24.7	2008

(단위: 미화 백만 달러)

순위		국가	기준일	금융 기관	금융기관 유형	S: 이슬람 전문 금융기관 W: 이슬람계정 보유 일반금융기관	샤리아 부합 자산
최근	이전						
142	151	쿠웨이트	2008. 12. 31	Sokouk Holding Company	투자회사	S	515.1
143	123	태국	2007. 12. 31	Islamic Bank of Thailand	상업은행	S	495.5
144	130	파키스탄	2008. 12. 31	Bank Alfalah Ltd	상업은행	W	483.4
145	161	수단	2008. 12. 31	Al Salam Bank Sudan	상업 프라이빗 뱅킹	S	460.1
146	165	바레인	2008. 12. 31	Global Banking Corporation	투자은행	S	455.8
147	131	말레이시아	2008. 12. 31	Bank Perusahaan Kecil & Sederhana Malaysia Berhad	상업은행	W	454.7
148	138	쿠웨이트	2008. 12. 31	Gulf Investment House	투자은행	S	449.9
149	128	말레이시아	2007. 12. 31	Malaysian Industrial Development Finance Berhad	금융회사	W	445.1
150	281	쿠웨이트	2008. 12. 31	Al Manar Financing & Leasing Company	신용금융회사	S	437.9
151	142	방글라데시	2008. 12. 31	Social Investment Bank Ltd	상업은행	S	432.5
152	153	말레이시아	2008. 12. 31	CIMB Investment Bank Berhad	투자은행	W	428.5
153	135	수단	2006. 12. 31	Tadamon Islamic Bank of Sudan	상업은행	S	407.7

(단위: 미화 백만 달러)

변동 비율 (%)	총자산	총자산 대비 샤리아 부합 자산 비율 (%)	세전 수익	변동 비율 (%)	총자산 수익률 (%)	업무 개시 연도
−19.6	515.1	100	−2.9	−108.3	−0.5	1998
106.2	495.5	100	−8.4	14.3	−2.2	2002
10.8	4,412	10.9	22.6	−69.5	0.5	n/a
15.4	460.1	100	12.2	−22.5	2.8	2005
93.0	455.8	100	21.2	−40.8	6.1	2007
6.1	1,589.9	28.6	18.8	18.7	1.2	n/a
17.6	449.9	100	6.7	−87.5	1.6	1998
−18.5	2,738.8	16.2	52.4	51.8	1.7	n/a
6.1	437.9	100	11.7	−12.3	2.7	2003
20.8	432.5	100	5.1	31.8	1.3	2006
52.8	1,678.9	25.5	45.6	−65.1	3.0	n/a
52.4	407.7	100	19.6	33.2	5.4	1981

(단위: 미화 백만 달러)

순위		국가	기준일	금융 기관	금융기관 유형	S: 이슬람 전문 금융기관 W: 이슬람계정 보유 일반금융기관	샤리아 부합 자산
최근	이전						
154	163	파키스탄	2007. 12. 31	Dubai Islamic Bank Pakistan Ltd	상업 프라이빗뱅킹	S	405.1
155	281	쿠웨이트	2007. 12. 31	Al Aqeelah Finance Leasing and Investment Company	투자회사	S	395.7
156	146	영국	2009. 6. 30	Islamic Bank of Britain	상업 프라이빗뱅킹	S	393.8
157	136	쿠웨이트	2007. 12. 31	Muthanna Investment Company (MIC)	투자회사	S	384.3
158	145	수단	2008. 12. 31	Islamic Co-operative Development Bank	개발은행	S	381.5
159	n/a	바레인	2008. 12. 31	Seera Investment Bank	투자은행	S	376.7
160	156	인도네시아	2008. 12. 31	PT Bank Negara Indonesia	상업은행	W	366.8
161	n/a	아랍에미리트	2008. 12. 31	Ajman Bank	상업소매은행	S	364.6
162	144	튀니지	2006. 12. 31	Best Bank	투자상업은행	S	352.4
163	166	바레인	2007. 12. 31	Solidarity Group	보험회사	S	347.5
164	149	아랍에미리트	2008. 12. 31	Mawarid Finance	신용금융회사	S	343.2

(단위: 미화 백만 달러)

변동 비율 (%)	총자산	총자산 대비 샤리아 부합 자산 비율 (%)	세전 수익	변동 비율 (%)	총자산 수익률 (%)	업무 개시 연도
15.9	405.1	100	-3.4	63.1	-1	n/a
n/a	395.7	100	62.6	n/a	n/a	2006
14.6	393.8	100	-9.2	-51.1	-2.5	2004
88.3	384.3	100	16.1	48.7	5.3	1999
10.5	381.5	100	1.6	-60.9	0.4	1982
-1.7	376.7	100	2.4	-88.3	0.6	2006
35.6	18,423.8	1.9	176.4	12.2	1.0	n/a
n/a	364.6	100	-2.3	n/a	n/a	2008
41.6	352.4	100	8.0	102.1	2.6	1976
53.0	347.5	100	5.8	36.2	2.0	2003
10.7	343.2	100	9.6	-38.4	2.9	2006

(단위: 미화 백만 달러)

순위		국가	기준일	금융 기관	금융기관 유형	S: 이슬람 전문 금융기관 W: 이슬람계정 보유 일반금융기관	샤리아 부합 자산
최근	이전						
165	77	사우디 아라비아	2008. 12. 31	Saudi Investment Bank	상업은행	W	333.1
166	184	쿠웨이트	2008. 12. 31	Warba Investment Company (KSCC)	투자회사	S	312.9
167	197	말레이시아	2009. 3. 31	Takaful Ikhlas Sdn Bhd	보험회사	S	309.1
168	140	파키스탄	2008. 12. 31	Al Baraka Islamic Bank (EC) BSC-Pakistan	상업은행	S	305.9
169	150	팔레스타인	2008. 12. 31	Arab Islamic Bank	상업은행	S	304.4
170	169	수단	2008. 12. 31	Al Baraka Sudan	상업은행	S	302.7
171	281	사우디 아라비아	2009. 6. 30	Jadwa Investment	투자은행	S	297.2
172	160	방글라데시	2008. 12. 31	The Oriental Bank	상업은행	S	286.4
173	155	인도네시아	2008. 12. 31	PT Bank Shyariah Mega Indonesia	상업은행	S	282.7
174	154	튀니지	2005. 12. 31	Best Retakaful	보험회사	S	279.8
175	122	말레이시아	2007. 9. 30	Citibank Berhad	상업은행	W	279.7
176	168	바레인	2008. 12. 31	Liquidity Management Centre	투자은행	S	276.7
177	n/a	바레인	2008. 12. 31	Capivest Investment Bank	투자은행	S	259.5

(단위: 미화 백만 달러)

변동 비율 (%)	총자산	총자산 대비 샤리아 부합 자산 비율 (%)	세전 수익	변동 비율 (%)	총자산 수익률 (%)	업무 개시 연도
-29.2	14,292.3	2.3	141.3	-35.5	1.0	1976
-22.0	312.9	100	42.1	2.4	11.7	2005
55.1	309.1	100	4.3	41.8	1.6	2003
-15.5	305.9	100	-0.9	-119.2	-0.3	1991
0.9	304.4	100	6.9	52.4	2.2	1995
6.1	302.7	100	7.8	159.6	2.7	1984
n/a	297.2	100	10.3	n/a	n/a	2007
12.3	286.4	100	-12.9	-244.8	-4.7	2006
3.9	282.7	100	2.1	-83.6	0.8	n/a
43.5	279.8	100	6.6	46.6	2.8	1985
-46.6	15,902.8	1.7	157.3	-8.2	1.1	2005
-6.3	276.7	100	1.0	-90.6	0.3	2002
-19.9	259.5	100	9.3	-41.8	3.2	1981

(단위: 미화 백만 달러)

순위		국가	기준일	금융 기관	금융기관 유형	S: 이슬람 전문 금융기관 W: 이슬람계정 보유 일반금융기관	샤리아 부합 자산
최근	이전						
178	171	레바논	2008. 12. 31	Arab Finance House	상업투자은행	S	257.4
179	158	쿠웨이트	2007. 12. 31	Al Aman Investment Company	자산운용사	S	256.1
180	281	바레인	2008. 12. 31	Bank Muscat International	상업은행	W	255.2
181	203	바레인	2008. 12. 31	Venture Capital Bank	벤처 캐피탈	S	243.5
182	172	수단	2008. 12. 31	United Capital Bank Sudan	투자은행	S	242.5
183	164	파키스탄	2008. 12. 31	Bank Islami Pakistan Limited	상업은행	S	241.3
184	162	남아프리카 공화국	2008. 12. 31	Al Baraka South Africa	상업 프라이빗뱅킹	S	231.1
185	n/a	바레인	2008. 12. 31	International Investment Bank	투자은행	S	218.7
186	178	파키스탄	2008. 12. 31	Emirates Global Islamic Bank Ltd	상업은행	S	209.1
187	215	카타르	2008. 12. 31	Islamic Financial Securities	주식상품 중개회사	S	208.5
188	170	수단	2006. 12. 31	Animal Resource Bank	특수은행	S	204.6
189	159	카타르	2009. 6. 30	Al Khaleej Insurance & Reinsurance Co	보험회사	S	197.3
190	n/a	인도네시아	2008. 12. 31	PT Ansuransi Jasindo (Takaful)	보험회사	S	193.9

(단위: 미화 백만 달러)

변동 비율 (%)	총자산	총자산 대비 샤리아 부합 자산 비율 (%)	세전 수익	변동 비율 (%)	총자산 수익률 (%)	업무 개시 연도
26.8	257.4	100	3.9	60.7	1.7	2003
39.7	256.1	100	32.6	275.3	14.5	2005
86.5	2,144.3	11.9	-7.8	-161.1	-0.4	2005
9.7	243.5	100	47.0	45.4	20.2	2005
27.9	242.5	100	14.2	53.1	6.7	2006
1.8	241.3	100	-0.6	-10.1	-0.3	2005
-7.5	231.1	100	3.8	-4.1	1.7	1989
-15.0	218.7	100	13.5	-35.9	5.6	2003
42.5	209.1	100	-4.9	260.5	-3.0	2007
215.7	208.5	100	5.1	75	3.6	2003
7.7	204.6	100	1.2	-9.3	0.6	1993
-22.9	197.3	100	13.1	-55.5	5.7	1978
5.1	193.9	100	14.9	34.4	8.4	n/a

(단위: 미화 백만 달러)

순위		국가	기준일	금융 기관	금융기관 유형	S: 이슬람 전문 금융기관 W: 이슬람계정 보유 일반금융기관	샤리아 부합 자산
최근	이전						
191	281	바레인	2008. 12. 31	Elaf Bank BSC	도매투자은행	S	193.0
192	173	이란	2004	Alborz Insurance Co	보험회사	S	189.8
193	180	카타르	2008. 12. 31	National Leasing Company (Alijarah)	신용금융회사	S	189.1
194	187	쿠웨이트	2008. 12. 31	Al Masar Leasing and Investment Company KSC (Closed)	투자회사	S	184.6
195	281	말레이시아	2008. 6. 30	Maybank Investment Bank	투자은행	W	183.5
196	191	바레인	2009. 6. 30	First Leasing Bank	도매은행	S	177.1
197	177	캐나다	2009. 10. 1	UM Financial	프라이빗 뱅킹	S	170.0
198	126	이란	2008. 3. 20	Parsian Insurance Co	보험회사	S	169.3
199	175	카타르	2008. 12. 31	Qatar Islamic Insurance Company	보험회사	S	160.5
200	n/a	요르단	2008. 12. 31	Jordan Dubai Islamic Bank	개발은행	S	160.5
201	174	쿠웨이트	2008. 12. 31	Orient Investment Company (KSCC)	투자회사	S	157.1
202	176	아랍에미리트	2007. 12. 31	Dubai Islamic Insurance and Reinsurance Company	보험회사	S	156.8

(단위: 미화 백만 달러)

변동 비율 (%)	총자산	총자산 대비 샤리아 부합 자산 비율 (%)	세전 수익	변동 비율 (%)	총자산 수익률 (%)	업무 개시 연도
-6.1	193.0	100	2.3	-48.1	1.1	2007
17.6	189.8	100	n/a	n/a	n/a	n/a
33.6	189.1	100	15.1	0.5	9.1	2003
16.6	184.6	100	10.2	13.7	5.9	n/a
-55.5	1,468.5	12.5	30.4	-43.0	1.6	2005
52.4	177.1	100	1.4	19.4	0.9	2004
13.3	170.0	100	0.3	-40.0	0.2	2004
39.4	169.3	100	40.7	7.1	28.0	n/a
0.8	160.5	100	18.8	54.3	11.7	1995
n/a	160.5	100	7.7	n/a	n/a	2008
-11.2	157.1	100	-21.8	-154.8	-13.1	2004
39.4	156.7	100	11.3	402.5	8.4	2002

(단위: 미화 백만 달러)

순위		국가	기준일	금융 기관	금융기관 유형	S: 이슬람 전문 금융기관 W: 이슬람계정 보유 일반금융기관	샤리아 부합 자산
최근	이전						
203	281	인도네시아	2008. 12. 31	PT Bank BTN	상업은행	W	142.1
204	181	쿠웨이트	2007. 12. 31	Al Ritaj Investment Company	투자회사	S	141.4
205	281	바레인	2008. 12. 31	Capital Management House	투자회사	S	140.8
206	198	보스니아 헤르체고비나	2008. 12. 31	Bosna Bank International	상업은행	S	138.6
207	183	인도네시아	2008. 12. 31	PT Bank Bukopin	상업은행	W	132.8
208	186	파키스탄	2009. 3. 31	Dawood Islamic Bank Ltd	상업은행	S	130.4
209	214	파키스탄	2008. 12. 31	Askari Bank Limited	상업은행	W	126.8
210	n/a	쿠웨이트	2008. 12. 31	Osoul Investment Co KSCC	신용금융회사	S	122.6
211	n/a	바레인	2008. 12. 31	Capinnova Investment Bank	투자은행	S	120.5
212	193	인도네시아	2008. 12. 31	PT Bank Niaga (CIMB Niaga)	상업은행	W	120.4
213	189	방글라데시	2007. 12. 31	Prime Bank Ltd	상업은행	W	119.1
214	202	바레인	2008. 12. 31	Real Estate Finance Co-Reef BSC (c)	융자회사	S	118.7
215	211	인도네시아	2008. 12. 31	PT Bank Permata	상업은행	W	118.5

(단위: 미화 백만 달러)

변동 비율 (%)	총자산	총자산 대비 샤리아 부합 자산 비율 (%)	세전 수익	변동 비율 (%)	총자산 수익률 (%)	업무 개시 연도
69.7	4,108.8	3.4	60.7	-4.8	1.6	n/a
n/a	141.4	100	14.4	n/a	n/a	2006
49.9	140.8	100	14.4	155.6	12.2	2007
17.7	138.6	100	0.1	-78.5	0.1	2006
95.4	2,980.1	4.4	50.3	-12.8	1.6	n/a
2.4	130.4	100	-0.5	-244.6	-0.4	2007
69.7	2,606.7	4.8	5.8	-84.5	0.2	1991
-46	122.6	100	29.2	-674.3	16.7	1999
1,028.9	120.5	100	-0.7	n/a	-1.1	2009
10.1	9,424.4	1.2	99.0	-55.2	1.1	n/a
11.5	1,159.5	10.2	34.1	35.6	3.3	1995
6.8	118.7	100	4.9	-33.2	4.2	2005
56.8	4,936.9	2.4	68.9	-11.8	1.6	n/a

(단위: 미화 백만 달러)

순위		국가	기준일	금융 기관	금융기관 유형	S: 이슬람 전문 금융기관 W: 이슬람계정 보유 일반금융기관	샤리아 부합 자산
최근	이전						
216	192	수단	2008. 12. 31	Financial Investment Bank	상업투자은행	S	117.3
217	84	인도네시아	2008. 12. 31	PT Bank Muamalat Indonesia, Jakarta	상업은행	S	115.0
218	244	영국	2008. 12. 31	Gatehouse Bank	투자은행	S	107.8
219	196	수단	2004. 12. 31	Sheikan Insurance & Reinsurance Co Ltd	보험회사	S	105.6
220	82	파키스탄	2008. 12. 31	Habib Metropolitan Bank	상업은행	W	104.2
221	237	바레인	2008. 12. 31	Ahli United Bank	상업은행	W	98.6
222	199	요르단	2006. 12. 31	Beit Al Mal Saving and Investment for Housing	투자회사	S	96.8
223	179	바레인	2008. 12. 31	Investors Bank EC	투자은행	S	95.0
224	205	인도네시아	2008. 12. 31	PT Bank Danamon	상업은행	W	94.0
225	190	인도네시아	2008. 12. 31	PT Bank Rakyat Indonesia	상업은행	W	89.8
226	204	스위스	2006. 12. 31	Faisal Private Bank	프라이빗 뱅킹	S	84.1
227	206	파키스탄	2007. 6. 30	First Habib Bank Modaraba	상업은행	S	82.0

(단위: 미화 백만 달러)

변동 비율 (%)	총자산	총자산 대비 샤리아 부합 자산 비율 (%)	세전 수익	변동 비율 (%)	총자산 수익률 (%)	업무 개시 연도
23.4	117.3	100	8.8	-20.6	8.5	1997
-90.2	115.0	100	0.0	22.6	0.0	1992
625.4	107.8	100	-16.9	-94.5	-27.6	2007
74.4	105.6	100	10.9	29.3	13.1	1983
-4.5	2,302.3	4.5	59.9	-13.0	2.6	n/a
325.8	23,582.7	0.4	306.4	-17.6	1.3	2007
37.9	96.8	100	n/a	n/a	n/a	1983
-30.6	95.0	100	-34.8	-240	-30.1	1997
15.8	9,796.2	0.9	244.5	-30.4	2.7	2002
-28.9	22,472.7	0.4	0.0	n/a	0.0	n/a
6.7	84.1	100	-2.8	-127.4	-3.5	n/a
28.1	82.0	100	2.7	5.4	3.7	n/a

(단위: 미화 백만 달러)

순위		국가	기준일	금융 기관	금융기관 유형	S: 이슬람 전문 금융기관 W: 이슬람계정 보유 일반금융기관	샤리아 부합 자산
최근	이전						
228	209	예멘	2008. 12. 31	Islamic Bank of Yemen for Finance and Investment	상업은행	S	78.9
229	210	파키스탄	2008. 12. 31	The Bank of Khyber	상업은행	W	76.7
230	216	아랍에미리트	2008. 9. 30	Abu Dhabi National Takaful Co	보험회사	S	76.7
231	213	예멘	2005. 12. 31	Shamil Bank of Yemen and Bahrain	상업은행	S	75.0
232	281	바레인	2008. 12. 31	Citi Islamic Investment Bank Wholesale	투자은행	S	72.9
233	207	쿠웨이트	2008. 12. 31	Wethaq Takaful Insurance Company (KCSC)	보험회사	S	68.7
234	217	사우디 아라비아	2004. 12. 31	Saudi Arabian Insurance Company Ltd	보험회사	S	67.7
235	223	바레인	2008. 12. 31	Takaful International Company	보험회사	S	63.3
236	n/a	방글라데시	2008. 12. 31	AB Bank (ABBL)	특수은행	W	61.2
237	218	쿠웨이트	2005. 12. 31	Gulf Takaful Insurance Co KCSC	보험회사	S	61.0
238	219	쿠웨이트	2005. 12. 31	Bayt Al Mal Holding Company	보험회사	S	59.9

(단위: 미화 백만 달러)

변동 비율 (%)	총자산	총자산 대비 샤리아 부합 자산 비율 (%)	세전 수익	변동 비율 (%)	총자산 수익률 (%)	업무 개시 연도
-18.4	78.9	100	n/a	n/a	n/a	1995
-2.0	396.1	19.3	2.6	74.3	0.6	1991
12.5	76.7	100	3.7	30.6	5.2	2003
29.5	75.0	100	1.4	6,540.2	2.1	2002
5.9	72.9	100	4.1	-77.5	5.8	1996
-15.5	68.7	100	-9.7	-562.1	-13.0	2000
-15.9	67.7	100	4.7	-16.3	6.4	1980
24.0	63.3	100	0.2	28.1	0.5	1989
90.1	1,219.5	5.0	52.2	27.1	4.8	2006
n/a	61.0	100	5.7	n/a	n/a	2004
n/a	59.9	100	n/a	n/a	n/a	1999

(단위: 미화 백만 달러)

순위		국가	기준일	금융 기관	금융기관 유형	S: 이슬람 전문 금융기관 W: 이슬람계정 보유 일반금융기관	샤리아 부합 자산
최근	이전						
239	221	인도네시아	2008. 12. 31	PT Bank DKI	상업은행	W	56.2
240	222	이란	2007. 9. 21	Amin Reinsurance Co	보험회사	S	53.0
241	224	말레이시아	2007. 12. 31	Prudential BSN Tkaul Berhad	보험회사	S	48.9
242	247	아랍에미리트	2007. 6. 30	Tejoori	투자회사	S	44.7
243	228	파키스탄	2008. 12. 31	UBL Ameen	상업은행	W	43.5
244	220	쿠웨이트	2008. 12. 31	First Takaful Insurance Co	보험회사	S	42.9
245	225	파키스탄	2008. 12. 31	Standard Chartered Modaraba	상업은행	S	38.8
246	235	방글라데시	2008. 12. 31	Premier Bank Ltd	상업은행	W	38.0
247	236	방글라데시	2008. 12. 31	Southeast Bank Ltd	상업 프라이빗뱅킹	W	37.6
248	227	미국	2007. 12. 31	University Bank Islamic Financial Corporation	상업은행	S	35.6
249	212	말레이시아	2009. 3. 31	Alliance Investment Bank Berhad	투자은행	W	35.1
250	281	인도네시아	2008. 12. 31	PT BPD Sumatera Utara	상업은행	W	33.3
251	229	인도네시아	2008. 12. 31	PT Bank International Indonesia	상업은행	W	32.3

(단위: 미화 백만 달러)

변동 비율 (%)	총자산	총자산 대비 샤리아 부합 자산 비율 (%)	세전 수익	변동 비율 (%)	총자산 수익률 (%)	업무 개시 연도
2.4	1,237.1	4.5	15.7	-1.7	1.3	n/a
21.7	53.0	100	6.8	19.3	14.3	2003
43.3	48.9	100	-3.9	-7.9	-9.3	2006
4.4	12.1	100	0.9	179.2	8.1	2005
29.1	7,216.7	0.6	177.6	-21.5	2.5	2006
-27.1	42.9	100	0.9	-86.2	1.9	2000
-7.4	38.8	100	1.2	-8.7	3.5	1987
23.5	561.8	6.7	17.8	130.5	3.4	2006
49.1	1,177.9	3.1	31.2	-17.4	2.9	2006
59.8	35.6	100	-0.3	227.2	-1.2	2002
-51.4	657.2	5.3	-9.1	-460.2	-1.3	2006
51.1	806.1	4.1	34.3	11.5	4.2	n/a
0.6	5,192.2	0.6	56.8	75.5	1.1	2003

(단위: 미화 백만 달러)

순위		국가	기준일	금융 기관	금융기관 유형	S: 이슬람 전문 금융기관 W: 이슬람계정 보유 일반금융기관	샤리아 부합 자산
최근	이전						
252	226	파키스탄	2008. 12. 31	Bank Al Habib Lmt	상업은행	W	31.8
253	230	말레이시아	2007. 6. 30	Hong Leong Tokio Marine Takaful Berhad	보험회사	S	30.1
254	250	방글라데시	2008. 12. 31	The City Bank Ltd	상업은행	W	29.2
255	231	이란	2007. 3. 20	Karafarin Insurance Co	보험회사	S	28.9
256	232	호주	2007. 6. 30	Muslim Community Cooperative Australia Ltd	협동조합	S	27.2
257	233	사우디 아라비아	2007. 1. 19	Islamic Corp for the Insurance of Investment and Export Credit	신용보증기관	S	26.5
258	234	방글라데시	2005	Farest Islami Life Insurance	보험회사	S	25.7
259	281	인도네시아	2008. 12. 31	PT Bank Riau (Syariah)	상업은행	W	21.8
260	238	바레인	2004. 12. 31	Arabia ACE Insurance Company Ltd EC	보험회사	S	21.4
261	239	요르단	2004. 12. 31	Al Amin for Investment	투자회사	S	21.1
262	82	파키스탄	2008. 12. 31	Habib Bank	상업은행	W	20.4

(단위: 미화 백만 달러)

변동 비율 (%)	총자산	총자산 대비 샤리아 부합 자산 비율 (%)	세전 수익	변동 비율 (%)	총자산 수익률 (%)	업무 개시 연도
-23.7	2,241.8	1.4	44.6	-10.6	2.3	n/a
n/a	30.1	100	-0.7	n/a	n/a	2006
153.4	828.7	3.5	14.7	24.8	1.9	2006
37.8	28.9	100	3.9	26.5	16.1	2001
19.5	27.2	100	0.7	38.2	2.7	1989
1.5	26.5	100	0.3	-49.1	1.2	1994
43.6	25.7	100	n/a	n/a	n/a	n/a
34.8	1,199.3	1.8	30.6	-4.0	2.7	n/a
18.9	21.4	100	2.4	-41.5	12.6	1989
n/a	21.0	100	5.6	n/a	n/a	1999
-3.4	9,581.9	0.2	278.5	12.1	3.0	n/a

(단위: 미화 백만 달러)

순위		국가	기준일	금융 기관	금융기관 유형	S: 이슬람 전문 금융기관 W: 이슬람계정 보유 일반금융기관	샤리아 부합 자산
최근	이전						
263	241	방글라데시	2008. 12. 31	Islamic Finance & Investment Limited	투자회사	S	19.4
264	242	잠비아	2006. 6. 30	Arab Gambian Islamic Bank	상업개발은행	S	18.7
265	245	인도네시아	2004. 12. 31	PT Asuransi Syari'a Mubarakah	보험회사	S	14.8
266	147	말레이시아	2009. 3. 31	AmInvestment Group Berhad	투자은행	W	14.8
267	246	수단	2004. 12. 31	Islamic Insurance Company Ltd	보험회사	S	13.2
268	253	파키스탄	2008. 12. 31	RBS Pakistan	상업은행	W	12.1
269	248	사우디 아라비아	2005. 12. 31	Allied Cooperative Insurance Group	보험회사	S	11.9
270	249	인도	2007. 3. 31	Parsoli Corporation Ltd	비은행금융회사	S	11.7
271	257	파키스탄	2008. 12. 31	National Bank of Pakistan	상업은행	W	11.2
272	n/a	세네갈	2004. 12. 31	Salama Assurances Senegal	보험회사	S	10.5
273	252	요르단	2006. 12. 31	Al Baraka Takaful Insurance Company	보험회사	S	10.2

(단위: 미화 백만 달러)

변동 비율 (%)	총자산	총자산 대비 샤리아 부합 자산 비율 (%)	세전 수익	변동 비율 (%)	총자산 수익률 (%)	업무 개시 연도
33.0	19.4	100	0.9	13.2	5.3	2001
47.7	18.7	100	0.2	130.6	1.6	1997
-9.3	14.8	100	-0.1	73.1	-1.1	1993
-95.1	534.2	2.7	3.9	-96.1	0.1	2004
51.8	13.2	100	2.3	339.3	20.9	1979
19.7	1,366.5	0.8	-7.1	68.5	-0.5	2007
275.7	11.9	100	-1.4	-200.9	-19.3	2005
116.3	11.7	100	1.3	35.1	15.7	n/a
41.5	10,338.2	0.1	290.7	-36.8	2.9	2006
22.7	10.5	100	n/a	n/a	n/a	1987
-5.7	10.2	100	n/a	n/a	n/a	1996

(단위: 미화 백만 달러)

순위		국가	기준일	금융 기관	금융기관 유형	S: 이슬람 전문 금융기관 W: 이슬람계정 보유 일반금융기관	샤리아 부합 자산
최근	이전						
274	256	스리랑카	2008. 12. 31	Amana Takaful	보험회사	S	9.7
275	254	수단	2004. 12. 31	The National Reinsurance Company	보험회사	S	8.7
276	255	수단	2004. 12. 31	The Sudanese Insurance & Reinsurance Co Ltd	보험회사	S	8.4
277	258	수단	2004. 12. 31	The United Insurance Co (Sudan) Ltd	보험회사	S	7.8
278	259	이란	2005. 3. 20	Export & Investment Insurance Co	보험회사	S	7.5
279	260	수단	2004. 12. 31	Juba Insurance Company Ltd	보험회사	S	7.5
280	n/a	아랍에미리트	2009. 8. 31	Arab Bank UAE	복합금융서비스	S	7.4
281	261	말레이시아	2007. 6. 30	Asean Retakaful International (L) Ltd	보험회사	S	7.1
282	262	이집트	2004. 12. 31	Egyptian Saudi Insurance House	보험회사	S	5.7
283	263	인도	2007. 3. 31	Seyad Shariat Finance Ltd	신용금융회사	S	5.1

(단위: 미화 백만 달러)

변동 비율 (%)	총자산	총자산 대비 샤리아 부합 자산 비율 (%)	세전 수익	변동 비율 (%)	총자산 수익률 (%)	업무 개시 연도
15.8	9.7	100	-0.4	65.4	-5.3	1998
26.3	8.7	100	0.1	128.5	0.7	1973
n/a	8.4	100	0.1	n/a	n/a	1967
23.6	7.8	100	1.3	2,300.4	18.7	1968
41.5	7.5	100	0.0	-98.7	0.1	1994
23.9	7.5	100	0.4	-23.7	6.3	1981
n/a	3,317	0.2	38.6	n/a	n/a	2009
3.2	7.1	100	0.5	-3.3	7.3	n/a
43.3	5.7	100	-0.2	-9.8	-4.4	2001
7.8	5.1	100	0.3	45.2	6.2	n/a

(단위: 미화 백만 달러)

순위		국가	기준일	금융 기관	금융기관 유형	S: 이슬람 전문 금융기관 W: 이슬람계정 보유 일반금융기관	샤리아 부합 자산
최근	이전						
284	264	미국	2003	Neighborhood Development Center	비영리기관	S	4.7
285	278	인도네시아	2007. 12. 31	PT Syarikat Takaful Indonesia	보험회사	S	4.7
286	267	인도네시아	2008. 12. 31	PT BPD NTB	상업은행	W	4.5
287	265	방글라데시	2005	Prime Islami Life Insurance Ltd	보험회사	S	4.1
288	279	인도네시아	2007. 12. 31	PT Ansuransi Takaful Keluarga	보험회사	S	4.0
289	n/a	카타르	2009. 8. 31	Arab Bank Qatar	복합금융서비스	W	3.4
290	268	수단	2004. 12. 31	Al Baraka Insurance Co (Sudan) Ltd	보험회사	S	3.0
291	269	수단	2004. 12. 31	Watania Co-operative Insurance Co Ltd	보험회사	S	2.1
292	270	사우디 아라비아	2004. 12. 31	Arabia ACE Insurance Company Ltd	보험회사	S	2.1
293	271	수단	2004. 12. 31	Red Sea Insurance Company Limited	보험회사	S	2.1
294	272	수단	2004. 12. 31	The Blue Nile Insurance Co Ltd	보험회사	S	1.9

(단위: 미화 백만 달러)

변동 비율 (%)	총자산	총자산 대비 샤리아 부합 자산 비율 (%)	세전 수익	변동 비율 (%)	총자산 수익률 (%)	업무 개시 연도
n/a	4.7	100	n/a	n/a	n/a	1993
11.6	4.7	100	0.1	-30.3	1.4	1994
51.8	171.1	2.6	8.4	31.5	4.8	n/a
81.7	4.1	100	n/a	n/a	n/a	n/a
12.5	4.0	100	0.1	-29.3	1.3	1994
n/a	1,249.0	0.2	24.5	n/a	n/a	2008
56.8	3.0	100	0.1	27.6	7.3	1985
329.4	2.1	100	-0.2	-349.4	-20.1	1989
18.9	2.1	100	0.2	-41.5	12.6	n/a
7.2	2.1	100	0.2	-67.4	9.9	1989
26.0	1.9	100	n/a	n/a	n/a	1965

(단위: 미화 백만 달러)

순위		국가	기준일	금융 기관	금융기관 유형	S: 이슬람 전문 금융기관 W: 이슬람계정 보유 일반금융기관	샤리아 부합 자산
최근	이전						
295	12	이란	2007. 3. 20	Bank Maskan Iran, Tehran	정부소유은행	S	1.4
296	273	사우디 아라비아	2004. 12. 31	Tokio Marine and Nichido Fire Insurance Company Ltd	보험회사	S	1.2
297	279	인도네시아	2007. 12. 31	PT Ansuransi Takaful Umum	보험회사	S	0.9
298	274	수단	2007. 12. 31	El Nilein Insurance Co Ltd	보험회사	S	0.7
299	281	카타르	2008. 12. 31	Al Jazeera Islamic Finance Company	신용금융회사	S	0.6
300	275	수단	2004. 12. 31	Savanna Insurance Co Ltd	보험회사	S	0.6
301	276	예멘	2005. 12. 31	Saba Islamic Bank	상업은행	S	0.3
302	277	예멘	2004. 12. 31	Yemen Islamic Insurance Company (YSC)	보험회사	S	0.2
303	281	아프가니스탄	2008. 12. 31	Kabul Bank	상업은행	W	n/a
303	281	아프가니스탄	2008. 5. 31	Azizi Bank	상업은행	W	n/a
303	n/a	아프가니스탄	n/a	FINCA Afghanistan	소액금융기관	S	n/a
303	281	알제리	n/a	Al Salam Bank -Algeria	상업은행	S	n/a

(단위: 미화 백만 달러)

변동 비율 (%)	총자산	총자산 대비 샤리아 부합 자산 비율 (%)	세전 수익	변동 비율 (%)	총자산 수익률 (%)	업무 개시 연도
n/a	1.4	100	0.0	n/a	n/a	1938
n/a	1.2	100	-1.9	n/a	n/a	2004
3.0	0.9	100	0.0	195.1	4.0	1994
303.9	0.7	100	0.1	25.4	37.2	1981
93.6	0.6	100	0.0	78.0	5.4	1989
-1.7	0.6	100	0.0	37.9	0.7	1989
43.5	0.3	100	n/a	n/a	n/a	1997
93.7	0.2	100	0.0	50.1	-6.5	2001
n/a	708.3	n/a	12.8	69.3	1.9	2006
n/a	194.6	n/a	-1.3	52.9	-1.0	n/a
n/a	n/a	n/a	n/a	n/a	n/a	n/a
n/a	n/a	n/a	n/a	n/a	n/a	2006

(단위: 미화 백만 달러)

순위		국가	기준일	금융 기관	금융기관 유형	S: 이슬람 전문 금융기관 W: 이슬람계정 보유 일반금융기관	샤리아 부합 자산
최근	이전						
303	n/a	호주	n/a	ICFA (Islamic Co-operative Finance Australia) Ltd	협동조합	S	n/a
303	281	호주	n/a	Balance Finance	신용금융회사	S	n/a
303	n/a	호주	n/a	National Australia Bank	상업소매은행	W	n/a
303	281	바레인	2008. 12. 31	Gulf International Bank BSC	투자은행	W	n/a
303	n/a	바레인	n/a	Al Amin Bank	투자은행	S	n/a
303	281	바레인	n/a	Yazi Capital BSC	투자 비즈니스회사	S	n/a
303	n/a	바레인	n/a	CIMB Middle East	투자은행	S	n/a
303	n/a	바레인	n/a	Fajr Investment Advisory BSC	투자자문회사	S	n/a
303	n/a	바레인	n/a	Global Islamic Clearing Company	결제기관	S	n/a
303	n/a	바레인	n/a	Islamic Finance Consultants	투자자문회사	S	n/a
303	n/a	바레인	n/a	MCB Capital BSC	금융중개회사	S	n/a
303	n/a	바레인	n/a	First Investment Bank BSC	구성중	S	n/a
303	281	바레인	2008. 12. 31	TAIB Bank of Bahrain	프라이빗 뱅킹 & 자산운용사	W	n/a

(단위: 미화 백만 달러)

변동 비율 (%)	총자산	총자산 대비 샤리아 부합 자산 비율 (%)	세전 수익	변동 비율 (%)	총자산 수익률 (%)	업무 개시 연도
n/a	n/a	n/a	n/a	n/a	n/a	n/a
n/a	n/a	n/a	n/a	n/a	n/a	n/a
n/a	n/a	n/a	n/a	n/a	n/a	n/a
n/a	25,033.0	n/a	-387.0	48.9	-1.4	1975
n/a	n/a	n/a	n/a	n/a	n/a	1987
n/a	n/a	n/a	n/a	n/a	n/a	2008
n/a	n/a	n/a	n/a	n/a	n/a	2006
n/a	n/a	n/a	n/a	n/a	n/a	2008
n/a	n/a	n/a	n/a	n/a	n/a	2005
n/a	n/a	n/a	n/a	n/a	n/a	1999
n/a	n/a	n/a	n/a	n/a	n/a	2002
n/a	n/a	n/a	n/a	n/a	n/a	2007
n/a	370.4	n/a	-65.3	-529.1	-15.4	1979

(단위: 미화 백만 달러)

순위		국가	기준일	금융 기관	금융기관 유형	S: 이슬람 전문 금융기관 W: 이슬람계정 보유 일반금융기관	샤리아 부합 자산
최근	이전						
303	281	바레인	2008. 12. 31	United Gulf Bank	투자은행	W	n/a
303	n/a	바레인	n/a	AIG Takaful-Enaya	보험회사	W	n/a
303	281	바레인	n/a	Gulf One Investment Bank	투자은행	S	n/a
303	281	바레인	n/a	Al Masref	상업은행	S	n/a
303	281	바레인	2008. 12. 31	Bank of Bahrain & Kuwait	상업은행	W	n/a
303	281	바레인	n/a	Sakana Holistic Housing Solutions BSC (C)	신용금융회사	S	n/a
303	281	바레인	n/a	Yazi Investment Bank	투자은행	S	n/a
303	281	바레인	n/a	Masrafy (First Investment Bank for Women in Bahrain)	투자회사	S	n/a
303	281	바레인	n/a	Arab Islamic Bank EC (not operating)	상업은행	S	n/a
303	281	바레인	n/a	Faysal Islamic Bank of Bahrain	상업은행	S	n/a
303	n/a	바레인	n/a	Islamic Trading Company	미분류	S	n/a
303	281	바레인	n/a	Kuwait Turkish Evkaf Finance house Inc.	역외금융 은행지점	S	n/a

(단위: 미화 백만 달러)

변동 비율 (%)	총자산	총자산 대비 샤리아 부합 자산 비율 (%)	세전 수익	변동 비율 (%)	총자산 수익률 (%)	업무 개시 연도
n/a	2,869.1	n/a	214.6	-20.0	7.7	1980
n/a	n/a	n/a	n/a	n/a	n/a	2006
n/a	n/a	n/a	n/a	n/a	n/a	2006
n/a	n/a	n/a	n/a	n/a	n/a	2006
n/a	5,699.4	n/a	71.9	-8.7	1.2	1971
n/a	n/a	n/a	n/a	n/a	n/a	2006
n/a	n/a	n/a	n/a	n/a	n/a	2005
n/a	n/a	n/a	n/a	n/a	n/a	2006
n/a	n/a	n/a	n/a	n/a	n/a	n/a
n/a	n/a	n/a	n/a	n/a	n/a	n/a
n/a	n/a	n/a	n/a	n/a	n/a	n/a
n/a	n/a	n/a	n/a	n/a	n/a	2002

(단위: 미화 백만 달러)

순위		국가	기준일	금융 기관	금융기관 유형	S: 이슬람 전문 금융기관 W: 이슬람계정 보유 일반금융기관	샤리아 부합 자산
최근	이전						
303	281	바레인	n/a	Noriba Bank BSC © (2006년 휴업)	투자은행	S	n/a
303	281	바레인	n/a	BNP Paribas Naimah	상업은행	W	n/a
303	281	바레인	n/a	Saudi National Commercial Bank	상업은행	W	n/a
303	n/a	바레인	n/a	Alianz Takaful (Bahrain) BSC	보험회사	W	n/a
303	n/a	바레인	n/a	Solitary Islamic Takaful & Retakaful Co	보험회사	S	n/a
303	223	바레인	n/a	Takaful and Retakaful International Investment Company	보험회사	S	n/a
303	n/a	바레인	n/a	Al Khabeer International Company	투자비즈니스회사	S	n/a
303	n/a	바레인	n/a	Tharawat Investment House BSC	투자비즈니스회사	S	n/a
303	n/a	바레인	n/a	Tadhamon Capital BSC	투자비즈니스회사	S	n/a
303	n/a	바레인	n/a	Universal Financing Services BSC	융자회사	S	n/a

(단위: 미화 백만 달러)

변동 비율 (%)	총자산	총자산 대비 샤리아 부합 자산 비율 (%)	세전 수익	변동 비율 (%)	총자산 수익률 (%)	업무 개시 연도
n/a	n/a	n/a	n/a	n/a	n/a	2002
n/a	n/a	n/a	n/a	n/a	n/a	n/a
n/a	n/a	n/a	n/a	n/a	n/a	n/a
n/a	n/a	n/a	n/a	n/a	n/a	2007
n/a	n/a	n/a	n/a	n/a	n/a	n/a
n/a	n/a	n/a	n/a	n/a	n/a	n/a
n/a	n/a	n/a	n/a	n/a	n/a	2008
n/a	n/a	n/a	n/a	n/a	n/a	2008
n/a	n/a	n/a	n/a	n/a	n/a	2008
n/a	n/a	n/a	n/a	n/a	n/a	2008

(단위: 미화 백만 달러)

순위		국가	기준일	금융 기관	금융기관 유형	S: 이슬람 전문 금융기관 W: 이슬람계정 보유 일반금융기관	샤리아 부합 자산
최근	이전						
303	281	방글라데시	2008. 12. 31	Dhaka Bank	상업은행	W	n/a
303	n/a	보츠와나	2008. 12. 31	First National Bank of Botswana	상업은행	W	n/a
303	n/a	브루나이	n/a	Takaful IBB Berhad	보험회사	S	n/a
303	n/a	브루나이	n/a	Islamic Bank of Brunei Berhad (merger)	상업은행	S	n/a
303	n/a	브루나이	n/a	Islamic Development Bank of Brunei Berhad (merger)	상업은행	S	n/a
303	281	브루나이	n/a	Perbadanan Tabung Amanah Islam Brunei (TAIB)	n/a	S	n/a
303	n/a	브루나이	n/a	Insurans Islam TAIB Sdn Bhd	보험회사	S	n/a
303	281	케이맨제도	n/a	Al-Tawfeek Company for Investment Funds Ltd	투자회사	S	n/a
303	n/a	중국	n/a	Bank of Ningxia	상업소매은행	W	n/a
303	281	지부티	n/a	Bonque Al Baraka Djibouti	상업은행	S	n/a

(단위: 미화 백만 달러)

변동 비율 (%)	총자산	총자산 대비 샤리아 부합 자산 비율 (%)	세전 수익	변동 비율 (%)	총자산 수익률 (%)	업무 개시 연도
n/a	1,032.1	n/a	27.1	21.4	2.9	2006
n/a	1,655.5	n/a	70.2	-4.6	4.4	2007
n/a	n/a	n/a	n/a	n/a	n/a	2007
n/a	n/a	n/a	n/a	n/a	n/a	2007
n/a	n/a	n/a	n/a	n/a	n/a	2007
n/a	n/a	n/a	n/a	n/a	n/a	2007
n/a	n/a	n/a	n/a	n/a	n/a	2007
n/a	n/a	n/a	n/a	n/a	n/a	2007
n/a	n/a	n/a	n/a	n/a	n/a	2007
n/a	n/a	n/a	n/a	n/a	n/a	2007

(단위: 미화 백만 달러)

순위		국가	기준일	금융 기관	금융기관 유형	S: 이슬람 전문 금융기관 W: 이슬람계정 보유 일반금융기관	샤리아 부합 자산
최근	이전						
303	n/a	지부티	n/a	Salaam African Bank (Salaam)	상업은행	S	n/a
303	281	이집트	n/a	Arab Union Investment Company of Egypt	n/a	W	n/a
303	281	이집트	n/a	Amlak Finance and Real Estate Investment	신용금융회사	S	n/a
303	281	이집트	2007. 12. 31	Alwatany Bank of Egypt, Cairo	상업투자은행	W	n/a
303	281	이집트	2007. 12. 31	National Bank for Development, Cairo	상업은행	W	n/a
303	281	이집트	n/a	Arab Investment Bank	상업은행	W	n/a
303	281	이집트	2008. 12. 31	Cre′dit Agricole Egypt (Merged Egyptian American Bank)	상업은행	W	n/a
303	281	이집트	n/a	Misr Exterior Bank SAE	상업은행	W	n/a
303	281	이집트	n/a	United Bank of Egypt	상업은행	W	n/a
303	281	이집트	2007. 6. 30	National Bank of Egypt	상업은행	W	n/a
303	281	이집트	2005. 6. 30	Banque Misr	상업은행	W	n/a
303	281	프랑스	2008. 12. 31	BNP Paribas	상업투자은행	W	n/a

(단위: 미화 백만 달러)

변동 비율 (%)	총자산	총자산 대비 샤리아 부합 자산 비율 (%)	세전 수익	변동 비율 (%)	총자산 수익률 (%)	업무 개시 연도
n/a	n/a	n/a	n/a	n/a	n/a	2007
n/a	n/a	n/a	n/a	n/a	n/a	n/a
n/a	n/a	n/a	n/a	n/a	n/a	2007
n/a	2,256.3	n/a	44.7	161.4	n/a	n/a
n/a	1,729,978.4	n/a	-60.0	120.4	-0.01	n/a
n/a	n/a	n/a	n/a	n/a	n/a	n/a
n/a	3,951.3	n/a	96.3	2,181.9	2.8	n/a
n/a	n/a	n/a	n/a	n/a	n/a	n/a
n/a	n/a	n/a	n/a	n/a	n/a	n/a
n/a	37,453.7	n/a	82.3	6.8	0.2	n/a
n/a	18,486.7	n/a	38.2	40.6	0.2	n/a
n/a	2,882,709.7	n/a	5,450.0	-66.4	0.2	2003

(단위: 미화 백만 달러)

순위		국가	기준일	금융 기관	금융기관 유형	S: 이슬람 전문 금융기관 W: 이슬람계정 보유 일반금융기관	샤리아 부합 자산
최근	이전						
303	281	프랑스	2008. 12. 31	Société Générale	투자은행	W	n/a
303	281	프랑스	n/a	Tayseer Bank	상업은행	S	n/a
303	281	독일	2008. 12. 31	Deutsche Bank AG	상업투자은행	W	n/a
303	n/a	인도	n/a	Kotak Mahindra Asset Management Company	자산운용사	W	n/a
303	n/a	인도네시아	2008. 12. 31	PT Ansuransi Jiwa Panin Life (Syariah)	보험회사	W	n/a
303	266	인도네시아	n/a	PT Bank IFI	상업은행	W	n/a
303	n/a	인도네시아	n/a	PT Ansuransi Jiwa Asih Great Eastern	보험회사	W	n/a
303	n/a	인도네시아	n/a	PT Ansuransi Jiwa BNI Jiwasraya (Syariah)	보험회사	W	n/a
303	n/a	인도네시아	n/a	PT Ansuransi Jiwa Bringin Jiwa Sejahtera (Syariah)	보험회사	W	n/a
303	n/a	인도네시아	n/a	PT Ansuransi Jiwa Bumiputera 1912	보험회사	W	n/a
303	n/a	인도네시아	n/a	PT Ansuransi Jiwa Eka Life (Syariah)	보험회사	W	n/a

(단위: 미화 백만 달러)

변동 비율 (%)	총자산	총자산 대비 샤리아 부합 자산 비율 (%)	세전 수익	변동 비율 (%)	총자산 수익률 (%)	업무 개시 연도
n/a	1,569,448.6	n/a	5,566.6	100.7	0.4	n/a
n/a	n/a	n/a	n/a	n/a	n/a	2009
n/a	3,058,920.8	n/a	-7,973.6	-161.9	-0.3	n/a
n/a	n/a	n/a	0	n/a	n/a	2007
n/a	575.7	n/a	35.7	-5.5	6.4	2005
n/a	n/a	n/a	n/a	n/a	n/a	n/a
n/a	n/a	n/a	n/a	n/a	n/a	n/a
n/a	n/a	n/a	n/a	n/a	n/a	n/a
n/a	n/a	n/a	n/a	n/a	n/a	n/a
n/a	n/a	n/a	n/a	n/a	n/a	n/a
n/a	n/a	n/a	n/a	n/a	n/a	n/a

(단위: 미화 백만 달러)

순위		국가	기준일	금융 기관	금융기관 유형	S: 이슬람 전문 금융기관 W: 이슬람계정 보유 일반금융기관	샤리아 부합 자산
최근	이전						
303	n/a	인도네시아	n/a	PT Ansuransi Jiwa Mabarokah	보험회사	W	n/a
303	n/a	인도네시아	n/a	PT Ansuransi Perusahaan Tri Pakarta (Syariah)	보험회사	W	n/a
303	n/a	인도네시아	n/a	PT MA Life Anssurance (Syariah)	보험회사	W	n/a
303	281	인도네시아	2006. 12. 31	BPD Aceh	상업은행	W	n/a
303	281	인도네시아	2006. 12. 31	HSBC (Syariah)	상업은행	W	n/a
303	281	인도네시아	2006. 12. 31	PT Bank Jawa Barat	상업은행	W	n/a
303	281	인도네시아	2006. 12. 31	PT BPD Kalimantan Selatan	상업은행	W	n/a
303	281	인도네시아	2006. 12. 31	PT BPD Sumatera Selatan	상업은행	W	n/a
303	281	인도네시아	2005. 12. 31	PT BPD Kalimantan Barat	상업은행	W	n/a
303	281	이란	n/a	Postbank of Iran	정부소유은행	S	n/a
303	n/a	이란	n/a	Asia Insurance Co	보험회사	S	n/a
303	n/a	이란	n/a	Bimeh Makarzi Iran	보험회사	S	n/a
303	n/a	이란	n/a	Dana Insurance Co	보험회사	S	n/a

(단위: 미화 백만 달러)

변동 비율 (%)	총자산	총자산 대비 샤리아 부합 자산 비율 (%)	세전 수익	변동 비율 (%)	총자산 수익률 (%)	업무 개시 연도
n/a	n/a	n/a	n/a	n/a	n/a	n/a
n/a	n/a	n/a	n/a	n/a	n/a	n/a
n/a	n/a	n/a	n/a	n/a	n/a	n/a
n/a	1,231.3	n/a	29.9	188.5	2.9	2004
n/a	2,935.8	n/a	69.6	-17.4	2.5	n/a
n/a	2,360.0	n/a	64.0	23.1	3.1	n/a
n/a	345.7	n/a	8.6	101.2	3.1	n/a
n/a	761.4	n/a	8.4	72.1	1.3	n/a
n/a	193.3	n/a	4.7	-0.4	2.8	n/a
n/a	n/a	n/a	n/a	n/a	n/a	n/a
n/a	n/a	n/a	n/a	n/a	n/a	n/a
n/a	n/a	n/a	n/a	n/a	n/a	1971
n/a	n/a	n/a	n/a	n/a	n/a	n/a

(단위: 미화 백만 달러)

순위		국가	기준일	금융 기관	금융기관 유형	S: 이슬람 전문 금융기관 W: 이슬람계정 보유 일반금융기관	샤리아 부합 자산
최근	이전						
303	n/a	이란	n/a	Day Insurance Company	보험회사	S	n/a
303	n/a	이란	n/a	Hafez Insurance Co	보험회사	S	n/a
303	n/a	이란	n/a	Mellat Insurance Co	보험회사	S	n/a
303	n/a	이란	n/a	Omid Insurance Co	보험회사	S	n/a
303	n/a	이란	n/a	Razi Insurance Co	보험회사	S	n/a
303	n/a	이란	n/a	Saman Insurance Co	보험회사	S	n/a
303	n/a	이란	n/a	Sina Insurance Co	보험회사	S	n/a
303	n/a	이란	n/a	Toseh-eh Insurance Co	보험회사	S	n/a
303	n/a	이란	n/a	Sepah Investment Company (PJS)	투자회사	S	n/a
303	281	이라크	n/a	Albilad Islamic Bank	상업은행	S	n/a
303	281	이라크	n/a	Iraqi Islamic Bank for Investment and Development	n/a	S	n/a
303	281	이라크	n/a	Ilaf Islamic Bank	n/a	S	n/a
303	281	이라크	n/a	National Bank Islamic	n/a	S	n/a

(단위: 미화 백만 달러)

변동 비율 (%)	총자산	총자산 대비 샤리아 부합 자산 비율 (%)	세전 수익	변동 비율 (%)	총자산 수익률 (%)	업무 개시 연도
n/a	n/a	n/a	n/a	n/a	n/a	2004
n/a	n/a	n/a	n/a	n/a	n/a	2002
n/a	n/a	n/a	n/a	n/a	n/a	2002
n/a	n/a	n/a	n/a	n/a	n/a	2003
n/a	n/a	n/a	n/a	n/a	n/a	2002
n/a	n/a	n/a	n/a	n/a	n/a	2005
n/a	n/a	n/a	n/a	n/a	n/a	n/a
n/a	n/a	n/a	n/a	n/a	n/a	n/a
n/a	n/a	n/a	n/a	n/a	n/a	1991
n/a	n/a	n/a	n/a	n/a	n/a	2006
n/a	n/a	n/a	n/a	n/a	n/a	n/a
n/a	n/a	n/a	n/a	n/a	n/a	n/a
n/a	n/a	n/a	n/a	n/a	n/a	n/a

(단위: 미화 백만 달러)

순위		국가	기준일	금융 기관	금융기관 유형	S: 이슬람 전문 금융기관 W: 이슬람계정 보유 일반금융기관	샤리아 부합 자산
최근	이전						
303	281	이라크	n/a	Tigris and Euphrates Bank for Develm'nt Investm't	n/a	S	n/a
303	281	이라크	n/a	Bank of Regional Cooperation Islamic for Develm'nt and Investm't	n/a	S	n/a
303	n/a	이라크	n/a	Al Furat Bank	n/a	S	n/a
303	n/a	이라크	n/a	Al Watan Islamic Bank	n/a	S	n/a
303	n/a	아일랜드	n/a	Oasis Global Fund Manager (Dublin)	자산운용사	W	n/a
303	n/a	요르단	n/a	The Islamic Insurance Company PLC	보험회사	S	n/a
303	n/a	요르단	n/a	Al Sanabel Int'l Company for Islamic Financial Investment	자산운용사	S	n/a
303	281	요르단	n/a	First Finance Company, Jordan	신용금융회사	S	n/a
303	n/a	요르단	n/a	First Insurance	보험회사	S	n/a
303	281	카자흐스탄	2009. 9. 30	Al-Hilal Islamic Bank	상업소매은행	S	n/a

(단위: 미화 백만 달러)

변동 비율 (%)	총자산	총자산 대비 샤리아 부합 자산 비율 (%)	세전 수익	변동 비율 (%)	총자산 수익률 (%)	업무 개시 연도
n/a	n/a	n/a	n/a	n/a	n/a	n/a
n/a	n/a	n/a	n/a	n/a	n/a	n/a
n/a	n/a	n/a	n/a	n/a	n/a	n/a
n/a	n/a	n/a	n/a	n/a	n/a	n/a
n/a	n/a	n/a	n/a	n/a	n/a	2000
n/a	n/a	n/a	n/a	n/a	n/a	1996
n/a	n/a	n/a	n/a	n/a	n/a	2006
n/a	n/a	n/a	n/a	n/a	n/a	2006
n/a	n/a	n/a	n/a	n/a	n/a	2006
n/a	n/a	n/a	n/a	n/a	n/a	2009

(단위: 미화 백만 달러)

순위		국가	기준일	금융 기관	금융기관 유형	S: 이슬람 전문 금융기관 W: 이슬람계정 보유 일반금융기관	샤리아 부합 자산
최근	이전						
303	281	케냐	2007. 12. 31	Barclays Bank of Kenya Ltd	상업은행	W	n/a
303	281	케냐	2006. 12. 31	K-rep Bank	상업은행	W	n/a
303	281	케냐	2008. 12. 31	Kenya Commercial Bank	상업은행	W	n/a
303	281	케냐	2008. 6. 30	Dubai Bank	상업은행	W	n/a
303	281	케냐	2008. 6. 30	I&M Bank	상업은행	W	n/a
303	281	케냐	n/a	Gulf African Bank	상업은행	S	n/a
303	281	케냐	n/a	The First Community Bank Limited	상업은행	S	n/a
303	n/a	쿠웨이트	2009. 9. 30	Warba Bank	상업소매은행	S	n/a
303	n/a	쿠웨이트	2008. 12. 31	Kuwait Financial Centre (Markaz)	자산운용사	W	n/a
303	281	쿠웨이트	2008. 12. 31	Global Investment House	투자회사	W	n/a
303	281	쿠웨이트	2008. 12. 31	National Bank of Kuwait	상업은행	W	n/a
303	281	쿠웨이트	2008. 12. 31	Bank of Kuwait and the Middle East	상업은행	W	n/a
303	281	쿠웨이트	2008. 12. 31	Commercial Bank of Kuwait	상업은행	W	n/a

(단위: 미화 백만 달러)

변동 비율 (%)	총자산	총자산 대비 샤리아 부합 자산 비율 (%)	세전 수익	변동 비율 (%)	총자산 수익률 (%)	업무 개시 연도
n/a	2,519.5	n/a	112.9	78.6	5.1	2005
n/a	73.4	n/a	2.1	199.1	3.4	n/a
n/a	2,460.5	n/a	69.4	12.6	3.5	2006
n/a	22.0	n/a	0.3	-10.8	1.9	n/a
n/a	531.3	n/a	23.4	22.3	4.9	n/a
n/a	n/a	n/a	n/a	n/a	n/a	2007
n/a	n/a	n/a	n/a	n/a	n/a	2007
n/a	n/a	n/a	n/a	n/a	n/a	2009
n/a	489.7	n/a	-69.5	-169.5	-11.7	2007
n/a	4,639.8	n/a	338.3	27.9	8.4	n/a
n/a	43,389.4	n/a	974.1	-6.4	2.3	1952
n/a	8,285.2	n/a	190.2	6.6	2.3	1941
n/a	15,950.5	n/a	390.7	-15.4	2.4	1960

(단위: 미화 백만 달러)

순위		국가	기준일	금융 기관	금융기관 유형	S: 이슬람 전문 금융기관 W: 이슬람계정 보유 일반금융기관	샤리아 부합 자산
최근	이전						
303	281	쿠웨이트	2008. 12. 31	Gulf Bank	상업은행	W	n/a
303	n/a	쿠웨이트	n/a	Boubyan Takaful Insurance Company	보험회사	S	n/a
303	281	쿠웨이트	n/a	Al Imtiaz Investment Company	투자회사	S	n/a
303	n/a	쿠웨이트	n/a	Al Safat Takaful Insurance Company	보험회사	S	n/a
303	n/a	쿠웨이트	n/a	Adeem Investment Company	자산운용사	S	n/a
303	281	쿠웨이트	n/a	Gulf North Africa Holding Company	투자회사	S	n/a
303	n/a	쿠웨이트	n/a	Al Watania Takaful Insurance Company	보험회사	S	n/a
303	281	쿠웨이트	n/a	Al Farabi Investment Company	투자회사	S	n/a
303	281	쿠웨이트	n/a	Amar Finance and Leasing Company	신용금융회사	S	n/a
303	n/a	쿠웨이트	n/a	National Takaful Insurance Company	보험회사	S	n/a

(단위: 미화 백만 달러)

변동 비율 (%)	총자산	총자산 대비 샤리아 부합 자산 비율 (%)	세전 수익	변동 비율 (%)	총자산 수익률 (%)	업무 개시 연도
n/a	18,322.2	n/a	-1,331.4	-375.6	-7.2	1960
n/a	n/a	n/a	n/a	n/a	n/a	2006
n/a	n/a	n/a	n/a	n/a	n/a	2005
n/a	n/a	n/a	n/a	n/a	n/a	2005
n/a	n/a	n/a	n/a	n/a	n/a	2005
n/a	n/a	n/a	n/a	n/a	n/a	2005
n/a	n/a	n/a	n/a	n/a	n/a	2003
n/a	n/a	n/a	n/a	n/a	n/a	2004
n/a	n/a	n/a	n/a	n/a	n/a	2004
n/a	n/a	n/a	n/a	n/a	n/a	n/a

(단위: 미화 백만 달러)

순위		국가	기준일	금융 기관	금융기관 유형	S: 이슬람 전문 금융기관 W: 이슬람계정 보유 일반금융기관	샤리아 부합 자산
최근	이전						
303	n/a	쿠웨이트	n/a	Al Ain Takaful Insurance Company	보험회사	S	n/a
303	281	쿠웨이트	n/a	Manafa'e Investment Company	투자회사	S	n/a
303	281	쿠웨이트	n/a	Jaber Islamic Bank	상업은행	S	n/a
303	281	쿠웨이트	n/a	Sabaek Leasing & Investment Company	신용금융회사	S	n/a
303	n/a	쿠웨이트	n/a	Al Fajer Retakaful Insurance Co	보험회사	S	n/a
303	281	쿠웨이트	n/a	Sorooh Investment Company	투자회사	S	n/a
303	134	쿠웨이트	n/a	Al Dar Asset Management (ADAM)	자산운용사	S	n/a
303	n/a	쿠웨이트	n/a	Wared Lease & Finance Company	신용금융회사	S	n/a
303	n/a	쿠웨이트	n/a	Rasameel Structured Finance KSC	금융자문서비스	S	n/a
303	281	쿠웨이트	n/a	Athman Investment Company	투자회사	S	n/a

(단위: 미화 백만 달러)

변동 비율 (%)	총자산	총자산 대비 샤리아 부합 자산 비율 (%)	세전 수익	변동 비율 (%)	총자산 수익률 (%)	업무 개시 연도
n/a	n/a	n/a	n/a	n/a	n/a	2006
n/a	n/a	n/a	n/a	n/a	n/a	2005
n/a	n/a	n/a	n/a	n/a	n/a	2007
n/a	n/a	n/a	n/a	n/a	n/a	2007
n/a	n/a	n/a	n/a	n/a	n/a	2006
n/a	n/a	n/a	n/a	n/a	n/a	2005
n/a	n/a	n/a	n/a	n/a	n/a	2004
n/a	n/a	n/a	n/a	n/a	n/a	2005
n/a	n/a	n/a	n/a	n/a	n/a	2006
n/a	n/a	n/a	n/a	n/a	n/a	n/a

(단위: 미화 백만 달러)

순위		국가	기준일	금융 기관	금융기관 유형	S: 이슬람 전문 금융기관 W: 이슬람계정 보유 일반금융기관	샤리아 부합 자산
최근	이전						
303	281	쿠웨이트	n/a	Ajal Finance & Investment Company	투자회사	S	n/a
303	281	쿠웨이트	n/a	A'Ayan Capital Investment	투자회사	S	n/a
303	281	쿠웨이트	n/a	Investment Liquidity Management House Co KSC	n/a	S	n/a
303	281	쿠웨이트	n/a	AlRaya Investment Company KSCC	n/a	S	n/a
303	281	쿠웨이트	n/a	Murabahat Investment Co	투자회사	S	n/a
303	281	쿠웨이트	n/a	Gulf Arab Investment Group Company KCSC	투자회사	S	n/a
303	281	쿠웨이트	n/a	Al-Buraq Investment Company	투자회사	S	n/a
303	281	쿠웨이트	n/a	Alraya Investment Company	투자회사	S	n/a
303	281	쿠웨이트	2007. 12. 31	Kuwait Investment Co	투자은행	W	n/a
303	n/a	쿠웨이트	2007. 12. 31	Industrial Bank of Kuwait	특수은행	W	n/a
303	281	레바논	n/a	Blom Development Bank (A subsidiary of Blom Bank)	상업은행	W	n/a

(단위: 미화 백만 달러)

변동 비율 (%)	총자산	총자산 대비 샤리아 부합 자산 비율 (%)	세전 수익	변동 비율 (%)	총자산 수익률 (%)	업무 개시 연도
n/a	n/a	n/a	n/a	n/a	n/a	n/a
n/a	n/a	n/a	n/a	n/a	n/a	n/a
n/a	n/a	n/a	n/a	n/a	n/a	n/a
n/a	n/a	n/a	n/a	n/a	n/a	n/a
n/a	n/a	n/a	n/a	n/a	n/a	2008
n/a	n/a	n/a	n/a	n/a	n/a	n/a
n/a	n/a	n/a	n/a	n/a	n/a	2008
n/a	n/a	n/a	n/a	n/a	n/a	2008
n/a	1,349.7	n/a	165.8	74.9	12.9	1961
n/a	2,074.6	n/a	85.6	28.5	4.4	n/a
n/a	n/a	n/a	n/a	n/a	n/a	2006

(단위: 미화 백만 달러)

순위		국가	기준일	금융 기관	금융기관 유형	S: 이슬람 전문 금융기관 W: 이슬람계정 보유 일반금융기관	샤리아 부합 자산
최근	이전						
303	n/a	레바논	n/a	Al Baraka Lebanon	상업은행	S	n/a
303	n/a	레바논	n/a	Al Aman Takaful Insurances	보험회사	S	n/a
303	281	레바논	n/a	Lebanese Islamic Bank (LIB)	상업은행	S	n/a
303	281	레바논	2007. 12. 31	Bank of Beirut	상업투자은행	W	n/a
303	n/a	룩셈부르크	n/a	Takaful (Luxembourg) SA	보험회사	S	n/a
303	80	말레이시아	2008. 12. 31	Standard Chartered Bank Malaysia Berhad	상업은행	W	n/a
303	n/a	말레이시아	2008. 12. 31	Affin Investment Bank Berhad	투자은행	W	n/a
303	n/a	말레이시아	n/a	CIMB Bank Berhad	상업은행	W	n/a
303	281	말레이시아	2008. 12. 31	Rayal Bank of Scotland Berhad	상업은행	W	n/a
303	208	말레이시아	n/a	Maybon Dicount Berhad	어음할인상사	W	n/a
303	89	말레이시아	2008. 12. 31	OCBC Bank (Malaysia)	상업은행	W	n/a
303	281	말레이시아	2008. 12. 31	Public Bank Berhad	상업은행	W	n/a
303	281	말레이시아	2008. 12. 31	Kenanga Investment Bank Berhad	투자은행	W	n/a

(단위: 미화 백만 달러)

변동 비율 (%)	총자산	총자산 대비 샤리아 부합 자산 비율 (%)	세전 수익	변동 비율 (%)	총자산 수익률 (%)	업무 개시 연도
n/a	n/a	n/a	n/a	n/a	n/a	1992
n/a	n/a	n/a	n/a	n/a	n/a	1988
n/a	n/a	n/a	n/a	n/a	n/a	2004
n/a	5,250.2	n/a	54.7	17.9	1.1	1963
n/a	n/a	n/a	n/a	n/a	n/a	n/a
n/a	12,638.7	n/a	300.2	35.4	2.3	2000
n/a	953.6	n/a	-1.2	-106.7	-0.1	n/a
n/a	n/a	n/a	n/a	n/a	n/a	2005
n/a	1,955.3	n/a	49.5	554.0	1.8	2005
n/a	n/a	n/a	n/a	n/a	n/a	n/a
n/a	13,982.2	n/a	265.9	24.5	1.9	n/a
n/a	52,256.6	n/a	908.3	7.1	1.7	n/a
n/a	753.3	n/a	-18.7	-156.5	-2.6	n/a

(단위: 미화 백만 달러)

순위		국가	기준일	금융 기관	금융기관 유형	S: 이슬람 전문 금융기관 W: 이슬람계정 보유 일반금융기관	샤리아 부합 자산
최근	이전						
303	281	말레이시아	n/a	HSBC Amanah Takaful (Malaysia) Sdn. Berhad	상업은행	S	n/a
303	n/a	말레이시아	n/a	Etiqa	보험회사	W	n/a
303	n/a	말레이시아	n/a	Amanah Capital Malaysia Bhd	자산운용사	S	n/a
303	n/a	말레이시아	n/a	Bayt Al Mal Asset Management Company (BAMC)	자산운용사	S	n/a
303	n/a	말레이시아	n/a	MAA Takaful	보험회사	S	n/a
303	n/a	말레이시아	n/a	Bank Pertanian Malaysia	개발금융기관	S	n/a
303	n/a	말레이시아	n/a	Bank Simpanan Nasional Berhad	개발금융기관	S	n/a
303	281	말레이시아	n/a	Al-Hidayah Investment Bank	역외 이슬람 투자은행	S	n/a
303	n/a	모리셔스	n/a	SMAI Islamique	보험회사	S	n/a
303	n/a	모리셔스	n/a	Taamin Assurances Islamiques	보험회사	S	n/a
303	281	오만	2008. 12. 31	National Bank of Oman	상업은행	W	n/a

(단위: 미화 백만 달러)

변동 비율 (%)	총자산	총자산 대비 샤리아 부합 자산 비율 (%)	세전 수익	변동 비율 (%)	총자산 수익률 (%)	업무 개시 연도
n/a	n/a	n/a	n/a	n/a	n/a	n/a
n/a	n/a	n/a	n/a	n/a	n/a	1993
n/a	n/a	n/a	n/a	n/a	n/a	n/a
n/a	n/a	n/a	n/a	n/a	n/a	2005
n/a	n/a	n/a	n/a	n/a	n/a	2007
n/a	n/a	n/a	n/a	n/a	n/a	n/a
n/a	n/a	n/a	n/a	n/a	n/a	n/a
n/a	n/a	n/a	n/a	n/a	n/a	2002
n/a	n/a	n/a	n/a	n/a	n/a	n/a
n/a	n/a	n/a	n/a	n/a	n/a	1999
n/a	5,222.3	n/a	135.9	2.4	2.9	n/a

(단위: 미화 백만 달러)

순위		국가	기준일	금융 기관	금융기관 유형	S: 이슬람 전문 금융기관 W: 이슬람계정 보유 일반금융기관	샤리아 부합 자산
최근	이전						
303	281	오만	2008. 12. 31	Oman International Bank SAOG	상업은행	W	n/a
303	281	오만	2008. 12. 31	Oman Arab Bank	상업은행	W	n/a
303	281	오만	2008. 12. 31	United Finance Company SAOG	금융회사	W	n/a
303	281	파키스탄	2008. 12. 31	Allied Bank Limited	상업은행	W	n/a
303	281	파키스탄	2008. 12. 31	Faysal Bank Ltd, Pakistan	상업은행	W	n/a
303	188	파키스탄	2008. 12. 31	MCB Bank Limited	상업은행	W	n/a
303	281	파키스탄	2008. 12. 31	Mybank LTD	상업은행	W	n/a
303	281	파키스탄	n/a	PICIC Commercial Bank	상업은행	W	n/a
303	n/a	파키스탄	n/a	Prime Commercial Bank	상업은행	W	n/a
303	281	파키스탄	2008. 12. 31	SME Bank	상업은행	W	n/a
303	243	파키스탄	2008. 12. 31	Soneri Bank Limited	상업은행	W	n/a
303	281	파키스탄	n/a	Al Faysal Investment Bank Ltd, Islamabad	투자은행	S	n/a
303	n/a	파키스탄	n/a	Al Towfeek Investment Bank Ltd	투자은행	S	n/a

(단위: 미화 백만 달러)

변동 비율 (%)	총자산	총자산 대비 샤리아 부합 자산 비율 (%)	세전 수익	변동 비율 (%)	총자산 수익률 (%)	업무 개시 연도
n/a	2,679.4	n/a	87.3	4.9	3.1	n/a
n/a	2,008.1	n/a	73.4	27.0	3.9	n/a
n/a	289.7	n/a	11.2	155.7	4.8	n/a
n/a	4,635.6	n/a	77.3	−20.7	1.8	1942
n/a	1,747.6	n/a	22.7	−48.6	1.2	n/a
n/a	5,608.2	n/a	276.4	−20.9	5.1	2003
n/a	503.2	n/a	−9.6	−360.5	−1.8	n/a
n/a	n/a	n/a	0	n/a	n/a	n/a
n/a	n/a	n/a	0	n/a	n/a	2006
n/a	72.8	n/a	−1.6	−166.8	−2.1	n/a
n/a	1,023.7	n/a	12.1	−50.2	1.2	n/a
n/a	n/a	n/a	n/a	n/a	n/a	n/a
n/a	n/a	n/a	n/a	n/a	n/a	n/a

(단위: 미화 백만 달러)

순위		국가	기준일	금융 기관	금융기관 유형	S: 이슬람 전문 금융기관 W: 이슬람계정 보유 일반금융기관	샤리아 부합 자산
최근	이전						
303	281	파키스탄	n/a	Qaiser Islamic Bank	상업은행	S	n/a
303	n/a	파키스탄	n/a	Crescent Standard Investment Bank	투자은행	W	n/a
303	281	파키스탄	n/a	Union Bank Ltd	상업은행	W	n/a
303	n/a	파키스탄	n/a	Pak-Kuwait Takaful Company Limited	보험회사	S	n/a
303	281	파키스탄	n/a	Islamic Capital Partners	투자회사	S	n/a
303	n/a	파키스탄	2008. 12. 31	Samba Bank Ltd	상업은행	W	n/a
303	281	파키스탄	2008. 12. 31	NIB Bank Limited	상업은행	W	n/a
303	281	파키스탄	2007. 6. 30	Oman International Bank SAOG	상업은행	W	n/a
303	281	파키스탄	2007. 6. 30	Punjab Provincial Cooperative Bank	상업은행	W	n/a
303	n/a	파키스탄	n/a	Silk Bank	상업은행	W	n/a
303	281	파키스탄	2007. 12. 31	Zarai Taraqiati Bank Limited	상업은행	W	n/a
303	n/a	파키스탄	2007. 6. 30	Industrial Development Bank of Pakistan	특수은행	S	n/a

(단위: 미화 백만 달러)

변동 비율 (%)	총자산	총자산 대비 샤리아 부합 자산 비율 (%)	세전 수익	변동 비율 (%)	총자산 수익률 (%)	업무 개시 연도
n/a	n/a	n/a	n/a	n/a	n/a	n/a
n/a	n/a	n/a	n/a	n/a	n/a	n/a
n/a	n/a	n/a	n/a	n/a	n/a	n/a
n/a	n/a	n/a	n/a	n/a	n/a	2003
n/a	n/a	n/a	n/a	n/a	n/a	n/a
n/a	208.4	n/a	-12.7	-43.2	-5.5	n/a
n/a	2,261.8	n/a	-94.4	-908.4	-4.2	n/a
n/a	44.9	n/a	-1.1	n/a	n/a	n/a
n/a	n/a	n/a	2.1	n/a	n/a	n/a
n/a	703.4	n/a	-13.9	-74.3	-2.0	n/a
n/a	1,532.1	n/a	29.5	174.6	2.0	n/a
n/a	155.7	n/a	-19.7	n/a	n/a	n/a

(단위: 미화 백만 달러)

순위		국가	기준일	금융 기관	금융기관 유형	S: 이슬람 전문 금융기관 W: 이슬람계정 보유 일반금융기관	샤리아 부합 자산
최근	이전						
303	281	파키스탄	2007. 6. 30	Citibank, NA	상업은행	W	n/a
303	281	파키스탄	2007. 6. 30	Deutsche Bank AG	상업은행	W	n/a
303	281	파키스탄	2007. 12. 31	First Women Bank Limited	상업은행	W	n/a
303	281	파키스탄	2007. 12. 31	JS Bank Limited	상업은행	W	n/a
303	281	파키스탄	2008. 12. 31	KASB Bank Limited	상업은행	W	n/a
303	281	파키스탄	2007. 12. 31	The Bank of Punjab	상업은행	W	n/a
303	281	파키스탄	2007. 6. 30	The Bank of Tokyo-Mitsubishi	상업은행	W	n/a
303	281	파키스탄	2007. 6. 30	HSBC Pakistan	상업은행	W	n/a
303	281	팔레스타인	n/a	Aqsa Islamic Bank	상업은행	S	n/a
303	281	팔레스타인	n/a	Palestine Islamic Bank	상업은행	S	n/a
303	281	카타르	n/a	The First Investor	투자은행	S	n/a
303	281	카타르	n/a	Dlala Islamic Brokerage Company	주식상품 중개회사	S	n/a
303	n/a	카타르	n/a	Islamic Takaful Insurance Co	보험회사	S	n/a
303	281	카타르	n/a	United Bank Ltd	상업은행	W	n/a

(단위: 미화 백만 달러)

변동 비율 (%)	총자산	총자산 대비 샤리아 부합 자산 비율 (%)	세전 수익	변동 비율 (%)	총자산 수익률 (%)	업무 개시 연도
n/a	1,742.9	n/a	15.4	n/a	n/a	n/a
n/a	153.2	n/a	7.1	n/a	n/a	n/a
n/a	147.3	n/a	3.9	-7.4	2.6	n/a
n/a	333.4	n/a	-1.0	-15,166.8	-0.3	n/a
n/a	654.8	n/a	-23.3	-2,273.9	-3.9	n/a
n/a	3,854.4	n/a	79.4	1.2	2.4	n/a
n/a	95.8	n/a	0.9	n/a	n/a	n/a
n/a	474.9	n/a	2.8	n/a	n/a	n/a
n/a	n/a	n/a	n/a	n/a	n/a	1998
n/a	n/a	n/a	n/a	n/a	n/a	n/a
n/a	n/a	n/a	n/a	n/a	n/a	1999
n/a	n/a	n/a	n/a	n/a	n/a	2006
n/a	n/a	n/a	n/a	n/a	n/a	n/a
n/a	n/a	n/a	n/a	n/a	n/a	n/a

(단위: 미화 백만 달러)

순위		국가	기준일	금융 기관	금융기관 유형	S: 이슬람 전문 금융기관 W: 이슬람계정 보유 일반금융기관	샤리아 부합 자산
최근	이전						
303	281	러시아	n/a	Badr-Forte Bank	상업은행	S	n/a
303	281	사우디 아라비아	n/a	Amlak Int'l for Real Estate Develm't and Finance Company	신용금융회사	S	n/a
303	281	사우디 아라비아	n/a	Al-Tawfeek Company for Investment Funds Ltd	자산운용사	S	n/a
303	n/a	사우디 아라비아	n/a	Al Sagr Saudi Insurance Company	보험회사	S	n/a
303	n/a	사우디 아라비아	n/a	Saudi Fransi Cooperative Insurance Company	보험회사	S	n/a
303	n/a	사우디 아라비아	n/a	Saudi IAIC Cooperative Insurance Company	보험회사	S	n/a
303	n/a	사우디 아라비아	n/a	Falcon Financial Services	자산운용사	S	n/a
303	n/a	사우디 아라비아	n/a	KSB Capital Group	자산운용사	S	n/a
303	281	사우디 아라비아	n/a	Mullak Arabia	신용금융회사	S	n/a
303	281	사우디 아라비아	n/a	Saudi National Insurance Co EC	보험회사	S	n/a

(단위: 미화 백만 달러)

변동 비율 (%)	총자산	총자산 대비 샤리아 부합 자산 비율 (%)	세전 수익	변동 비율 (%)	총자산 수익률 (%)	업무 개시 연도
n/a	n/a	n/a	n/a	n/a	n/a	1991
n/a	n/a	n/a	n/a	n/a	n/a	2007
n/a	n/a	n/a	n/a	n/a	n/a	1992
n/a	n/a	n/a	n/a	n/a	n/a	1998
n/a	n/a	n/a	n/a	n/a	n/a	2006
n/a	n/a	n/a	n/a	n/a	n/a	2006
n/a	n/a	n/a	n/a	n/a	n/a	2005
n/a	n/a	n/a	n/a	n/a	n/a	2006
n/a	n/a	n/a	n/a	n/a	n/a	2005
n/a	n/a	n/a	n/a	n/a	n/a	1974

(단위: 미화 백만 달러)

순위		국가	기준일	금융 기관	금융기관 유형	S: 이슬람 전문 금융기관 W: 이슬람계정 보유 일반금융기관	샤리아 부합 자산
최근	이전						
303	n/a	사우디 아라비아	n/a	Al Ahlia Insurance Co for Co-operative Insurance	보험회사	S	n/a
303	n/a	사우디 아라비아	n/a	Arabian Malaysian Takaful	보험회사	S	n/a
303	n/a	사우디 아라비아	n/a	Bank Aljazira -Takaful Ta'wani	보험회사	W	n/a
303	n/a	사우디 아라비아	n/a	International Islamic Insurance Co	보험회사	S	n/a
303	n/a	사우디 아라비아	n/a	Islamic Arab Insurance Co	보험회사	S	n/a
303	n/a	사우디 아라비아	n/a	Saudi Islamic Insurance Methaq	보험회사	S	n/a
303	n/a	사우디 아라비아	n/a	Takaful Insurance Company EC	보험회사	S	n/a
303	n/a	사우디 아라비아	n/a	Alahli Takaful Company	보험회사	S	n/a
303	n/a	사우디 아라비아	n/a	SABB Takaful	보험회사	S	n/a
303	n/a	사우디 아라비아	n/a	Commercial Services Company Arabia	보험회사	S	n/a
303	281	사우디 아라비아	n/a	Rusd Group	투자은행	S	n/a

(단위: 미화 백만 달러)

변동 비율 (%)	총자산	총자산 대비 샤리아 부합 자산 비율 (%)	세전 수익	변동 비율 (%)	총자산 수익률 (%)	업무 개시 연도
n/a	n/a	n/a	n/a	n/a	n/a	2006
n/a	n/a	n/a	n/a	n/a	n/a	n/a
n/a	n/a	n/a	n/a	n/a	n/a	2001
n/a	n/a	n/a	n/a	n/a	n/a	1980
n/a	n/a	n/a	n/a	n/a	n/a	n/a
n/a	n/a	n/a	n/a	n/a	n/a	n/a
n/a	n/a	n/a	n/a	n/a	n/a	n/a
n/a	n/a	n/a	n/a	n/a	n/a	2006
n/a	n/a	n/a	n/a	n/a	n/a	2006
n/a	n/a	n/a	n/a	n/a	n/a	1981
n/a	n/a	n/a	n/a	n/a	n/a	2003

(단위: 미화 백만 달러)

순위		국가	기준일	금융 기관	금융기관 유형	S: 이슬람 전문 금융기관 W: 이슬람계정 보유 일반금융기관	샤리아 부합 자산
최근	이전						
303	281	사우디 아라비아	n/a	Gulf Union Cooperative Insurance Company	보험회사	S	n/a
303	281	사우디 아라비아	n/a	Al Baraka Investment and Development	투자회사	S	n/a
303	281	사우디 아라비아	n/a	Islamic Corporation for the Develm't of the Private Sector	투자회사	S	n/a
303	281	사우디 아라비아	n/a	Saudi Economy and Development Company	투자회사	S	n/a
303	281	사우디 아라비아	n/a	Siraj Capital	투자회사	S	n/a
303	281	사우디 아라비아	n/a	Bear Stearns Arabia Asset Management	자산운용사	W	n/a
303	281	사우디 아라비아	n/a	Arbah Capital	이슬람 자산관리회사	S	n/a
303	281	세네갈	n/a	Bonque Islamique du Senegal	상업은행	S	n/a
303	281	싱가포르	2008. 12. 31	OCBC Bank	상업은행	W	n/a
303	281	남아프리카 공화국	2008. 12. 31	ABSA Group	상업 프라이빗 뱅킹	W	n/a

(단위: 미화 백만 달러)

변동 비율 (%)	총자산	총자산 대비 샤리아 부합 자산 비율 (%)	세전 수익	변동 비율 (%)	총자산 수익률 (%)	업무 개시 연도
n/a	n/a	n/a	n/a	n/a	n/a	2006
n/a	n/a	n/a	n/a	n/a	n/a	1982
n/a	n/a	n/a	n/a	n/a	n/a	2000
n/a	n/a	n/a	n/a	n/a	n/a	1976
n/a	n/a	n/a	n/a	n/a	n/a	2005
n/a	n/a	n/a	n/a	n/a	n/a	2009
n/a	n/a	n/a	n/a	n/a	n/a	n/a
n/a	n/a	n/a	n/a	n/a	n/a	1983
n/a	113,940.0	n/a	2,085.0	-17.8	1.9	1998
n/a	96,266.4	n/a	1,881.8	-9.7	2.1	1991

(단위: 미화 백만 달러)

순위		국가	기준일	금융 기관	금융기관 유형	S: 이슬람 전문 금융기관 W: 이슬람계정 보유 일반금융기관	샤리아 부합 자산
최근	이전						
303	n/a	남아프리카 공화국	n/a	Oasis Global Fund Manager	자산운용사	S	n/a
303	n/a	스리랑카	n/a	Amana Investment Ltd	금융솔루션	S	n/a
303	281	스리랑카	n/a	Ceylinco Islamic Investment Corporation	n/a	S	n/a
303	281	스리랑카	n/a	Muslim Commercial Bank	상업은행	S	n/a
303	n/a	스리랑카	n/a	National Asset Management Limited	자산운용사	W	n/a
303	n/a	스리랑카	n/a	First Global Investments Group	이슬람 뱅킹 솔루션	W	n/a
303	281	스리랑카	n/a	ABC Investments	n/a	W	n/a
303	281	수단	n/a	El Nilein Industrial Development Bank	상업투자은행	S	n/a
303	281	수단	n/a	Emirates and Sudan Bank	상업은행	S	n/a
303	n/a	수단	n/a	Al Salama Insurance Co Ltd	보험회사	S	n/a
303	281	수단	n/a	Farmers Commercial Bank	상업은행	S	n/a
303	n/a	수단	n/a	General Insurance Company (Sudan) Ltd	보험회사	S	n/a

(단위: 미화 백만 달러)

변동 비율 (%)	총자산	총자산 대비 샤리아 부합 자산 비율 (%)	세전 수익	변동 비율 (%)	총자산 수익률 (%)	업무 개시 연도
n/a	n/a	n/a	n/a	n/a	n/a	1997
n/a	n/a	n/a	n/a	n/a	n/a	1997
n/a	n/a	n/a	n/a	n/a	n/a	n/a
n/a	n/a	n/a	n/a	n/a	n/a	n/a
n/a	n/a	n/a	n/a	n/a	n/a	n/a
n/a	n/a	n/a	n/a	n/a	n/a	n/a
n/a	n/a	n/a	n/a	n/a	n/a	n/a
n/a	n/a	n/a	n/a	n/a	n/a	1993
n/a	n/a	n/a	n/a	n/a	n/a	2005
n/a	n/a	n/a	n/a	n/a	n/a	1993
n/a	n/a	n/a	n/a	n/a	n/a	1999
n/a	n/a	n/a	n/a	n/a	n/a	1963

(단위: 미화 백만 달러)

순위		국가	기준일	금융 기관	금융기관 유형	S: 이슬람 전문 금융기관 W: 이슬람계정 보유 일반금융기관	샤리아 부합 자산
최근	이전						
303	n/a	수단	n/a	The Middle East Insurance Co (Sudan) Ltd	보험회사	S	n/a
303	n/a	수단	n/a	Arab Sudanese Bank	상업소매은행	S	n/a
303	281	스위스	2008. 12. 31	Credit Suisse	투자 프라이빗 뱅킹	W	n/a
303	281	시리아	n/a	Albaraka Bank Syria	상업은행	S	n/a
303	n/a	시리아	n/a	Al Aqeelah Takaful Insurance Company	보험회사	S	n/a
303	n/a	시리아	n/a	Noor Takaful Insurance	보험회사	S	n/a
303	n/a	시리아	n/a	Syria Qatar Takaful Insurance	보험회사	S	n/a
303	n/a	태국	2007. 3. 31	Bank for Agriculture and Agricultural Cooperative	특수은행	W	n/a
303	281	태국	2006. 12. 31	The Government Saving Bank	상업은행	W	n/a
303	n/a	튀니지	n/a	Bonque Islamique Zitouna	상업은행	S	n/a
303	141	아랍에미리트	n/a	Finance House PJSC	금융회사	S	n/a
303	281	아랍에미리트	2008. 12. 31	Shuaa Capital	투자회사	W	n/a

(단위: 미화 백만 달러)

변동 비율 (%)	총자산	총자산 대비 샤리아 부합 자산 비율 (%)	세전 수익	변동 비율 (%)	총자산 수익률 (%)	업무 개시 연도
n/a	n/a	n/a	n/a	n/a	n/a	n/a
n/a	n/a	n/a	n/a	n/a	n/a	2008
n/a	1,182,171.7	n/a	-69.6	-100.8	-0.01	n/a
n/a	n/a	n/a	n/a	n/a	n/a	2008
n/a	n/a	n/a	n/a	n/a	n/a	2007
n/a	n/a	n/a	n/a	n/a	n/a	2007
n/a	n/a	n/a	n/a	n/a	n/a	n/a
n/a	16,410.0	n/a	84.5	83	0.5	1999
n/a	19,738.7	n/a	279.3	-7.1	1.4	1998
n/a	n/a	n/a	n/a	n/a	n/a	n/a
n/a	n/a	n/a	n/a	n/a	n/a	2004
n/a	1,192.5	n/a	-161.5	-249.3	-11.6	2006

(단위: 미화 백만 달러)

순위		국가	기준일	금융 기관	금융기관 유형	S: 이슬람 전문 금융기관 W: 이슬람계정 보유 일반금융기관	샤리아 부합 자산
최근	이전						
303	n/a	아랍에미리트	2008. 12. 31	Abu Dhabi Commercial Bank	상업은행	W	n/a
303	n/a	아랍에미리트	2008. 12. 31	Al Ain Ahlia Insurance Co	보험회사	W	n/a
303	281	아랍에미리트	2008. 12. 31	National Bank of Abu Dhabi	상업은행	W	n/a
303	281	아랍에미리트	n/a	Amlak Investments	투자회사	S	n/a
303	281	아랍에미리트	n/a	Al Safwa Islamic Financial Services	주식상품 중개회사	S	n/a
303	281	아랍에미리트	n/a	Sharjah Islamic Financial Services	주식상품 중개회사	S	n/a
303	281	아랍에미리트	n/a	Al Wifaq Finance Company	신용금융회사	S	n/a
303	281	아랍에미리트	2008. 12. 31	Commercial Bank International	상업은행	W	n/a
303	281	아랍에미리트	n/a	Aseel Finance	신용금융회사	S	n/a
303	281	아랍에미리트	n/a	Al Hilal Bank (the Crescent Bank)	신용금융회사	S	n/a
303	281	아랍에미리트	n/a	Emirates Financial Services	신용금융회사	W	n/a
303	n/a	아랍에미리트	n/a	Takaful Re Ltd	보험회사	S	n/a

(단위: 미화 백만 달러)

변동 비율 (%)	총자산	총자산 대비 샤리아 부합 자산 비율 (%)	세전 수익	변동 비율 (%)	총자산 수익률 (%)	업무 개시 연도
n/a	40,252.9	n/a	370.1	-34.8	1.1	2006
n/a	593.7	n/a	39.2	-30.8	7.0	n/a
n/a	44,864.9	n/a	1,037.5	45.8	2.5	1968
n/a	n/a	n/a	n/a	n/a	n/a	2006
n/a	n/a	n/a	n/a	n/a	n/a	2006
n/a	n/a	n/a	n/a	n/a	n/a	2006
n/a	n/a	n/a	n/a	n/a	n/a	2006
n/a	3,058.8	n/a	34.6	-60.3	1.1	2006
n/a	n/a	n/a	n/a	n/a	n/a	2007
n/a	n/a	n/a	n/a	n/a	n/a	2008
n/a	n/a	n/a	n/a	n/a	n/a	n/a
n/a	n/a	n/a	n/a	n/a	n/a	2005

(단위: 미화 백만 달러)

순위		국가	기준일	금융 기관	금융기관 유형	S: 이슬람 전문 금융기관 W: 이슬람계정 보유 일반금융기관	샤리아 부합 자산
최근	이전						
303	281	아랍에미리트	n/a	UBS Isamic Finance	상업 프라이빗 뱅킹	S	n/a
303	281	아랍에미리트	n/a	Badr Al-Isami Banking	상업은행	S	n/a
303	281	아랍에미리트	n/a	Amanah Capital	투자은행	S	n/a
303	281	아랍에미리트	n/a	Injazat Capital	투자은행	S	n/a
303	281	아랍에미리트	n/a	National Bonds Corporation	투자은행	S	n/a
303	281	아랍에미리트	n/a	Makaseb Islamic Financial Services	주식상품 중개회사	S	n/a
303	281	아랍에미리트	n/a	Ta'jeer Company	신용금융회사	S	n/a
303	281	아랍에미리트	n/a	Tabarak	신용금융회사	S	n/a
303	281	아랍에미리트	n/a	Daman Investments	투자회사	W	n/a
303	281	아랍에미리트	n/a	Al Rayan Investment	투자회사	S	n/a
303	n/a	아랍에미리트	n/a	Oasis Global Fund Manager (Dubai)	자산운용사	W	n/a
303	281	아랍에미리트	n/a	Millennium Finance Corporation	투자은행	S	n/a
303	281	영국	2009. 6. 30	Lloyds Banking Group	상업소매은행	W	n/a

(단위: 미화 백만 달러)

변동 비율 (%)	총자산	총자산 대비 샤리아 부합 자산 비율 (%)	세전 수익	변동 비율 (%)	총자산 수익률 (%)	업무 개시 연도
n/a	n/a	n/a	n/a	n/a	n/a	n/a
n/a	n/a	n/a	n/a	n/a	n/a	2006
n/a	n/a	n/a	n/a	n/a	n/a	n/a
n/a	n/a	n/a	n/a	n/a	n/a	2006
n/a	n/a	n/a	n/a	n/a	n/a	2005
n/a	n/a	n/a	n/a	n/a	n/a	2005
n/a	n/a	n/a	n/a	n/a	n/a	1998
n/a	n/a	n/a	n/a	n/a	n/a	2004
n/a	n/a	n/a	n/a	n/a	n/a	2007
n/a	n/a	n/a	n/a	n/a	n/a	2004
n/a	n/a	n/a	n/a	n/a	n/a	1997
n/a	n/a	n/a	n/a	n/a	n/a	2005
n/a	1,518,755.7	n/a	11,900.0	893.3	n/a	2005

(단위: 미화 백만 달러)

순위		국가	기준일	금융 기관	금융기관 유형	S: 이슬람 전문 금융기관 W: 이슬람계정 보유 일반금융기관	샤리아 부합 자산
최근	이전						
303	n/a	영국	n/a	Takaful (UK) Ltd	보험회사	S	n/a
303	281	영국	n/a	Ansar Finance Group	신용금융회사	S	n/a
303	281	영국	n/a	Halal Financial Services	주식상품 중개회사	S	n/a
303	281	영국	n/a	Halal Mortgages	신용금융회사	S	n/a
303	n/a	영국	n/a	British Islamic Insurance Holdings	보험회사	S	n/a
303	n/a	영국	n/a	Alburaq	저축 및 주택금융회사	W	n/a
303	201	영국	n/a	European Finance House	자산운용 & 기업금융회사	S	n/a
303	281	영국	n/a	HBOS	상업소매은행	W	n/a
303	281	영국	2008. 12. 31	Barclays	상업소매은행	W	n/a
303	281	영국	2008. 12. 31	Royal Bank of Scotland	상업소매은행	W	n/a
303	281	영국	n/a	United National Bank	상업소매은행	W	n/a
303	281	영국	n/a	Dawnay Day Global Investment	n/a	W	n/a

(단위: 미화 백만 달러)

변동 비율 (%)	총자산	총자산 대비 샤리아 부합 자산 비율 (%)	세전 수익	변동 비율 (%)	총자산 수익률 (%)	업무 개시 연도
n/a	n/a	n/a	n/a	n/a	n/a	n/a
n/a	n/a	n/a	n/a	n/a	n/a	1994
n/a	n/a	n/a	n/a	n/a	n/a	2005
n/a	n/a	n/a	n/a	n/a	n/a	n/a
n/a	n/a	n/a	n/a	n/a	n/a	2009
n/a	n/a	n/a	n/a	n/a	n/a	n/a
n/a	n/a	n/a	n/a	n/a	n/a	2008
n/a	n/a	n/a	n/a	n/a	n/a	n/a
n/a	4,106,058.0	n/a	12,070.0	-15.1	0.3	n/a
n/a	4,437,386.0	n/a	-16,254.0	-190.6	-0.4	n/a
n/a	n/a	n/a	n/a	n/a	n/a	n/a
n/a	n/a	n/a	n/a	n/a	n/a	n/a

(단위: 미화 백만 달러)

순위		국가	기준일	금융 기관	금융기관 유형	S: 이슬람 전문 금융기관 W: 이슬람계정 보유 일반금융기관	샤리아 부합 자산
최근	이전						
303	281	영국	n/a	IBJ International London	n/a	W	n/a
303	n/a	영국	n/a	J Aron & Co	상품거래회사	W	n/a
303	281	영국	n/a	Standard Chartered Saadiq	n/a	W	n/a
303	281	영국	2008. 3. 31	Bristol & West	모기지 제공회사	W	n/a
303	n/a	영국	2008. 3. 31	West Bromwich Building Society	상호건축협회	W	n/a
303	281	미국	n/a	Ameen Housing Co-operative	신용금융회사	S	n/a
303	281	미국	n/a	American Finance House, La Riba	할부금융회사	S	n/a
303	281	미국	n/a	Anchor Finance Group	할부금융회사	S	n/a
303	281	미국	n/a	Bank of Whittier	상업은행	W	n/a
303	281	미국	n/a	Calyx Financial	할부금융회사	W	n/a
303	281	미국	2009. 6. 30	Devon Bank	상업은행	W	n/a
303	281	미국	n/a	Guidance Financial Group	할부금융회사	S	n/a
303	281	미국	n/a	Reba Free LLC	할부금융회사	S	n/a
303	281	미국	n/a	Shape Financial Corp	할부금융회사	S	n/a
303	281	미국	n/a	Shariah Capital Inc	할부금융회사	S	n/a

(단위: 미화 백만 달러)

변동 비율 (%)	총자산	총자산 대비 샤리아 부합 자산 비율 (%)	세전 수익	변동 비율 (%)	총자산 수익률 (%)	업무 개시 연도
n/a	n/a	n/a	n/a	n/a	n/a	n/a
n/a	n/a	n/a	n/a	n/a	n/a	n/a
n/a	n/a	n/a	n/a	n/a	n/a	n/a
n/a	258.8	n/a	11.1	5,769.8	0.03	n/a
n/a	18,992.2	n/a	63.7	52.3	0.3	n/a
n/a	n/a	n/a	n/a	n/a	n/a	1996
n/a	n/a	n/a	n/a	n/a	n/a	n/a
n/a	n/a	n/a	n/a	n/a	n/a	2005
n/a	n/a	n/a	n/a	n/a	n/a	n/a
n/a	n/a	n/a	n/a	n/a	n/a	n/a
n/a	304.9	n/a	n/a	n/a	n/a	n/a
n/a	n/a	n/a	n/a	n/a	n/a	n/a
n/a	n/a	n/a	n/a	n/a	n/a	n/a
n/a	n/a	n/a	n/a	n/a	n/a	n/a
n/a	n/a	n/a	n/a	n/a	n/a	n/a

(단위: 미화 백만 달러)

순위		국가	기준일	금융 기관	금융기관 유형	S: 이슬람 전문 금융기관 W: 이슬람계정 보유 일반금융기관	샤리아 부합 자산
최근	이전						
303	281	미국	n/a	Wafa Investment Advisory Group, Inc	할부금융회사	W	n/a
303	281	미국	n/a	Capitas Group LLC	할부금융회사	S	n/a
303	n/a	미국	2006. 9. 30	World Relief	비영리기관	W	n/a
303	281	예멘	n/a	The International Islamic Union Bank	상업투자은행	S	n/a

(단위: 미화 백만 달러)

변동 비율 (%)	총자산	총자산 대비 샤리아 부합 자산 비율 (%)	세전 수익	변동 비율 (%)	총자산 수익률 (%)	업무 개시 연도
n/a	n/a	n/a	n/a	n/a	n/a	n/a
n/a	n/a	n/a	n/a	n/a	n/a	n/a
n/a	24.4	n/a	n/a	n/a	n/a	n/a
n/a	0	n/a	n/a	n/a	n/a	2009

출처: The Banker(2009. 11), "500대 이슬람 금융기관" 편집.
최근 자료는 www.thebanker.com에서 확인 가능.

이슬람 금융 십자말 풀이

가로

4 이슬람을 따르는 사람
6 이슬람 리스
8 사막의 배
9 아랍 화폐
13 이슬람에서 불확실성을 의미
16 아랍어로 신을 부르는 말
18 바레인 수도
19 이슬람법
20 이슬람의 기둥
22 제다의 다자간 개발은행(축약어)
24 이슬람 달력의 성격
26 이슬람 휴일
27 무슬림 사회의 종교 지도자
29 예언자의 말씀
30 이슬람의 기둥
32 종교 칙령
33 이란의 지배 종파
37 아랍에서 금지된 것
38 무슬림 일상을 지배하는 규칙의 원천
40 기도 언어
41 숭배 장소
42 이익 공유 방식
43 오만 수도

세로

1 이슬람 공동체
2 이슬람의 기둥
3 이슬람 두 개의 성지 위치(2단어)
5 아랍 지도자
7 가장 큰 아랍 은행 센터
10 아랍에서 허용되는 것
11 초과, 증가
12 성스러운 곳
14 카타르 수도
15 이슬람 성서
17 이슬람 금융기관 회계감사기구
21 이슬람의 성지
23 비용을 추가한 가격으로 판매
25 사우디아라비아 수도
27 복종
28 파트너십 형태의 자금조달방식
31 금지된 짐승의 고기
33 이슬람 지배 종파
34 선도 매매 계약
35 프로젝트 파이낸싱 기법
36 이슬람 보험
38 이슬람 채권
39 이슬람의 성전(聖戰)

이슬람 금융 십자말 풀이 정답